逆流而上
超越時代的改革者之路

宗教復興領袖 ✕ 自由貿易提倡者 ✕ 無神論思想家 ✕ 啟蒙運動先驅

以「革新」為使命，時代推動者的朝聖之旅！

阿爾伯特・哈伯德 著

江利 譯

Little Journeys To the Homes of Great Reformer

「改革家總是有罪的——他們的罪就是說出令人不高興的真相。」

宣揚土地平權、捍衛宗教信仰、倡議公共教育、提出最低薪資……
以「改革社會」為己任，那些成為時代推手的改革家！

目錄

目錄

出版者言

阿爾伯特·哈伯德已經去世，或許我們應該說，他順著他那偉大的小旅程走向了來世。然而他的智慧已在這個時代扎根、成長，永遠鮮活，為後人銘記。

為了使今天這些阿爾伯特·哈伯德的經典之作能夠面世，我們已準備了十四年。從 1894 年，《拜訪世界名人之旅》（*Little Journeys to the Homes of the Great*）這套叢書開始寫作起，這十四年來的每個月，我們都把這些令人景仰的文字奉獻給世界，從無間斷。這些珍寶般的文字已被奉為經典，並將永世流傳。累積下來，共有一百八十篇，帶領我們造訪那些變革了時代、創造了帝國甚至打下文明烙印的人類傑出者。透過哈伯德，這些不朽的豐功偉績和燦爛思想展示在我們面前，並且將在未來世紀中不斷迴響。

普魯塔克（Plutarch）曾為希臘與羅馬名人作傳，寫下了四十六部作品，哈伯德的系列作品同樣是關於偉人們，在這個領域，他們倆都取得了無人能及的成就。這些偉大的作品，在現代文明第一縷曙光出現在地平線之前，就已奉獻給了世人。普魯塔克用一個微小的瞬間、一個簡單的詞語，或是一個無傷大雅的俏皮話，就揭示了他筆下傳主的功過是非，古典著作中沒有哪一本可以如此穿越時空，來到我們身邊，也沒有哪一本給予世界領袖人物如此重大的影響。誰能夠數清楚，有多少傳記是以這樣的方式開頭：「在他年輕時，我們的主人公總是閱讀普魯塔克的《希臘羅馬名人傳》……」愛默生曾說：「所有的歷史都很容易被分解為一些勇敢堅定、

出版者言

熱誠認真的人物的傳記。」他在說這句話的時候一定想到了普魯塔克的傳記 —— 它塑造了二十世紀這些偉人。

普魯塔克生活在聖保羅時期，他記載了早期的希臘人與羅馬人。兩千年後，哈伯德出現了，他的作品宛如一座直通古雅典的橋梁，把伯里克里斯（Pericles）的黃金時代與愛迪生的美國時代連接起來。他運用他的生花妙筆，造訪了諸多已逝的大師，並激發出如泉湧般的靈感。

休·查莫斯曾經評論道，若他要做一本關於美國的藍皮書，他可能會把阿爾伯特·哈伯德的著作表印刷出來即可。無論我們是否贊同這個權威的觀點，但這位不朽的人物在他的一生中，與任何其他美國作家相比，他那枝奇妙的筆，確實激勵了更多的出類拔萃的心靈。優秀的作家研究揣摩哈伯德的風格技巧：無數人在疲憊的工作之餘，打開他的書，尋覓智慧的火花。說實在的，此君揮舞著他的筆，如同天使揮舞著神杖。

他不僅作為一名作家顯示出讓我們讚嘆景仰的才華，在其他領域也非常出色。他一手創立的羅伊克洛夫特連鎖店，反映了美國最有能力、最敏銳的商人所能達到的成就與聲望。整個行業都將看到，哈伯德身為創立者，為羅伊克洛夫特帶來了高度原則性與系統性，從而具備了強大的實用性。這不僅能從書籍印刷中體現，更能從他傾注了心血的平臺上體現。在此，我敢說，身為一位公共演說家，他比其他同行吸引了更多的聽眾，鼓舞了更多的人。有人曾驚訝地問，這個非凡的人，從哪裡得到這麼多靈感，來完成他偉大的著作？這裡面沒有祕密。它源自他對那些卓越前人的崇敬與追隨。並且，和普魯塔克一樣，這些小傳記是作者的一樁個人收益，是他對激發出這些作品的高尚情操與靈感的一個總結。

隨著哈伯德令人悲傷的去世，東奧若拉區宣布《腓力斯人》雜誌停

刊。哈伯德已經離去，踏上了長長的旅程，也許他也需要他的《腓力斯人》伴隨他同行。再說，還有誰能接過他的筆呢？這種告別，也算晚輩對長輩最好的紀念吧。

　　同樣的熱忱，也促使了羅伊克洛夫特成員發行了《拜訪世界名人之旅》的紀念版。再沒有更好的方法可以貼切地表達他們對這位創立者的追思，因為這套書對他的智慧成型，有著無與倫比的影響力。如果他能回眸一看的話，必會為此點頭稱許。若需要建一座紀念館的話，不妨讓這套書造福人類吧，他一定會非常樂意與我們分享，因為，正是同樣的歷程，激發了他的靈感。

出版者言

第一章
約翰・衛斯理

約翰・衛斯理（John Wesley，1703 年～ 1791 年），英國十八世紀著名的基督教牧師、基督教神學家與宗教領袖。他領導了英國宗教復興，也是循道宗（又稱「衛斯理宗」，Methodist Church）和衛理公會的創立者。約翰・衛斯理從 1739 年起開始露天布道，一直到他去世為止。在 52 年中，他的腳印踏遍英國的每一角落，尤其在各城鎮、礦區，和新興工業區。他總共旅行了 25 萬英里。在約翰・衛斯理的一生中，他講道超過四萬次；有些場合中，曾會眾超過二萬人。他帶領的復興運動，震撼了英倫三島，使他成為英國家喻戶曉的人物。他在宗教方面的影響力。綿延數百年，跨越了幾大洲，遍及全世界。

我的馬跛得厲害，我的頭痛得難受。我在這裡坦承，此時發生的一切就是真理——讓每個人按自己的意願作出解釋。突然我想到：「上帝能否按自己的意願救治世人或野獸呢？」想到這裡，我立即感到疲憊與頭痛離我遠去；我的馬也不再跛了。

—— 約翰‧衛斯理

艾德蒙‧伯克[001]在一次發表有關「人口成長」的演講時，明‧確表示同情馬爾薩斯[002]，並在談論另外一個有趣資料時，指出蘇珊娜‧衛斯理是其父母的第 24 個孩子。不過，伯克忘了指出，蘇珊娜究竟有多少個弟弟、妹妹？如果蘇珊娜的父母生了第 21 個孩子就停止生育，教會的歷史將會如何改寫？

約翰‧衛斯理是家中 19 個孩子中的第 15 個。不過母親自己親身教養，因此解決了請女僕的問題。她還抽出時間，比她的丈夫面對更多的教眾，宣講更好的布道。蘇珊娜有四個孩子成為知名人士——約翰、查理斯、撒母耳和瑪莎。

約翰譴責並挑戰當時自滿又自負的正統宗教，使得每一個教會都將其拒之門外。他同情美國殖民地為爭取自由而戰。他成立了一個教派，如今這個教派在財富方面排名第二，在人數方面傲立群雄。

從世俗的意義上講，約翰‧衛斯理無兒無女，但他的影響為整個基督教界增光添彩。他那美好的心靈使所有的宗教受益、進步。

查理斯‧衛斯理是世界上最偉大的讚美詩創作者，創作了六千多首詩

[001] 1729～1797 年，愛爾蘭裔的英國政治家和作家，以其演講而著名。
[002] 1766～1834 年，英國經濟學家，著有《人口論》。認為人口的增長比食物供應的增長要快，除非對入口的增長採用道德的約束或戰爭、饑荒和瘟疫加以抑制，否則會導致不可避免的災難後果。

歌，並以詩歌的形式重寫了《聖經》的大部分內容。他是「約翰·衛斯理的兄弟」，而且在他的一生中，樂於被人如此稱呼。沒有人稱呼約翰·衛斯理為「查理斯的兄弟」。約翰有著像鋼絲繩一般的意志 —— 它可能會鬆弛，但永遠不會斷裂。他足智多謀、意志堅強、勇敢無畏、胸懷坦蕩、健康英俊、聰明睿智、無憂無慮。他駕馬疾馳，沿途幫助許多人從黑暗中走到光明。查理斯則緊隨其後。

查理斯·衛斯理有三個孩子成為偉大的音樂家，其中一位成為英國當時最偉大的風琴演奏家。

這個偉大的家庭中第三個知名的兄弟是撒母耳，他比約翰年長 13 歲，並利用這一特權在一生中對約翰說三道四。撒母耳是一位受過教育的高級教士，一位拉丁學者，而且是一位高貴的詩人。撒母耳總是追求威嚴、體面。他創作及出版了小品文、史詩及無名小卒的傳記；但儘管他寫了這麼多的東西，現在還有人閱讀及欣賞的，卻只剩下他寫給母親的一封抗議信，寫信的原因是，他聽說母親加入了「傑克的衛理公派教會，背棄了純正的宗教。」毫無疑問，對撒母耳來說，「純正的宗教」是自己信奉的宗教 —— 其他的宗教都是非純正的。撒母耳本人是一位受過教育的教士，他卻不明白，所有的宗教，對於其信徒來說都是「純正」的。

第四位知名的衛斯理是瑪莎，她和兄弟約翰長得非常像。在心情愉快的時候，她有時會穿起他的法衣和白袍，突然出現在家人面前，只要她不開口說話，可以騙過所有人。瑪莎是家中唯一遺傳了母親頭腦的女孩。如果她生活在現在這個時代，她可能以此為業。一位同時代的人曾說，「她可以像一位男人一樣進行布道。」我覺得這一句話的本意是想奉承她的。她有一點比其他衛斯理更為出色 —— 她的幽默風趣伴隨她一生一世。約翰通常能笑出聲來；查理斯在很少的一些場合會微笑；撒母耳卻從來不笑。

事實上，瑪莎結了婚，隨後便被傳統勢力所吞噬。時代征服了我們，社會使個性淪為俘虜，並用藤條將它連手帶腳都捆綁起來。

但是，時代並沒有征服約翰・衛斯理：他是最早的「騎馬巡迴傳道人」[003] 他騎的馬是一匹飛馬，能飛躍過「正統宗教」設下的籬笆，他常常使這些看守教士驚惶失措、悲傷憂愁。他被看作一位奇異、古怪、奇特及過分的人，過去及現在都有這樣一些人，他們效仿耶穌基督的生活。也許，無需說，約翰・衛斯理的信徒們和他並無多少相似之處，事實上，他們和拿撒勒 [004] 的耶穌也並無多少相似之處。

而約翰・衛斯理和耶穌卻有許多相似之處。不過可惜的是，如果現在有一位約翰・衛斯理類型的人，出現在芝加哥時髦的衛理公會教會，風琴師會在牧師的要求下將他的聲音淹沒；而看門人會用三根手指叉著他的手肘，把他領到門前，而教眾們齊聲唱著「努力划槳向岸行」。

朱莉姬・威基伍德是約西亞・威基伍德和莎拉・威基伍德的女兒，還是達爾文母親的姐妹。她寫了一部約翰・衛斯理的傳記。在書中，威基伍德小姐寫道：「一位領袖的追隨者通常與領袖本人完全不同。」領袖與追隨者的不同在於：領袖領路，追隨者跟隨。牧羊人是一個人，而羊只是羊。通常只要路況良好，追隨者會一直跟隨，但到了第一個沼澤地之後，他們就會止步不前。叛徒、懷疑者與否認自己誓言的人，都是從追隨者的行列中走出來的。約翰・衛斯理在一次布道裡曾說：「選擇簡樸、為人類服務的生活，過這樣的生活非常困難；但熱愛奢侈，攫取地位、錢財和權勢，為異教貼上基督教的標籤，然後想像你自己是耶穌基督的信徒，過這樣的

---

[003] 「騎馬巡迴傳道人」為衛斯理首創。衛斯理一生在馬背上旅行達二十五萬英里。衛理公會信徒稱他是「長征的先知」。
[004] 巴勒斯坦北部的一小城，相傳為耶穌的故鄉。

生活非常容易。然而，歷經生活的滄桑之後，我們就可以看到，艱難的生活才能獲得回報。因此，我呼籲大家選擇艱難的生活，不僅是為了取得回報，而且因為，為人類服務的生活才是正當的生活 —— 正確的生活 —— 這樣的生活才能使生活更有意義，為生活增添光彩。」

　　蘇珊娜・衛斯理是一個與眾不同的婦女。她把自己的思想灌輸進約翰和查理斯兩個兒子的頭腦裡，她的方式既奇妙又感人。很少有父母能真正理解自己的兒女。如果父母對孩子不能信守諾言，對他們支吾搪塞，那他們的孩子就會變得遮遮掩掩、狡猾虛偽。但是，往往沒有人受到責怪，因為孩子不一定會和父母有什麼精神或思想上的關係：他們的思想並不一定協調一致 —— 他們並不在同一條線上。偉大的蘇珊娜也和兩個兒子保持親密無間、深信不疑的密切關係。約翰・衛斯理寫道，「我記不起來，哪一次我把自己的疑問向母親隱瞞不說 —— 我絕對信任她，從我的嬰兒時期開始，直到她去世的那一天。」

　　約翰・衛斯理出生於埃普沃斯牧師住宅，它既是棟房子，又是所學校。很可能母親的生活以約翰和查理斯為中心，是因為他倆回應她的愛的方式，與其他孩子不同。1709 年，牧師住宅失火，小約翰還在樓上臥室熟睡，他被及時叫醒。家被毀了，全家人只好租住在鄰居家裡，直到房子重建完畢。約翰被送到鄰近的一個牧師家裡，離家十英里遠。一週後，我們發現他寫信給母親，問她：「你是不是丟了一個小男孩啊？」他就是那個丟了的小男孩 —— 他用這種溫和的方式提醒，她沒有寫信給他。此時，他只不過六歲，但我們依然可以看出他已經有能力寫信了。這封奇特的信，是母子之間長期通信中的第一封。衛斯理夫人保留了這些信件，就像惠特曼[005]的母親把華特的信件當作珍寶保留一樣，她們的關懷都帶著傳奇般

---

[005] 1819 ～ 1892 年，美國詩人。他的傑出作品是《草葉集》。

的色彩。

約翰・衛斯理和母親的通信大部分都已經出版了，從中我們可以看出絕對裸露的思想，心與心完全放開，忘記了自我，進行了親密的接觸。通信到達這一境界的人已經超越了平凡。這樣與他人進行思想的表述，是心理演進或教育的一種實踐方式。

約翰・衛斯理 11 歲之後被送到卡爾特豪斯公立學校，在那裡待了六年，之後被送到牛津大學。12 歲之後，他被剝奪了與母親相伴的機會，但每天他都寫信給她──有時只有一兩行，到了週末就把信發出去。

衛斯理晚年的時候，他不認為除了在對立面所產生的作用之外，使他獲得學問的「慈善學校」或是牛津大學讓自己受益。但他與母親的通信是他一生當中不可遺漏的一項美好影響。他們的分離只是使相互之間的連繫更為緊密。我們透過贈予而獲得成長；我們透過背誦而記牢知識；思想透過作用與反作用而產生；如果可以向別人傾注自己的情感，而獲得一顆同情的心的支持，這個人是幸福的。當查理斯・金斯利[006]被要求說出自己見識與能力的祕訣時，他停頓了一下，然後回答說：「我有一個朋友！」

約翰・衛斯理也有一個朋友，而這位朋友恰巧是他的母親。她去世的時候，他 39 歲，此時他已經羽翼豐滿，學會了如何展翅飛翔。而在飛翔中，他並沒有把她丟在身後。

我們對許多偉人的生平都很熟悉，但你能找出有著這樣一位出色母親的天才嗎？即使在他長大成人之後，她的思想與其相比也毫不遜色。

原始基督教徒在自己的時代屬於異端分子。人類持續不斷地向某一方向努力，取得了成功，最後，由於對自己的力量過於驕傲自大，鬆懈緊跟

---

[006] 1819 ～ 1875 年，英國牧師、作家。其作品包括社會批評小說。

而來，放縱代替了苦修。除了在創立之初及受到迫害之時，沒有哪個宗教是純正的。

宗教在變得出名、富有及強大之後，就會變得懶惰、鬆懈，信徒對它的虔誠逐漸變為一種畏懼，它根本就不再是一種宗教了。它只是一種機構。

宗教透過生根發芽進行繁殖。每一個新的教派都是另一母系教派的分支。「新宗教」這個詞語本身是自相矛盾的 —— 全世界只有一種宗教。只要太陽一出，「全新的宗教」就會凋謝、消亡。

新的教派總是以抗議舊教派的錯誤與粗暴開始，幼小的教派在舊教派的哺育下成長，在足夠強壯時才斷奶、開始過上自己的生活。不斷有新芽斷開連結，但只有一部分存活下來，其餘的都死了，因為它們缺少生命力。這是所有事物死亡的原因 —— 我相信這一點無人會有異議。

比如說，「基督教科學」就是從母系中分離出兩件偉大的東西：一件是「基督教」這個詞，另一件是牛津版的裝訂，使《科學與健康》的外觀和《聖經》一模一樣。人們可以帶著它走在去教堂的街上，不用擔心受到迫害，就像他走在去流通書店的路上一樣。它滿足了心理上的需求。

約翰·衛斯理在新的教派中保留了「主教」這個詞，他也保留了法衣及教士披肩。將近一百年之後，這個教派才發展到有能力略去法衣的程度 —— 而且略去法衣可能當時還是個疏忽。

對於當時的大學教育情況，讓威基伍德小姐來描述吧：

我們幾乎無法想像，在牛津度過的時光，對於像吉本[007]這樣的人來說，「是一生中最無價值、最沒有用處的一段生活」，這是他本人的原話。

[007] 1737～1794年，英國歷史學家，著有歷史教科書《羅馬帝國衰亡史》。

即使在在本世紀早期盛行的不同制度下，我們這個時代的一位最富有思想的哲人也曾說過，他的大學生涯是他一生中唯一毫無價值的階段。沒有人能告訴我們，這樣的事件是否經常發生，不僅僅是一個小插曲，而是為虛度年華奠定了基礎。同樣，邪惡的東西也不僅僅會帶來負面的影響。學生在咖啡館和酒館虛度光陰，骰子給他提供了一項認真的追求，而酒瓶為他提供了消遣的方法。他每朝學位成功地邁進一步，就會被要求鄭重發誓會遵守學校的規定，但實際上他的行為違反了所有規定。教授們年薪一千英鎊，卻沒講過一次課，申請學位的人被迫申請豁免不參加從未講過的課，並因此付出代價。

在每一次公開的演講中都被莊嚴認可並接受的制度，在私下裡卻被完全違背。不管牛津的畢業生如何荒廢學業，他依然能夠道貌岸然、非常莊重地表白自己。這一切做得相當嫻熟，對自己說過的話他會毫不猶豫、毫無悔改地出爾反爾。入學之初，他會簽署「三十九信條」，但不會努力去明白它們的意思。我們以上提到的偉大歷史學家曾說：「我們德高望重的母親，已經設法將偏執與漠然對立的兩端結合起來。」這些混合在一起的影響，引領吉本先到了羅馬，然後到懷疑論，向普通大眾證明：毫無疑問，這只不過是對於所有精神生活的麻醉品。吉本並不是唯一有紀錄表示反對漢諾威式牛津的偉大作家。

亞當斯密在他的《國富論》——那本被譽為「有史以來最重要的書」——中，描述了以下有關大學的看法，顯然融合了他在貝利奧爾學院 [008] 七年時光的回憶在內，而這些回憶絕不溫清脈脈。

「在牛津大學，大部分教授甚至連假裝教書都不屑。紀律總體來說不

---

[008] 牛津大學最著名、最古老的學院之一。以活躍的政治氛圍著稱，曾經培養出了多位英國首相和其他英國政界的重要人物。

是為了學生的利益而設計的，而是為了教師的利益，或者更準確地說，為了教師的安逸而設計的。在英國，公學沒有大學那樣腐敗。那裡的年輕人被教授、或是可能被教授希臘語和拉丁語，這些就是老師們假裝教授的所有東西。而在大學，年輕人既不會、也不可能會被教授科學課程，教授這些東西是之後公司的事情。」

在這裡，我想請讀者注意最後一句話。不是說大學擬定了糟糕的計畫，甚至也不是說計畫執行得很糟糕。儘管也有可能執行得糟糕，但這個制度最突出的缺陷不是它在理論上不完整，或是實踐上有問題，而是它根本就是錯誤的。它最糟糕的結果不是培養出糟糕的學者，而是培養出虛情假意、貪汙腐敗的人。

我相信，就財富、建築、圖書館、教授、學者，學識方面的所有外在的莊嚴及硬體設施而言，歐洲很難有可以與牛津及劍橋相提並論的大學。如果有不足的地方，那就是在人的方面，不是在地方或是機構方面。說到這裡，我忍不住想承認，想要取悅偉人，把他們帶到大學，使他們遵從時髦的禮節，在紀律方面鬆弛，對無知與愚蠢默許，這樣的錯誤導致英國的大學名聲不如以前。

把年輕人送到那裡去的時尚，甚至對於如今最不情願放棄這樣做的階層──貴族來說，也在某種程度下退去熱潮。獲得學業上的成就所需要的無價值、瑣碎的訓練，鬆懈的紀律，到此時已經產生了一種普遍性的、被人強烈感受的、蔑視這種制度的行為，而它們已經成為這種制度的一部分。這位寬容而坦誠的觀察者，試圖以這個事實的真實性來沖淡他的責難：不管把他放到這個世界的任何一個地方，都會發現邪惡的東西。他告訴我們，在七年大學生活當中，他看到了道德敗壞、酗酒成性、好逸惡勞、愚蠢無知、愛慕虛榮的行為，公開而洋洋自得地展現在公眾的視野之

中，毫無節制地壓倒了謙虛美德的羞怯。

正是在這樣的狀況下，這位原抱著正當目的的偉人對他的時代的懶惰與虛偽進行猛烈抨擊。他可能絲毫也不曾預料到他抗議的結果。耶穌抨擊耶路撒冷的不公正和愚蠢，呼籲率真誠實、直言不諱，以及熱愛鄰居。法利賽教徒 [009] 暴怒之下對他進行加倍的抨擊 —— 異端與叛國 —— 然後，他被釘死在十字架上。

異端與叛國被連在一起，一項是冒犯教會的罪，另一項是冒犯政府的罪。「這個人背叛了上帝，背叛了國家」，這樣就解決問題了 —— 砍掉他的頭！蘇格拉底、耶穌、薩沃納、胡斯、威克里夫、廷德爾、路德和約翰‧衛斯理都 [010] 完全相同。改革家總是有罪的 —— 他們的罪就是說出令人不高興的真相。對於這些人的不同待遇，只是因時代及當地環境的差異而不同。牛津是公認的宗教機構；它是政府的一部分。大學生約翰‧衛斯理發現，它在很大程度上是一個懶散及浪費時間的地方。約翰給母親寫信，描述了情況。她回了信，懇求他在生活上遠離身邊的俚俗，並和有同樣想法的人聯合起來，組成一個團體，一起聚會、祈禱和思考，這樣他們就可以相互支持。

蘇珊娜是循道宗 [011] 的真正創立者，約翰‧衛斯理自己也多次說過這個事實。

早在 1709 年，她寫信給兒子撒母耳，他當時在牛津大學，而且一直沒有擺脫牛津對他的影響：「我的兒子，你必須記住，生活是我們收到的神聖禮物 —— 它是我們的上天之父賜給我們的天賦。我要求你，將你的

---

[009]　古代猶太法利賽教派的教徒。該派標榜墨守傳統禮儀。《聖經》中稱他們為言行不一的偽善者。
[010]　這些人都是古代至今各國的思想家或者宗教改革家。
[011]　即衛理公會教派。

生活投入到某種方法之中，這樣就可避免每天產生新的摩擦。每天在特定的時間早睡早起，在規定的時間就餐，以特定的某種方法祈禱、閱讀和學習，這樣就能在時光飛逝之時充分利用好時間，以免回頭再補。給自己留夠時間睡覺，留夠時間做私人的事，留夠時間娛樂。最重要的是，我的兒子，做事要有原則，不要像其他人一樣渾渾噩噩地生活，他們就像河面上的稻草一樣，在這個世界四處飄蕩、隨波逐流。」

在寫給就讀牛津的約翰和查理斯的數百封信中，這位母親以不同的詞語重申了這個看法：「我們是習慣的動物；我們必須養成良好的習慣，因為它們很快就會成為我們的主人，掌控我們的，必須是那些好的東西。生命是非常寶貴的——將來某一天我們要把它還給上帝，因此讓我們物盡其用吧。讓我們的每個小時都有條不紊，這樣就可以使我們的生活更有意義。」

約翰·衛斯理是天生的領袖，還不到 20 歲，他就在牛津召集了一幫年輕人圍繞在他身邊，他們錢包乾癟，但才高志遠。他們緊密團結，遠離當地的怪癖與俚俗，並打算仿效耶穌基督的生活。他們被奚落為「循道宗信徒」。這個名稱就這樣保留下來了。

西元 1907 年，全世界大約有三千多萬名循道宗信徒，而美國大約有七百萬。這個教派在美國擁有價值超過三億美元的財產，擁有超過十萬名職業傳教士。

在衛斯理畢業之後，大學負責人強求他留在學校，在克賴斯特徹奇學院擔任導師和教師。他是一個用功的學生，需要他這樣的榜樣，去制止那些貴族兒子們的胡鬧。

約翰被適時委任進行布道，他還經常在附近的教堂讀祈禱詞。他的兄

弟查理斯是他忠實的附和者與影子。有一位名叫喬治・懷特菲爾德[012]的熱心青年，還有一位鎮定、嚴肅的年輕人，詹姆斯・赫威，他們堅定地站在牛津循道宗的一邊，毫不惱怒地忍受著許多人譏諷的笑意。

這些年輕人組成委員會，探訪病人，找到貧窮而絕望的學生，幫助並鼓勵他們，他們還探訪監獄和囚犯工廠。他們的打算是效仿耶穌十二使徒的生活。他們都非常貧困，但沒什麼欲望，當約翰・衛斯理收入為 30 英鎊一年時，他給出兩英鎊用於慈善事業。當收入為 60 英鎊一年時，他給出 30 英鎊。我們完全可以說，儘管在他的一生中賺了十萬多英鎊，他去世時身無分文，這樣的結果正如他所願所想。

到了 1735 年，發生了新情況，此時，詹姆斯・奧格索普被牛津這個熱心苦行的團體所吸引。在詹姆斯・芬尼莫・庫珀[013]的筆下，奧格索普的生平讀起來就像小說一樣。他出生於貴族家庭，母親是愛爾蘭人，這給他帶來了小小的阻礙。他被看作另類，受人排斥。他是牛津的畢業生，回母校訪問時，聽到有些人用譏諷的話抨擊衛斯理一家，儘管這些話聽起來像是讚揚他們一樣。通常，被別人強烈抨擊的人，其本身有著許多優秀的東西。奧格索普是一位軍隊的軍官、慈善家、藝術贊助人，還是一位冒險家。他當過議員，在這個特定的時期是喬治亞州殖民地的總督，回到家鄉訪問。

他曾到新興門監獄[014]和其他一些監獄調查，並起訴看守，成功地向公眾披露了他們的殘暴。荷加斯[015]曾畫過一張奧格索普探訪監獄的畫像，畫中可憐的苦命人圍繞在他身邊，講述他們的悲慘故事。

---

[012] 1714 ～ 1770 年，英國宗教領袖，是約翰・衛斯理的追隨者。

[013] 1789 ～ 1851 年，美國小說家。以邊境生活為題材的小說而聞名。

[014] 在倫敦西門的著名監獄，1902 年廢棄。

[015] 1697 ～ 1764 年，英國藝術家。他的諷刺畫批評了當時社會上奢侈與貧窮之間的強烈反差。

在很多情況下，這些囚犯被給予自由，而奧格索普承諾，他將帶他們去他的殖民地。奧格索普的心和遭遇麻煩、遭遇不幸的人在一起。他的慈善心腸與傑克・凱德[016]相似，更不像耶穌基督。不過他一眼看出衛斯理一家的出色之處，他自己是個偉大的人，更希望使他們的美德成為自己的美德。他建議衛斯理一家和他一起回美國去，一起建造一個理想的國度。

奧格索普隨身帶了幾個從美國帶過來的印第安人。他們自豪、沉默，有著其民族特色的自我約束。此外，他們都有六英尺高，被帶到王宮時，身上沒有穿任何稱得上是衣服的東西。

喬治二世國王接見這些森林之子時，他看起來就像一個侏儒。奧格索普知道以何種角度讓他的部隊行軍。倫敦社會瘋狂地爭睹他的野人風采。他宣稱，北美的印第安人是世界有史以來最優秀的人種 —— 智力上、體力上和道德上都是如此。他們只需要一樣東西使他們走向完美 —— 那就是基督教。

衛斯理一家對於他們在牛津留下的小小印象感到沮喪，他們聆聽了奧格索普的看法，接受了他的觀點。查理斯被聘為總督祕書，而約翰・衛斯理將以一名傳教士的身份前往美國。

就這樣，他們乘船前往美國。在船上的時候，他們每天都安排得有條不紊 —— 祈禱、唱讚美詩、研究、閱讀、勸誡、寫作，好像這是他們活在世上的最後一天似的。這使得船上的幾位貴族後裔樂不可支。奧格索普則對他們大加嘲諷：「聽著，你們這些該死的海盜，你們並不了解這些人。他們一小時忘掉的東西比你們知道的所有東西都多。你們把他們當成是微不足道的牧師，但他們是有識之士，就像我本人一樣，他們是牛津大學的

---

[016] 英國反叛者。1450 年領導了反抗亨利六世的起義，以失敗告終。

畢業生。我是他們當中的一分子，我要讓你們知道這一點。我也是個宗教人士，也是位循道宗教徒。自此之後，如果你們任何人膽敢嘲笑我的朋友或是我的宗教，我會把你打得稀巴爛！」

多年之後，衛斯理講述了這個故事，以說明一個事實，一個人可以非常理智地認可某一種宗教，儘管在他的內心深處它並沒有多少分量。奧格索普把循道宗看作是一件好東西──比員警系統更物美價廉──認為它肯定會帶來好的結果。如果約翰・衛斯理和喬治・懷特菲爾德，能夠使他的殖民地和周圍所有的印第安人皈依循道宗，他身為總督的工作量將大大減少。奧格索普是一個非常實際的人。

約翰・衛斯理並沒有使印第安人皈依，因為他找不到他們，他們在遙遠的地方和其他部落作戰。除此之外，他不會說他們的語言，而且完全不習慣他們的生活方式。印第安人對那些不熟識的人不會敞開心扉，衛斯理見到的幾個印第安人都非常固執地抱著這樣的想法：他們的宗教和他的宗教同樣地好。衛斯理贊同他們的看法，並不急於很快讓他們接受新教。

約翰・衛斯理到薩凡納市的時候，那裡有 518 人。大約一半人是沒落貴族的後代、前囚犯、冒險家和宗教狂熱者，其餘的則是普通、平凡的居民。

拓荒者忙於為謀生而奔波，沒有時間深入研究道德規範或是神學。衛斯理很快就明白，他的能力需要有更廣闊的空間。不過，這一經歷使他受益匪淺，特別是在兩個方面。其一，他對於奴隸制度有了一定的了解，並就此說過一句話，這一句話青史留名：「人類的奴隸制度，是所有惡行的總和。」其二，他在船上遇到了一群摩拉維亞教徒，他們給他留下了深刻的印象，他立即開始學習德語。六周之後，他可以用德語勉強和他們對

話。在喬治亞州兩年後，透過參加摩拉維亞教徒的宗教儀式，他已經可以用德語閱讀、寫作和布道。

對他來說，這些摩拉維亞教徒是他見過唯一正宗的基督徒，他們在樸素的信仰、勤奮向上、直言不諱、生活簡樸方面作出的榜樣對他留下了深刻的印象。自此之後，循道宗與摩拉維亞教派 [017] 有了非常親密的血緣關係。

在薩凡納，有一些人窮得買不起鞋子，當這些人光著腳出現在教堂的時候，那些所謂的貴族們嗤之以鼻。看到這些情景之後，約翰·衛斯理在下一個禮拜天光著腳出現在布道臺，這成為他在喬治亞州生活期間的一個習慣。這大大冒犯了貴族們。衛斯理還為奴隸祈禱贖罪，這使他受到憎惡。事實上，這也是導致他與總督之間產生誤會的主要原因。奧格索普認為，對於奴隸制度的任何討論或是批評都是「侵犯產權」。

於是衛斯理乘船返回英國，失敗的感覺使他頭腦更為清醒，而摩拉維亞教派的榜樣卻使他大受鼓舞，他們接受上天賜予的一切，並把這一切都當成是收穫。

牛津的管理者和奧格索普一樣，對於衛斯理奇特的想法並沒有特別的個人共鳴；但從政策上的角度來看，他們意識到他在這個偉大的教育中心的影響，而它需要這樣的影響力安撫人心。於是他穩穩當當地獲得了希臘語教授及臨時傳道士的職位。

對於當時牛津的道德狀況，威基伍德小姐還曾說過：

研究這個偉大的福音復興運動的人，很少注意到循道宗崛起之初牛津的狀況。他們只研究了這個重大運動的後期情況，而忽略了這一事實：在

---

[017] 由來自摩拉維亞的赫斯信徒移民，於 1722 年在薩克森地區設立的新教的成員。

它崛起之初，牛津的一些導師努力想讓這個國家教育機構恢復一些當時被可恥地摒棄的東西。用某一種錯誤的解釋包圍年輕人，會不可避免地使他非常堅定地反對這些錯誤。在教育方面，我們發現，最有影響力的毫無疑問是反向作用。對於循道宗對外表苛刻的要求及一些毫無必要的限制，我們應當連繫衛斯理之前的所見所聞來看待這些問題，他曾在才華被肆意揮霍、惡俗通暢無阻的世界裡生活多年。

這裡描述的牛津 —— 正是使吉本和亞當斯密浪費掉最佳年華的牛津，許多默默無聞的同齡人追隨他們，對給他們帶來巨大損失的問題進行關注，不管其他人對此是多麼地漠不關心 —— 正是在這個牛津，年輕人宣誓遵守校規，但從未靜下心來認真讀過。在發現根本不可能遵守時，還再一次莊重宣誓 —— 而衛斯理在他入學 20 年之後，開始在聖瑪麗堂[018]持續不斷地猛烈抨擊這些現象，這些冒著炙人烈焰的詞語直達許多教眾的良心深處。

他在 1744 年的大學布道會上說道：「帶著溫柔的愛與謙恭的心情，我想問你們一個問題：這個城市真的是基督的城市嗎？我們，身為一群人，是否已被聖靈充滿以至於可以在心裡歡喜快樂、在生命中結出聖靈的真果？我懇求你們注意這個事實，以下意見中並無特別的想法：問題並非與一些懷疑看法有關，而是與一些無人懷疑的、我們共同的基督教基本內容（如果確實有這樣的內容的話）有關。基於這一結論，我在此呼籲你們正視自己的良心。在你們和我很快都會面對的這位偉大的上帝面前，我為你們這些在上治理的人禱告，因你們所屬職位的緣故，我敬重你們（在上帝面前不要效法假冒為善的人），你們是否已被聖靈充滿？你們受命在世人中間，做他活著的見證，你們是否真是他的見證？你們是否傾注全力做你

---

[018] 牛津大學的一個講道臺。

們擔負的這許多工作呢？不要說我在這裡講話，好像你們眷顧的所有人都準備做牧師一樣。不是的。我這樣說：只是他們好像要做基督徒似的。然而我們承受了前代福祉的人，我們的同事、學生、學者，更為特別的是那些高貴的官吏們，給他們樹立了什麼榜樣呢？—— 弟兄們，你們是否盛滿有聖靈的果子？是否有謙卑的心，有捨己克己之心？有溫柔安靜的靈？有忍耐、溫和、莊重、節制？你們是否孜孜不倦、永不停息地向所有人盡力行善呢？這是大學院士的特質嗎？恐怕不是。相反，不是有人反對我們，說我們的靈傲慢不遜、暴躁易怒、閒懶散漫、好逸惡勞、貪食好色，甚至一無是處嗎？這些不可能總是仇敵在攻擊我們，這些不可能是完全無憑無據的吧？我們的言談、仁慈，我們的精神、信心和純潔是其他人的榜樣嗎？我們開始工作時，懷有怎樣的動機？我們真的一心服侍上帝，相信我們裡面是受聖靈感動、為了上帝的榮耀、為了造就他的百姓而從事這項神聖工作的嗎？我們使徒的印記在哪裡呢？那些死於罪過中的人，有誰聽到我們的言語醒悟過來呢？我們是否熱心救人脫離死亡？我們是否為世界而死，為世界的一切死呢？當人打我們的一邊臉，我們是否還擊他，是否感到很生氣？還是轉過另一邊臉，不以惡勝惡，而是以善勝惡？我們的熱心是否帶著苦毒，使我們言語刻薄、急躁易怒地同那些偏行己路的人爭辯？還是燃燒著愛的火焰，使我們的言語甜蜜、謙卑、帶著智慧的溫柔？

「再一次，提到這裡的年輕人，我們該說些什麼呢？你們有基督徒敬虔的樣式，或者說你們有基督徒敬虔的能力嗎？你們在自己做的一切事上勤奮嗎？你們全力以赴繼續自己的學業嗎？你們珍惜時間、每天盡力安排更多的事去做，還是你們沒有意識到自己日復一日在浪費時間，不是在讀與基督教毫不相關的書本，便是賭博或者—— 做你們自己心知肚明存在某種問題的事呢？你們管理自己的時間是否勝過管理自己的財富？你們知

道如何以聖潔尊貴堅守著自己的身子嗎？你們中間沒有人醉酒、沒有人品行不端嗎？是的，你們不是有許多人以恥為榮嗎？你們不是有許多人在妄稱上帝的名嗎？恐怕這個人數在迅猛地增長。弟兄們，不要感到驚訝 —— 在上帝和大家面前，我自己也是這些人中的一個。我曾經鄭重起誓，要遵行我當時一無所知的許多習俗，以及當時及以後幾年我都未能讀完一遍的法令條例。如果這沒有違背誓言，那什麼是違背誓言呢？然而，如果事實的確如此，哦，我們的罪有多麼沉重、有多麼不同尋常啊？至高的上帝豈能不留意嗎？

「但願你們不會因此便有許多人不務正業、輕視上帝、彼此嘲弄並輕忽自己的靈魂。你們中有誰在一定程度上熟悉聖靈的工作，熟悉他在人心裡超自然的作為呢？除了偶爾在教會中，你們曾經聽見聖靈在說話嗎？你們不是想當然地認為如果有人開始這類談話，他不是假冒為善就是宗教狂嗎？奉全能上帝之名，我問你們，你們相信的宗教是什麼呢？」

即使在那個冷漠、庸俗的年代，在聖瑪麗堂聽取布道的許多人良心被喚醒，他們在心中回味著這個問題，在布道結束時全身心地投入到祈禱之中：「主啊，拯救我們，否則我們便只能滅亡。拯救我們脫離困境，不要讓我們沉淪！在你凡事皆能。求你照著你的大能大力，保護那些注定要死的人！」

衛斯理滿懷熱誠和熱情的布道，對於古板、墨守陳規的教區牧師提出了挑戰，他們幾乎是在丁字尺 [019] 的幫助下背誦他們的祈禱詞。

對他們來說，宗教只是一種形式的問題；但對衛斯理來說，這是一種心靈的歷程。他從摩拉維亞教徒那學到了在布道中插入祈禱的習慣 ——

---

[019] 尾端裝有可滑動的垂直短橫檔的尺，繪圖員用它來設制或畫平行線。

剛剛還在對教眾說著話，他會突然停下，眼睛往上看，直接和神靈對話。這樣的做法對許多虔誠的教士來說是褻瀆神明。當然，麻煩的原因很簡單：這是一件新事物 —— 我們通常會對革新感到惱怒。「你看過這樣的做法嗎？」如果我們沒見過，那它就是荒誕不經、荒謬絕倫、糟糕透頂的。

有一天，衛斯理前往牛津大學附近的一個村莊教堂進行晚禱。由於他名聲在外，可敬的看守人穩穩地鎖好門，把大門鑰匙安放在自己寬大的馬褲口袋最深處，然後外出釣魚。有幾個老年婦女等著參加晚禱，衛斯理並沒有把她們打發走，而是站在教堂的臺階上，給她們讀祈禱詞，並進行布道。這是一個不同尋常的場面，不同尋常的東西總是能吸引人。路過此地的從酒館出來的閒漢、一小群一小群的孩子、從來沒進過教堂的人都駐足聆聽。有一些人在笑，另外一些人則看起來很認真，大多數一直呆到布道結束才走。

這樣就可以做到皆大歡喜了。看門人和他機敏的教區牧師想阻撓衛斯理的工作，而衛斯理做了他唯一能做的事：在教堂外面布道。這樣他和那些從未進過教堂、或是從來不願進入教堂的人進行了心靈的交流。街頭布道並非約翰‧衛斯理的發明，但直到他的時代，英國教會的教士們還沒有誰曾嘗試做過這種被認為是不體面的事情。

衛斯理所做的事，他母親在他出生的那一年也做過。她在教堂墓地向埃普沃斯村的村民布道。因為，教堂高壇的確是一個神聖的地方，只有被選定的人，也只有男人，才能在上面布道。這位婦女有話要說，她就做了一件唯一能做的事：在教堂外面布道，並向 250 個人演講 —— 聆聽她丈夫布道的人通常只有 25 個。

這樣，約翰・衛斯理又有了一個新發現：要想接觸到那貧窮的四分之三的人，你必須在街頭、在市場、在教堂的臺階向他們布道。他在船上及美國的經歷使他受益匪淺。它們教會他，形式和儀式、確定的時間和地點，都是毫無必要的東西──每當三三兩兩的人以上帝的名義聚集在一起，上帝就與他們同在。

正是在向這些被遺棄的人布道的過程中，衛斯理找到了自己，並因此「皈依」。他說，「我在美國的工作失敗了，因為當時我並沒有把我的心交給救世主。」

而現在他獲得了「力量」，這個詞對於他的意義，是否和對他的信徒的意義相同，這個問題我們勿需多談。力量是透過放棄取得的。那些把陳規陋習丟到九霄雲外、自己尋找主題的演講家就能找到力量。

反對及譏笑是幫助衛斯理找到自我的必需要素。

他寫信給母親，告訴她所做的一切。她回了信，把她的祝福贈與他，並寫下了激勵他的話語。她說：「約翰我的兒子，當心靈推動你的時候，必須隨時隨地說出愛的言語。」

約翰・衛斯理在牛津為自己招致了太多的注意：當權者向他提出了警告。對於這些警告他回答說，他是英國教會正式委任的牧師，教規裡面並沒有禁止他隨時隨地按自己的意願進行布道。他還補充道：「向純樸的男人和女人展現生活的方式，向他們講述耶穌為了讓我們活下去而死難的故事，這些肯定不能被看作違規。我必須繼續走我自己的路。」問題就這樣解決了──牛津那些有教養的人不適合他。他是一位不需要講道臺的牧師──一位不需要學校的教師。

他套好馬鞍，把所有的財產裝到鞍囊中，開始了奔向倫敦的旅

程 —— 走上了那條著名的道路,這條道路幾乎英國每一個偉大而強有力的人都曾跋涉過。他身無分文,但有一匹馬。他愛馬:他喜歡與馬做伴,在道路崎嶇的地方,他漫步而行,牽著那匹耐心的馬。約翰·衛斯理牧師竟然說出了巴德·多布林上校說的話:「上帝送給人類最好的禮物 —— 馬!」

約翰·衛斯理就這樣騎馬前行,不知道將走向何方,不知道為什麼要走 —— 只知道牛津不再需要他了。出發的時候,他感到沮喪,但一旦走到城外,走在被兩邊綠色田野包圍的公路上,他提高嗓門,唱起了他兄弟的一首讚美詩。從牛津出走意味著自由。

每到一個村莊,他會站到教堂臺階,或是街道的一個角落,常常在酒館的走廊,開始演講。他的鞍囊裝著他的黑袍和白色教士披肩。他將它們套在自己風塵僕僕的衣服上,這樣看起來像樣一些。他的頭髮很長,從中間分路,他的鬍子刮得乾乾淨淨,一張清秀的臉上顯露出非凡的毅力。

他是個具有王者之風的人物。站在他身邊的人都能感到他的真誠。人群可能會發出噓聲、譏笑聲,但那些站得很近的人不會訴諸暴力。事實上不止一次,是那些粗漢們保護了他。他宣講正義和即將到來的審判。他宣揚更好的生活 —— 即時即地。他就這樣旅行著,每天布道三四次,大約騎馬 20 至 50 英里。在倫敦的時候,他在石南樹叢中布道,成千上萬從未進過教堂的人聆聽了他的布道。「他們前來嘲諷,卻留下來祈禱。」 這句話,說的正是他的情景。

衛斯理的演說並非是我們所熟知的「循道宗風格」。他很平靜、溫和、健談,但他的詞語飽含信念。這是個真誠的人 —— 他什麼都不要 —— 他奉獻了整個自己。

如今，如果這樣一個人以同樣的方式進行布道，將會惹眼地招致注意，並獲得成功。懷特菲爾德熱情洋溢的布道增添了「循道宗特色」。查理斯‧衛斯理很像懷特菲爾德，被認為是一位比他兄弟更偉大的傳教士，因為他的布道更有技巧 —— 但約翰遠比他們更偉大。就這樣，大覺醒運動開始了，其他傳教士效仿衛斯理兄弟，在田野和路邊布道，並開始組織「循道宗協會」。而約翰‧衛斯理是他們的領袖和榜樣。

不論是衛斯理兄弟還是懷特菲爾德，他們當時都沒想過組織一個獨立的教派或是反對英國國教。

他們屬於英國國教，而成立這些「協會」只是為了使這把剛被燃起的精神火花保持活力。

約翰‧衛斯理工作的一個顯著特色是他盡可能組織起「組」。這是一位學校老師的主意。指派一位領袖，每一組人不到 10 人，每週至少聚會一次進行祈禱、讚美上帝及學習經文。每一個到場的人都參與進去 —— 站起來，說點什麼。

在這方面衛斯理非常實際：「所有人都必須參與，因為這樣做，使每一個人都感覺自己是集體的一部分。即使最謙卑的人也必須讀經或祈禱或是唱詩，或是見證上帝的仁慈。」

這樣我們就有了「巡迴牧師」，見證了「巡迴」的演變過程。接著有了「地方傳教士」，實際上是獲得了「力量」的「小組領袖」。

衛斯理清楚而堅定地看到，職業牧師，即領取教堂「聖俸」的牧師，是不正常的。把宗教看作一件生意，就使宗教失去其根本，就像把愛看作一件生意一樣，會導致墮落。我們的宗教應該成為我們日常生活的一部分。巡迴牧師是使者：他沒有家，沒有薪水，沒有財產，但他為了人類的

事業不遺餘力地奉獻出自己的生命。衛斯理習慣走入別人的房子——任何房子，然後說：「祝願這所房子安寧、和諧！」然後他即時即地舉行一個簡短的宗教儀式。他的到來總是使人們深感榮幸：不管是大人物，大富翁，還是地位卑賤的人，都歡迎他的到來。他只需要別人給自己和馬提供住宿，而這些都免費地提供了。他親自照管自己的馬，晚上做的最後一件事情，通常是確保餵好了馬、讓馬躺好。

有一匹馬他騎了 10 年，當牠變得又老又跛的時候，要和牠分別，他深感難過，他的胳膊抱著牠的脖頸，淚水洶湧而出。世上還有什麼馬能獲得如此之高的榮譽嗎？牠帶著這位真誠的人走了一萬英里路，牠也是大覺醒運動的重要角色！有沒有馬的天堂呢？在華盛頓州，人們說，「有。」也許他們是對的。通常在天亮之前，在房東一家人尚未起床之前，衛斯理就已踏上新的旅途。

蕭伯納已經詳細描述了衛斯理在 48 歲這樣一個謹慎的年齡不幸結婚的情況，並用它反駁愛情絕對純潔的觀點。即使衛斯理跑遍全世界找一個潑婦做老婆，也找不到比這更差的。瓦齊耶夫人是一位與衛斯理年齡相仿的寡婦——富有、標緻、肥壯。在倫敦時他接受了她的盛情款待，而十年間偶爾也曾在她的房子駐足，因此不能以「倉促」二字當藉口。致命的一擊是雙方的接近。一天晚上，正邁下「鑄造廠」[020] 臺階的時候，衛斯理滑了一下，扭到了腳踝。他蹣跚著走到附近瓦齊耶夫人的住處。一看見他，這位女士熱淚盈眶，接下來的一周繼續照顧他。

他需要參加巡迴布道，急於離開此地，但無法騎在馬背上。因此，如果他堅持要走，必須坐在馬車裡。瓦齊耶夫人有一輛馬車，但她當然不能和他一起走，除非和他結婚。

---

[020] 循道宗的主要聚合點之一，原為一廢棄倉庫。

於是他們就結婚了，自此之後痛苦不堪。

衛斯理夫人能說會道、淺薄無知、大驚小怪，從來都不知道她的丈夫是屬於全世界的，只是附帶地屬於她自己。她完全管起他和他的事務。對於那些想拜訪他的人，如果她不喜歡，就把人家趕走；她把他的郵件打開；搜掠他的口袋；堅持不讓他去窮人家；固定他的工作時間；而且認真閱讀他的私人日記，並要求做出解釋。這位婦女應該和一位不記日記的男人結婚，最好這個男人沒人關心。事實上，毫無疑問，她也在她的能力範圍內遭受了痛苦。

他們結婚不到一年，她竟然扯著他的頭髮拉著他到處走；他布道時她做著鬼臉，低聲地說：「我聽得太多了，煩死了。」在大庭廣眾之下，她有時會向聚集的客人們解釋，她的第一任丈夫是多麼偉大、多麼傑出的一個人物。

但最糟糕的是，她把衛斯理忠實的坐騎「蒂莫西」帶走，把牠和她的一匹馬拴在一起拉一輛輕用馬車，一個穿著紅制服的馬車夫騎在牠背上，吹著喇叭。

可憐的衛斯理呻吟著，私下裡對自己說：「這是上帝給我的考驗——我一定要全部忍受下來。」

最後，這位婦人和他斷絕關係，前往蘇格蘭。他從她的馬棚那裡偷偷取回自己的馬，騎著馬離開，又過上了以往的好日子。但是，唉！一個月之後，她追尋到他的蹤跡。她在伯明罕趕上了他，在他布道之後摟住他的脖子，解釋說她是約翰・衛斯理夫人。可憐的男人既不能否認，又不能逃走，沒有當眾大吵大鬧，因此她跟隨他到了他的住處。

她改頭換面的表現在一周之後就消失得無影無蹤，在衛斯理英俊的臉

上又可以看到她指甲的痕跡。這樣的節目一直上演了 31 年，這位嫉妒的婦人想出了所有可能的花招，而她又有著足夠多的收入，容許她肆意地胡思亂想，卻依然出沒於上流社會之中。1781 年 10 月 14 日，衛斯理在日記中寫道：「有人告訴我，我的妻子週一去世了，今晚下葬。」

衛斯理曾寫信給阿斯伯里 [021] 說道：「她讓我整整減壽 20 年。」如果這句話是真的，可以看出，衛斯理本來可以會給這個世紀帶來什麼樣的變化。不過，衛斯理是對的：這並不完全是壞事；補償法則向來存在。衛斯理有了一場不幸的婚姻，這使他了解到婚姻幸福的男人永遠不會知道的許多事情。

衛斯理不會因為任何事情責怪任何人。有一次，他看到一個醉漢蹣跚行走在街道上，他轉向一個朋友，說道：「看在仁慈的上帝的分上，約翰‧衛斯理就走在那裡啊！」他所有的傳記都同意，他在 50 歲之後身為傳教士的能力不斷增強，一直到他 75 歲。他變得更溫柔、更和藹，有一圈愛與敬仰的光環環繞在他身邊。只要他在場，他的敵人也會除帽致敬，默默地站在一旁。他談論約西亞‧威基伍德時說：「他熱愛花朵、馬兒和孩子 —— 他的靈魂離上帝很近」，我們可以在這裡引用他的這句話，這是對他自己的真實寫照。

決裂或是「脫身」的真實原因是對於領袖個人的憎恨。就像玩遊戲的孩子一樣，神學家到了這麼一個程度，逼得他們說：「我不在你的後院玩了。」我們不喜歡一個人的時候，就會不喜歡他的音樂、他的藝術和他的信念。因此他們就產生了分歧，在自由寬限期、宿命、洗禮、復活、意志的自由、無限的懲罰、無盡的後果、歸化、聖餐變體、神靈化、嬰兒洗禮

---

[021]　1745 ～ 1816 年，英裔美國宗教領袖。1784 年，第一個成為各殖民地主教的衛理公會主教派教士。

或是其他十幾項問題上爭執不休。而這些問題與真理關係不大，只是角度不同，可以在吃早餐之前對其誠心信仰，也可以在餐後嗤之以鼻。

　　然而，衛斯理的抗議有一個根本性的原因。因為在他的年代，英國國教是一個鍍鋅、鍍金的事物，它擁有了一切，但就是沒有活力。

　　就這樣，約翰‧衛斯理繼續進行騎馬巡迴布道，他走遍了英國的天涯海角，每年走八千英里，做八百個布道。在倫敦時，他把嗓門提到最高的限度說話 ── 對一萬人布道。不過，即使有時只有 50 個聽眾，他帶著同樣深厚的感情講話。他的布道充滿智慧，往往非常樸實，但不粗俗。他知道如何吸引疲憊的人的興趣，如何使孩子保持清醒。他在訓諭中間雜著趣聞軼事，在箴言中加上樸實無華的事實。他渴望改進此生此世，並將那些值得救贖的靈魂攜帶同行。

　　衛斯理隨著歲月的增長而成長。他充分了解到，布道是傳教士最基本的工作。「在我的鞍囊，在《聖經》和讚美詩旁邊，我總是帶著一本好書。」他了解歷史和科學，所有哲學對他來說都很熟悉。他信奉的巡迴方式，對於傳教士或是教眾來說都是必需的。傳教士在一個地方待久了就會變得平凡而無價值。新的面孔能使人保持活力和警醒。騎馬巡迴傳教士可以一次又一次作同樣內容的演講，透過重複使它變得完美，直到它達到最佳效果。

　　騎馬巡迴傳教士、當地的傳教士或是組領袖、組及「友好聚餐」，或是全體大會 ── 這些東西在宗教機器方面來講已經完全足夠了。

　　不過，衛斯理最終相信，在大城市，室內的聚會點是必要的，這樣可以使人們更團結地結合在一起。常常天氣很糟糕，如果要求婦女和兒童站在凄風冷雨中聆聽巡迴傳教士的講話，這也太過分了。

因此倫敦提供了一個名為「鑄造廠」的廢棄倉庫，衛斯理兄弟在這裡和一大群人舉行歌唱、讚美的儀式。循道宗很大程度上是一種性情的問題——它符合某一類型人群的需求。成長的頭腦並不滿足於別人為你安排好一切。天主教和聖公會為他們的教眾做得太多了，不讓他們為自己做點什麼。循道宗的組聚會允許最謙卑的教眾提高聲音，向寬恕的王座發出自己的呼籲。祈禱是祈禱人的事，只有非常愚笨的人才會懷疑它的功效。你自己心中的上帝聆聽你的祈禱，如果祈禱合理而適當，就會回應你的祈禱。

富有自由思想的歷史家萊基說道：「循道宗把英國的智力標準提升到了無人能估算的程度。」在全社會，酗酒、賭博、混戰、縱狗逗熊，被唱讚美詩、祈禱及「見證」所代替，人人都參與。衛斯理愛花，經常帶著花園種子分發給別人，而他在下一次拜訪時總會記得詢問種花結果。他鼓勵人們穿戴整齊、持家整潔、舉止優雅。

成千上萬的人學會了閱讀，因為他們想閱讀《聖經》；成千上萬的人歡聲歌唱，而之前他們從未一展歌喉；儘管他們的歌聲粗糙，儘管他們的公開演講水準不高，但這是人性的表達，是一種教育、進化和成長。衛斯理認為循道宗是最終的事物，不能拿這一點來指責他。他的信念與熱誠或多或少必須是盲目的，否則他就不是約翰·衛斯理了。有著牛頓、史賓塞、黑格爾或叔本華這樣頭腦的哲學家，根本不可能完成衛斯理這樣的工作。衛斯理要是知道的東西更多，他做的事情會更少。他是個醉心於上帝的人——他的心燃燒著聖潔的愛。

他把旗幟扛到了最前線，並把飄揚的旗幟安插在堅實的城牆上，全世界都能看到這面旗幟。而把旗幟扛到更遠的地方，是將來其他人要完成的任務。

　　約翰・衛斯理宣稱自己是「聖經主教」，或是「神授權力主教」，這使他的兄弟查理斯大為驚愕。但是晨星依然合聲歌唱，甚至在他任命夥伴阿斯伯里為「美國主教」、任命其他十幾個人為主教之後，一切依舊。不過，每一次他們都會認真解釋，他們只是循道宗的聖經主教，不是國教的主教。在去世之前的那一年，衛斯理下達了一個命令，不容許在通常舉行教會儀式的時間舉行循道宗教會儀式，不容許循道宗的主教穿著獨特的教袍，不容許有固定的薪水、住處或是地產，無論在什麼情況下，不應容許別人稱呼自己為「閣下」。

　　他過著非常幸福的生活 —— 工作占滿了他的生活，沒有時間發牢騷。85 歲的時候，他說道：「今生今世我從未有哪怕半小時沮喪過。我對情緒的控制，就是我的幸福、感恩和快樂的泉源。」衛斯理努力不直接對英國國教開戰 —— 他希望它能自我改革。他不知道，那些有著穩定而豐厚的收入的人，很少會消亡，他們永遠都不會辭職。他天真地認為，他可以繼續組織「循道宗協會」，同時保留他在國教的位置，這顯示他缺乏一定的邏輯思維。此外，他從未有過足夠豐富的想像力，未能預見到循道宗教會自己將變得如此出名、強盛、影響力大而且富有，並將成為他 81 歲時最終與教會決裂的機構。查理斯・衛斯理和懷特菲爾德去世時依然是英國國教的成員，被埋葬在聖地，但約翰・衛斯理 88 歲平靜地去世時，他要求將自己的遺體埋葬在城市路教堂，他的生命、愛心及工作已經使這一塊土地成為聖地。他的遺願得到了滿足。

第二章
亨利‧喬治

　　亨利‧喬治（Henry George。1839 年～ 1897 年），美國記者、
經濟學家，也是一個政治改革家。他關注經濟進步中的不幸者
們、試圖推進社會變革，被譽為「平民的代言人」。喬治以其稅
收理論聞名，最著名的作品為《進步與貧窮》（1879 年）。他是
現代土地制度改革運動的主要宣揚者，他認為，土地、勞動、
資本是生產的三要素，土地是自然資源，勞動是人的努力，資
本是能生產更多財富的財富。喬治的觀點也是孫中山三民主義
中民生主義的來源。孫中山先生 1896 年夏秋曾在美國住了幾
個月，這正是喬治的思想影響最大的時期。孫中山正是受喬治
影響提出了「平均地權」，主張徵收地價稅，並實行土地增值
歸公。

你越是深入研究這個問題，就越會意識到：社會生活的法則，便是愛的法則、自由的法則、我為人人、人人為我的法則，道德的金科玉律，也是致富論的金科玉律；宗教真理的至高表述，包括了政治經濟的最廣泛意義的概述。

—— 亨利·喬治

亨利·喬治已於 1897 年去世。自從人們聽到他的聲音、看到他那強健、優雅、活力四射的身影、瞥見他那真誠的眼神、感受到這位男子漢的存在 —— 他一無所求，卻奉獻出一切，奉獻出自我 —— 已經近 20 年時光了。這熠熠生輝的 20 年啊！

而這些年來，這世界已經經歷、現在仍在經歷一場和平的革命，這場革命是前所未有的。這些年給了我們一種全新的宗教科學、一種全新的教育、一種全新的刑罰學、一種全新的醫學技術、一種全新的商業模式。再也無人否認誠實智慧的商業資產價值，而牧師們不再呼籲人們作好迎接死亡的準備。我們要作好活著的準備，而作好活著的準備的方式，就是要好好活著。

亨利·喬治為經濟病症開出的良方，既簡單又新穎。而既簡單又新穎的事物，通常不被人接受。保守主義的廣泛性證明，它必須在永恆的秩序中發揮它的作用、實現它的目標。它阻止我們跑得太快；阻止我們帶來人類未做好準備的變革。自然的方法是進化性的，而不是革命性的。

奴隸的解放並不能透過發布公告就能獲得。摩西 [022] 帶領他的人擺脫了囚禁的狀態，但在茫茫荒野中，他們依然是在被束縛的狀態下彷徨。奴性的人是習慣上的奴隸，而習慣是唯一的羈絆。自由就像幸福一樣，是一

---

[022] 《舊約》中希伯萊人的先知和立法者，曾率領以色列人逃出埃及，逃脫埃及人的奴役。

種頭腦的狀態。某一類人，只會哭哭啼啼、牢騷滿腹、節衣縮食、偷偷摸摸，他們時刻聆聽哨聲、察看鐘錶，只有在老闆惡狠狠的目光盯著他們的時候才會工作。這樣的一些人，不可能透過制定法律獲得解決。自由不可能被授予，就像教育不可能被授予一樣，這兩樣東西都必須自己去獲取，否則我們將永無止境地哀怨嘆息。樸素、強壯和誠實的人是自由的人。

被迷信奴役的人們，被死人束縛的人們，必須要砸開面前的鐐銬，而這項工作只有他們自己能做。亨利·喬治並沒有意識到這些，而他的力量泉源，就在於他並沒意識到這些。他不知道，只有當人們把自己彎著的背挺直、把自己膝蓋上的鉸鏈打開、把自由靈魂的奴性趕跑，他們才能獲得自由。奴隸親手把暴君擁有的所有權力交到暴君手裡。就亨利·喬治而言，對全世界都幸運的是，他並不知道，他努力幫助勞工階層的人，但稍後即會因為他所作的努力，而被這些無產階級所圍攻。君王有可能會不領情，但他們的態度和勞工階層的忘恩負義相比，就像芳香的香水一樣。只能偷偷地幫助他們，而且他們的自由必須由他們從內心獲得。人類在道德方面的軟弱，是唯一使暴政成為可能的原因。

暴政是奴隸內心的一種狀態。暴君只能對某些有特定性情的人施行暴政。暴君是偷走權力的人 —— 他們的罪行是從他們的衛士那裡奪走了槍支。對他們保持警惕，過一會他們就會挪移位置。亨利·喬治是一個非常偉大的人：他的偉大在於他經濟學上的、預言性的洞察力；在於他的信念、他的希望和他的愛。他向全世界發出他的資訊，並傳遞出去。但是他痛苦不堪、鬱鬱寡歡、壯志未酬，因為這個世界沒有接受他說出的真理。然而，他為之付出努力、孜孜不倦追求的一切都將成為現實 —— 他的祈禱都將得到回應。而在他生前反對他的政治黨派和人們，現在正在採納他的意見，引用他的理由，到了一定時間之後，必將帶來他所宣導的那些變

化。在所有現代的預言家和改革家中，亨利‧喬治是唯一論點絕對無可爭辯、預言絕對毋庸置疑的一個。

亨利‧喬治屬於罕見、獨特、奇異的一類人 —— 一個誠實的人。我們不能斷定他是否有天賦，因為對於天賦這個詞的定義向來不一，而且也並沒有被放到蒸餾器中，分解成為零散的成份。標明所有描述，自童年開始，亨利‧喬治不同尋常地直率而真誠。他有著威爾士、蘇格蘭和英格蘭的血統，三者的比例大致相當，而且有著中產階級的遺傳特徵，這種特徵甚至達到某種神學上的堅固程度，從他的頭腦中剝奪了他的幽默。

1839 年，亨利‧喬治出生於費城第十大街，一座現在依然屹立的房子裡面，這座房子上本應掛上一塊銅牌作為紀念，但並未如此。他的身上帶有他教友派信徒鄰居的許多特徵。他的父親是一位海關職員，剛剛從航海船長的位置退下來，他謹慎過度，愛好書法。後來這位好心人進入出版業，受到英國國教的支持，發行主日學校宣傳單、布道和祈禱書。事實上，他已成為教會的官方印刷商。有一個名叫阿爾普頓的人和他在一起，此人後來來到紐約，開始創辦自己的公司，成立了 D‧阿爾普頓公司。四十年後，該公司面向全球發行了一本名為《進步與貧窮》的書。

亨利‧喬治可敬的父親是一位好心的教士，但不是一位好商人。他購買了一些不應購買的貨物，留下了一些應該清理掉的庫存。他不知道時間的價值。其他人在忙碌做事的時候，他卻還在作開始的準備。

因此，時光像陀螺一樣把他轉回到海關的辦公桌前，他的薪水如此微薄，意味著生活貧困，而進步如螃蟹邁步一樣舉步維艱。

到了工作年齡的孩子找到了工作，紅頭髮、長雀斑的亨利找到了一個印刷廠學徒的工作。受大學教育是根本不可能的事情，而吉拉德學院被認

為是不信教的學院。不過教會對於這個家庭不像以前那樣牢牢地控制住他們。喬治一家信奉自由，他們訂閱了威廉‧勞埃德‧加里森[023] 的《解放者報》，母親就著廉價的燈火讀著報紙。隨後是《湯姆叔叔的小屋》。1856年，共和黨誕生了，喬治一家，父親、母親和孩子們都就人權主題發表自己的看法 —— 和英國高貴的喬治家庭看法完全不同。亨利‧喬治16歲的時候，即將長大成人的過剩精力得到了發洩，他搭上了一條帆船，朝安提波蒂茲島駛去。男孩個子不高，身體結實，他身體方面的活力及勇敢無畏的精神可以使他成為一流的水手。幸運的是，他的頭腦中充滿了想法，這使他沒有轉變成為一名僅僅待在海上泛舟的好手。

在一次前往澳大利亞的旅行中，他一路上帶著鹽漬豬肉，每天啃著硬餅乾，每週日才有水手燉菜[024]，每個月才有一次葡萄乾布丁吃，而且完全沒有精神上的刺激。這樣的生活改變了他的想法，他曾認為，可以在跳躍的浪花和起伏的深海中找到自由。

17歲的時候，他回到了印刷行業，並拿到了成人的薪資，因為他會「搜字典」，意思是說他對於字典很熟悉，能夠校對文字。

教育是一種意願問題，印刷工人需要更正的錯印字，要比哈佛大學的「英語22篇」還更管用。亨利‧喬治在教友派學徒圖書館消磨黑夜，他還讀了富蘭克林的《自傳》，他的頭腦裡裝滿了窮理查的格言，並把這些格言散落在他日記裡。而最重要的一點是，他和另外七名印刷工人組成了另外一個「社團」，他們每週聚會兩次，討論「詩歌、經濟和摩門教」。當然，他們也是一知半解，但18歲的男孩學習東西，並在小品文和演說中為其辯護，這樣就走向了超越一切的康莊大道。這位學徒的麻煩是，他不

---

[023]　1805～1879年，美國廢奴運動領導人。
[024]　肉、菜、硬餅混合煮成的海員食物。

知道如何度過自己的夜晚，他喜歡休閒，並希望玩得開心，這就使得時光從他身邊溜走，永遠地脫離他的控制，流入到時光的汪洋大海之中。

生活是按序發生的故事，而具有邏輯思維、遠見卓識的頭腦是一種累積的結果。40 歲時聰明的人在 20 歲的時候絕不會遊手好閒。「每天讀半個小時書，10 年之後你就有學問了。」愛默生曾說道。

亨利‧喬治邊工作邊讀書，而「社團」讓他首次嘗到了那種讓人沉醉的東西，能急中生智。我們透過表達獲得成長，只有當我們向別人描述某樣東西時，才真正了解這樣東西。亨利‧喬治正在接受一種教育，而真正接受教育的方式，是任何人能夠獲得或已經獲得的 —— 邊做邊學。

但旅行癖又在發揮作用了。加利福尼亞正在召喚他 —— 那片神奇的土地 —— 而印刷機的墨水開始變得索然無味。亨利‧喬治是一名水手；帆船的每一個部分對他來說都很熟悉 —— 從艙底水到三角旗，從船首斜桅到艉柱。他能夠在狂風暴雨中擦洗主桅，收好上桅帆，能夠掌管船上廚房。或是在大副喝醉、船長上岸的情況下，他能夠掌管全船的事務，駛往開闊的海洋，順風航行，安然度過種種風暴。

需要水手的船舶正在海面上停泊著。年輕的喬治散步的時候，它總是停泊在碼頭邊。他認識德拉瓦的每一艘船，和水手們上船參觀時，他們向他講述在遙遠的地方發生的故事。來自加州的見聞最使他感興趣。加州是另外一個美國，它令人絕望地被一道不可逾越的可怕山脈與我們隔開，再加上沙漠平原，只有充滿敵意的野人居住在那裡。但海是通向這塊魅力之土的開放大道。加州在呼喚！最後亨利‧喬治抵擋不住誘惑，只好向誘惑低頭，坐上一艘結實的小船「舒布利克克」裡向南航行，經由合恩角 [025] 奔向這個現代夢想之國。

---

[025] 智利最南端的一處海峽，位於火地群島中。

這是一次耗時 6 個月的航行，中間有過多次停歇，做了多次貿易，時間就像被從日曆中拎出來一樣被扔掉。亨利‧喬治到達加州時身無分文。但他身體健康，願意做事。他成了一名農場工人、流動小販，以及把砂礫鏟入水渠的勞工，整天站在齊膝深的水裡。一切都很好，因為這教會了這位年輕人，生活就是生活；不管你到哪裡，你得帶著你的腦力及精神財產，當然也把煩惱帶上，墊在屁股下面。接著他得到了在報紙排字房工作的機會，亨利‧喬治一生的事業真正開始了，因為他的雇主發現他能夠「搜字典」，如果副本不夠，他可以自己做出來。

淘金熱已經進入了亨利‧喬治的血液之中，他的積蓄成為他變為採礦老手的閃亮代表。每有一個人成功地找到砂金，就已經有一千人把錢虧掉了。亨利‧喬治就屬於這一千人當中的一個。

他領到的薪水豐厚，住在舊金山最好的酒店「快樂無比屋」。這個著名的酒店是由一位名叫伍德沃德的人開的，他有著自己獨特的想法。伍德沃德不僅仇恨朗姆酒 [026]、浪漫主義和反叛，更仇恨女人。伍德沃德是一位已被證實的單身漢，不允許任何婦女在酒店駐足或在裡面工作。亨利‧喬治寫信給家鄉的妹妹們時，將這個地方描述為「聖潔之胎」。

除了不允許婦女進入「快樂無比屋」之外，這個地方還有個地方更讓人吃驚：酒店的經營絕對是按照禁酒的原則開辦的。至少暫時是這樣，那些自以為聰明的人，引用古老的格言，聲稱酒店沒有酒吧就不可能取得成功，他們可以閉嘴了。伍德沃德變得富有，從他的禁酒酒店的收益中拿出錢建立了伍德沃德花園 —— 所有了解他們的舊金山的人都深愛這個公園。

---

[026] 用甘蔗或糖蜜等釀制的一種甜酒。

這個酒店的第三個奇特的地方是，它有一個藏書一千多冊的圖書館。

它是當時舊金山唯一的公共圖書館，正是這些書，吸引亨利‧喬治花了比住宿多一倍的時間到這個地方來。

亨利‧喬治在「快樂無比屋」的時候，一位英國旅行者為小圖書館增加了一本藏書：巴克爾的《英國文明史》。伍德沃德試圖閱讀這本書，但未能對它產生興趣。在上湯和魚的空隙，他把書交給一位侍者，說：「喂，把它交給那個紅頭髮的印刷工。他可以從中學到些什麼，要是有什麼東西可學的話。」亨利‧喬治把書拿回到自己房間，當晚坐著閱讀到凌晨兩點。巴克爾的論點：「亞當斯密的《國富論》對文明的影響，比有史以來任何其他書的影響都更深遠，沒有哪本書能比得上它」，吸引了年輕印刷工的注意。

第二天，他在圖書館尋找《國富論》，果真找到了，它就在那裡！他開始閱讀。讀了一遍又一遍。不管巴克爾的論點是否正確，下面的論點是成立的：亞當斯密的《國富論》對亨利‧喬治的影響，比喬治讀過的任何其他書的影響都更深遠。

亨利‧喬治依然不能抗拒淘金熱的影響，有好幾次被誘惑著走進大山，它使人們充滿希望、並隱藏著震驚世界的含礦石英的祕密。

他 21 歲的時候，和其他五位印刷工人買下了《晚報》。亨利‧喬治是排字房的負責人，但他在每一個地方都插手。對於辦《晚報》的這些人的商業智慧，有一種非常奇特的評論，說他們一致同意：對於報紙的經營策略，所有人都要有同等的聲音。因此我們可以推斷，所有人對這個無情的事實有著同等的無知：在企業，只有權利集中才能取得成功。因此，《晚報》在迷霧重重的金融氣候中，在暗礁中漂浮，饑餓的浪潮吞噬了它。

當命運女神想讓一個人取得巨大成功之時，她會讓他先經受一次精心挑選的失敗。22 歲的亨利・喬治衣衫襤褸，深陷債務——同時也深陷情網。「快樂無比屋」對於一個領取豐厚薪水的人來說是不錯的，但對於一個自辦企業的人來說就不一樣了，因此喬治在一個私人家庭裡寄宿。

這位女士是福克斯小姐，她是這位窮印刷工的房東的外甥女及看房人。

安妮・福克斯和我們的印刷工人一起閱讀達納的《家庭詩歌選》，親密地頭挨著頭。

不可避免的事情發生了——為了共同獲得進步，他們決定共同經營他們的貧困。向房東尋求祝福看來根本不可能了，因為事實上這印刷工還拖欠著兩個月的房租呢。

馬修・麥克盧斯基舅舅是一個了不起的人物。他表現出他的精明及對現行訂單的鑑賞力，購買了城市邊上一大塊土地，並透過土地的自然增值變得富有。如果他的外甥女和印刷工人向他坦白，他們有可能分享他的成功，這樣的話，《進步與貧窮》永遠不會面世了。

1861 年是值得紀念的一年。亨利・喬治的心與聯邦政府連在一起——他決定報名參軍。他在廚房門後把這個想法告訴了女孩。她的反應是淚如泉湧，並撲到他的懷裡。結果是，次日晚上，這對戀人偷偷跑出去，來到一個循道宗教區，在那裡結為連理。

亨利・喬治名義上是循道宗教徒，但湯瑪斯・潘恩的信條更合他的口味——「這個世界是我的國家；人類是我的朋友；做善事是我的宗教。」

年輕女士是位天主教徒，因此教士妥協了，舉行主教式的儀式。唯一的證人是教士的妻子和亨利・喬治的密友，以撒・特蘭普。「我沒聽清楚

你朋友的名字，」教士在填寫結婚證明時說道。

「我叫特蘭普。」他回答。

「你是叫這個名字，我注意到了，」他回答說；「但麻煩你，請告訴我這位紳士的姓名。」

人的一生有三件大事——出生、死亡和結婚。前兩項你無法避免。因為生活是按序發生的故事，沒有人知道，如果這個或那個發生將會有什麼結果。喬治夫人被證明是一個誠實、熱心、給予很多幫助的妻子。她的保守抑制了他丈夫不安現狀的情緒，並讓他的頭腦有時間變得成熟，因為直到結婚前，法國大革命的那些理想在他的心中非常強烈。他看到了社會的邪惡，並迫切地想改變它們。天主教信仰是一種彈性的信仰，即深奧又通俗，而那些能幹的人，只要他們願意，可以從詩意的角度看待信條，而不是咬文嚼字。亨利・喬治和他的妻子是從精神或是象徵的角度看待它的，並穩定地走在大路的中間往前走。他非常溫柔、體貼，不會在不合適的時間談論伏爾泰和盧梭，而她維護、鼓勵他精神上的獨立。我說這些，只是順便地提一句，我並未想過提出這樣一個觀點，說帶有自南主義思想的年輕人應該和信奉天主教的女士結婚。

結婚次日，新郎官在一個印刷所找到份工作，每週能賺 12 美元，這樣他就有了一個穩妥的支點。

這是一個絕對誠實、沒有壞習慣、勤快節儉的男人，但缺少意味著成功的那種特別的東西。這一情況並不罕見。有一個問題是，我們的亨利・喬治沒有足夠長地堅守在一個地方，使他自己成為必不可少的人物。有他一半能力的人都已賺到了比他多一倍的錢。

日子一天天地過去，亨利・喬治寫信給特蘭普：「我是仙鶴的先遣部

隊。」仙鶴帶來愛和希望 —— 並帶來憂慮、煩惱的日子和不眠之夜。亨利·喬治的家庭事務穩住了他的咆哮，而他在費城的親屬認為，他在照顧天主教的習慣方面做得有點過了，一切都進展順利。他讀書、研究、思考，無欲無求，他的頭腦既不再想港口，也不再想右舷了。

亨利·喬治從排字房畢業，走進了社論室。他在舊金山和薩克拉門托 [027] 的所有報紙都工作過，逐漸被認為是美國太平洋沿岸最偉大的社評家之一。商業事務不屬於他的能力範圍之內，而報紙是一種商業冒險，經營報紙既不是為了教育大眾，也不是為了經營者的健康，因此經理並不認為亨利·喬治完全「安全」。喬治被當作一種「組合書架」，而不是「固定傢俱」，其中緣由顯而易見。

30 歲時，他的地位上升到了一定的高度，紐約《論壇報》請他寫一篇有關中國問題的署名社論。接著他給《陸路月刊》撰寫了一篇文章。當有偉大的文學名人來到舊金山，出現在講壇上時，由亨利·喬治介紹給聽眾。特別是當這位名人被認為身上暗藏著異端的味道時，當地的教士當然不想冒被傳染的危險，畢竟他們也不是刀槍不入。

有一次，有一個流浪的印刷工人死了，飽含歲月的廢鉛字箱沒有把他的名字留給我們。當時找不到教士為他舉行葬禮，亨利·喬治行使了這個職責，做了一個布道。它像號角一樣響徹了整個城市，他讚美的不是這個人本身做得怎麼樣，而是他本來可以做得怎麼樣。

這種由俗人主持葬禮的方式，在西部依然存在。而在像新英格蘭這樣的地方卻聞所未聞，在新英格蘭的有些地方，除非有正統的醫生和正統的教士主持儀式，否則去世的人被認為沒有「合法地死亡」。

---

[027] 美國加利福尼亞州首府。

舊金山窮困潦倒、被社會遺棄的人開始把亨利‧喬治看作非上流社會的主教。他經常被請去看望遭受不幸者、病人和垂死者。在所有這一切上，有一種詩意般的合理性，因為此人含有超凡的道德和智力方面的特性，可以使他成為一名偉大的醫生或是傑出的教士 —— 他可以「布道」。只是勞動的分工把醫生和教士的職業能力分開了，事實上他們是同一職業，也應該是同一職業。

薩克拉門托市現在住著一位成功的商人。他是一個猶太人，風度優雅。他不同尋常的高貴精神品格，吸引著人們尋求他舉行儀式。為了回應人們的請求，他走遍全州各地，對著遺體說著最後告別的話，而這些人生前對現有秩序已經失去信仰，或是對於上帝信仰過多。

36 歲之後，亨利‧喬治透過自然而然的過程，捲入這種半宗教式的神職之中 —— 一位履行麥基洗德 [028] 職責的教士。他是那些沒有社會地位的人的代言人、是那些沉默人群的傳聲筒、是那些無依無靠、沒有朋友的人的朋友，那些人甚至都不是自己的朋友。

但是，37 歲的時候，他登上了山腰，他曾從遠處眺望過這個地方，很少有人能到達這裡。他感覺到自己的尊嚴，了解到自己的價值。加州大學的校長意識到他身為思想家和演講家的能力，邀請他講授有關經濟學的課程。

於是他講授了一門課 —— 這是他們所能消化的全部。

加州大學在經濟學方面存在許多麻煩 —— 這主題比神學還充滿危險。加州人是如何賺錢、如何花錢的，這個話題處理時需要非常微妙的智慧，非常精巧的表達，以及大量的外交辭令。

---

[028] 舊約中為亞伯拉罕祝福的撒冷國王和大祭司。

以下是亨利‧喬治在加州大學所作演講的一段：

對於研究政治經濟學來說，你們不需要特別的知識，也不需要寬闊的圖書館，不需要昂貴的實驗室。你們甚至都不需要課本或老師，只要你們會自己思考問題。你所需要做的，只是要注意將複雜的現象分解為其基本成分，將本質的東西與偶然的東西區別開來，把人類行動的簡單法則運用於你所熟悉的一切。不要把任何人的意見想當然耳；「試著做所有的事情；緊緊地抓住那些好的東西。」這樣做的話，其他人的看法將幫助你，他們的建議、闡述和更正都會有益；否則的話，他們就像是說給鸚鵡聽的廢話。

所有這些教授們，所有這些學習的設備都不能使人受到教育。他們只能幫助他教育自己。你們可以從這裡獲得工具；但它們只對於那些能夠使用它們的人有用。拿著顯微鏡的猴子、背負著圖書館的騾子，是人們最合適的象徵——不幸的是，這樣的人非常之多——他們經由了整個教育機器的過程，出來時只不過是有學問的傻瓜，裝滿了不會使用的知識——更加可憐、更加可鄙、更加會阻礙真正的進步，因為他們被認為是受過教育的人，他們自己和別人都這樣認為。

加州是一塊充滿極端的土地——每一樣東西都變大、變快，特別是想法。沒有哪個地方可以看到奢華與赤貧如此肩並肩地站在一起。諾布山的宅第如此壯觀，它們的華麗使業主們和羞怯的來訪者氣餒；在接待會上，廚房鋸木架上的啤酒桶、裝在洗衣盆裡的香檳酒、裝在蒲式耳桶裡的火腿三明治，都是可以消化的東西。但是，經過這些王宮高高的鐵門之後，徘徊著缺衣少食的人——憔悴、饑餓、充滿敵意。

就土地而言，加州的土地從未如此廉價，也從未如此昂貴。有一個鐵

路公司，它每建一英里的鐵路我們就給它兩萬五千英畝的土地。有好多年，每英畝一美元是通常的價格，只要你買得起，你可以無限制地購買。但是，在相同的時間。為了購買半英畝的土地，有人將一萬美元的金砂堆在櫃檯上，然後還吹噓他們的交易成果。

　　亨利‧喬治是第一手研究經濟學的。作為大學演講的酬勞，他收到了尊貴的冰鎮刨冰，自然也有它的優勢。舊金山的人想要聽這位編輯想說的話，也想讀到他演講的內容。他被邀請 7 月 4 日 [029] 到大歌劇院發表演說 —— 這是極大的榮耀。

　　亨利‧喬治是一位改革家，改革只有一個主題，那個主題就是自由。我們透過表達獲得成長。毫無疑問，大學演講及 7 月 4 日演說提升了亨利‧喬治的高度。在這兩次演講中，我們找到了他的哲學的核心 —— 這個核心即將發育成長為一棵參天大樹，向旅行者們伸出它那好客的樹蔭，影響未來的數十年。

　　就像其他偉大的書（或偉人）一樣，《進步與貧窮》是一個偶然事件 —— 屬於天意的偶然事件。此書的孵化過程耗時十年之久。1869 年開始以報紙社論的形式面世，1879 年以一冊五百頁的書的形式出版。

　　社論只是提醒人們注意一個事實，儘管加州擁有巨大的財富，居民絕大多數是非常貧困的；而城市、鄉鎮或是企業所在地附近的土地價格貴得驚人，窮人實際上變成擁有土地的人的奴隸。也就是說，擁有土地的人控制了必須在土地上生活的人，因為人是土地上的動物，離開了土地就無法生存，就像魚兒離開水無法生存一樣。此外，我們對於改良土地的徵稅，實際上是對企業進行懲罰。

---

[029] 此日為美國獨立日。

這篇文章吸引人們的注意，至少讓一個人大開眼界 —— 就是寫這篇文章的人。他寫出來的作品要比他自己了解的還要好；如果作者不能夠偶爾讓自己大吃一驚，就寫不出好文章。

亨利・喬治讓自己吃了一驚，於是他寫了另一篇社論解釋前一篇的內容。這些社論不斷擴展，變成了系列作品，進行了拋光和修飾，後來 1871 年以小冊子的形式印刷，書名為《我們的土地政策》。

印刷這本小冊子的衝動來自約翰・斯圖爾特・穆勒 [030] 的一封信。亨利・喬治知道他的結論是正確的，但他覺得他需要一位有智慧處理深奧問題的偉人認可；於是他將自己的一篇社論寄給穆勒，在他的時代，穆勒是仍在世的最偉大的知識份子。

穆勒表示了極大的興趣，寫了一封長信作答，在信中，他稱呼喬治為有著和他一樣頭腦的人，而不是把喬治當作剛剛學會展翅的雛鷹。

穆勒的信對他來說就像一塊白色的里程標。穆勒的確認給了他勇氣、自信和沉著。

一千本小冊子花了亨利・喬治 75 美元。零售價是每本 25 美分。一共賣掉了 21 本。其他的被送給答應好好閱讀的好心人。小冊子是屬於小冊子作者的，但請記住這個事實，新的想法總是要由作者花錢 —— 加上冒險，才能散發出來。馬丁・路德、斯威夫特教長、約翰・密爾頓、佩恩、伏爾泰、薩姆・亞當斯都是小冊子作家。早期殖民地的《猛烈炮擊》是由那些很有思想的人散發的，這些人發射出墨水炮彈，這些炮彈後來證明是響徹全球的炮彈。

隨著時間的流逝，亨利・喬治加快了進步的速度；他正在接受教育。

---

[030] 1806 ～ 1873 年，英國哲學家及經濟學家。

造物主正在讓他準備好做他的工作。所有他透過舌頭或是筆頭表達出來的一切，都把土地、勞動、生產和分配考慮在內。他對於該話題的每一個階段都變得非常熟悉 —— 預料到了反對意見、迎接異議者的挑戰、衝開新的道路。

因此，1878 年，他坐下來寫一篇有關「我們政府的土地政策」的雜誌文章時，空氣中彌漫著理智的味道。很快，這篇文章自我擴展，超出了雜誌文章的長度，為了把這一主題闡述清楚，他寫下了標題：

1. 工錢
2. 資金
3. 勞動分工
4. 人口
5. 生存
6. 租金
7. 利息
8. 不平等分配的補救。

他整個晚上都在寫作 —— 狂熱地寫著。第二天，他的脈搏恢復了正常，他和妻子詳盡地討論了這個問題，決定重新開始，將他的哲學寫進一本書裡，盡其所能地寫作，每天只能寫作一小時或兩小時。

他絕對沒有任何資金，只依靠自己為一些日報寫稿、以稿件篇幅計酬的收入為生。但他開始了他的事業，而且事業成長起來了。

用麥考利的話說，所有這一切都是利用「偷來的時間」完成的，因此富有生命力，因為這些事情你必須要做 —— 做完才能解脫它們 —— 它們飽含了如脈搏般的活力。

1879 年 3 月 22 日，這部珍貴的手稿被送到了紐約的 D‧阿爾普頓公司。作者指示，如果這部作品未被接受，要聽從作者的命令和安排。

六周之後，阿爾普頓公司回了一封信，非常客氣，充滿讚譽之詞。「但是」── 事實上，沒有哪部有關政治經濟學的作品，曾經銷售得足夠多，能讓作者賺到錢，或勉強能夠抵消出版商的出書成本。

這是件令人掃興的事情，如果亨利‧喬治對於文學供需的法則有稍微更多一點的敏感，他可以預見，也應當已經預見到這個結果，雖然每個作者都總是對於自己思想的產物很自然地敝帚自珍。

於是一封信被寄給作者在費城的兄弟湯瑪斯‧喬治，要求他到紐約來，為這些商品找到市場。

湯瑪斯把作品交給哈珀和斯克瑞普納看，回答都是「非常遺憾」。

接下來的事情是讓斯溫頓和幾位紐約的朋友感興趣，讓他們組成一個團體，攻打巴拉巴[031]城堡。委員會拜訪了 D‧阿爾普頓公司，又一次把問題擺在他們面前。

最後出版商同意，如果作者願意預支制電版的錢，他們願意承擔出版的工作。

但是，哎呀，作者的經濟狀況是眾所周知的作者的狀況啊！當亨利‧喬治透過郵件了解到此條件之後，他回答說，他可以自己制電版。他是個排字工人，而且有一些朋友可以讓他使用他們的印刷設備。對於這一回答，阿爾普頓公司比較滿意，只要斯溫頓教授同意本人預訂一百本書。

教授同意了。手稿被送回到舊金山，有一點點卷角，過了五個月的磨損之後變舊了。

---

[031] 《聖經》所載一猶太死囚名。經祭司長等慫恿，民眾要求赦免此人而處死耶穌。

作者開始排字，和寫作時一樣勤奮苦幹。這也是偷來的時間。他早上做一個小時，晚上再做兩個小時。其他印刷工人也都主動幫忙。有一位和藹、流浪的電版工人，他整天樂呵呵的，主動提出加入幫手的隊伍，只要亨利・喬治同意在適當的時間，到被遺棄的人們的墳墓前發表葬禮演講。亨利・喬治愉快地同意了。

這樣，製作電版的工作進展迅速。同時，亨利・喬治的一些政治上的朋友會見了總督，亨利・喬治被任命為煤氣表巡查員，每年可以獲得一千五百美元的收入。

製作電版花了四個月的時間，但在 1880 年初，它們被裝運到紐約，對書進行了幾次校樣，然後縫合起來，送出去讓人發表評論。

就我們所知，加州沒有人能夠讀懂這本書、或是有足夠的智慧對它發表評論。至少他們從未發表過評論。

不過，阿爾普頓公司逐漸清醒過來，意識到他們中了個大獎，他們努力讓合適的人對這部作品發表評論。更可喜的是，他們開始了解亨利・喬治是什麼樣的人。

隨後，他們寫給作者一封信，建議說，如果他能夠來到紐約親自發表評論，這對於書的銷售有利。

幸運的是，亨利・喬治並沒有因為是房地產的業主而被纏身，也沒有過多的私人財產，於是他匆匆忙忙地打點行裝出發。約翰・羅素・揚，一位自始至終相信他的天才的資本家，幫他出了車費的錢。

亨利・喬治到達紐約時身無分文，但斯溫頓教授、E・L・尤曼斯（一位有著卓越遠見的傑出盲人）、約翰・羅素・揚和阿爾普頓公司的人盛情接待了他。

從 1880 年到他去世之日，1897 年 10 月 28 日，亨利・喬治接受到了任何思想家、作家希望獲得的讚譽。人們可以不認同他的結論，但很少有人敢真正和他進行辯論對決，不管是在筆頭上，還是在公共講壇上。

他在教堂、演講廳和私人會客室發表演講。他的報紙、雜誌文章要價甚高。他和美國、歐洲的最偉大的思想家會面，和他們平起平坐。

在英國，他的書銷量遠遠超過在本國的銷量。

當他在倫敦和英國的其他主要城市發表演講時，大廳擠得水泄不通。他迎合了英國工人階層渴望救世主的願望，他們擁戴他為他們期待的人 —— 他們的代言人。他們把門卸下鉸鏈，高高地抬著他走向臨時講壇。他們將他馬車上的馬的繩索解開，拉著他走遍街頭，慶祝勝利。所有這些都沒有什麼特別的意義 —— 只是一種轟轟烈烈的運動 —— 意味著冒煙煤油火炬的耀眼和閃亮，意味著銅器的奏鳴。

亨利・喬治完全屬於史賓賽、赫胥黎、廷德爾[032] 和約翰・斯圖爾特・穆勒的同一類人。幸運的是，他們都沒有上過大學，因此不會受到死知識及僵化看法的羈絆，會以全新的眼光看待事物。在做一件偉大而崇高的事業時，無知是一件非常必要的裝備，它可以遮蔽以往做過的一切事情。

亨利・喬治是一枝緩緩綻放的花朵。37 歲的時候，他剛剛到達精神成熟的階段。依據所有的合理預期表，他應該可以與洪堡相提並論，80 歲時到達最佳狀態。他的頭腦是李嘉圖[033] 的頭腦；但是，他非但沒有堅持向前發展，而是陷入了政治漩渦之中，糾纏於與那些可鄙、自私、貪婪的人進行抗爭。那些人將亨利・喬治從思想家、作家和演講家的正途中強拉出來，將他投入到現實政治的混亂之中。這些人完全屬於這一類的階層，如

---

[032] 此三人都是英國 19 世紀的哲學家、科學家。
[033] 英國自由經濟學家。

果他們可以做到，他們稍後可以把他扔到鐵軌上去解決他。

所有這一切，有點像印弟安納波里斯的一位男士，他提名詹姆斯・惠特卡姆・賴利為美國總統的候選人。暴徒們稀釋了亨利・喬治的思想，把他那顆驕傲而自豪的心踐踏到泥潭。

如果他被選為紐約市市長，他所能做的改革將微乎其微，因為一位市長只有上頭和下頭賦予給他的權力。除此之外，他只有透過使用否決權啟動緊急剎車。

亨利・喬治是一匹賽馬，被權利分贓者拴到一輛超載的雙輪馬車上，馬車夫喝醉了，駛向多尼布魯克集市。

不久之後，人們說，他死了。

亨利・喬治的書的邏輯及文章風格都非常突出，全球每一個國家的知名經濟學家都對它作過認真研究。它的論點從未有人作出解答，而那些試圖提出反對意見的人，只能站在這樣的角度，宣稱亨利・喬治是一個理論家和夢想家，就實際的事務而言，他是個失敗。以同樣的邏輯推理，我們可以將基督教列為一個失敗，因為它的創立者沒有取得個人的成功，不論是在他的社會地位方面還是作為政治領袖方面。

逐漸地，世界上的思想家們、政治家們和實業家們，都看到了這個事實，人類是一種有機體，一個國家就和它最窮的公民一樣富有；對人類來說，患有腎小球腎炎的運動員，不如一個矮小、充滿活力、健康，長著茶色臉頰、零星雀斑的十歲小男孩有價值。健康來自正確的生活，而沒有作出有效努力的生活，只是一種存在。

徘徊街頭的人或是住在摩天高樓的人很快就會退化。

人類離開土地就不能興旺發達。只有在大城市才會有一貧如洗的情

況，在那裡，人們就像瘤子裡的蟲子一樣擠在一起。

智力、幸福及繁榮的平均指數最高的地方是在村莊裡。在那裡，每個家庭都有自己的家，租客只是非常稀少的例外。

「租客」這個詞在西方是一個貶義詞。擁有一英畝土地的人獲得了一種安全感，這是宗教無法給予的東西。上帝給予的一英畝地，可以種蔬菜、水果、花兒，養牛和家禽，可以使一家大小不受饑荒的威脅，即使不能貪圖發大財。此外，這一英畝土地意味著香甜的美夢、消化良好及因而產生的好心的想法，所有這些都來自挖掘泥土、和大自然的力量混合在一起。「所有的財富都來自土壤。」亞當斯密曾說，他可以再加上一句，人類本身也來自於土壤，是樹木和花朵的兄弟。人類離開土地無法生存，就像草兒離開土地無法生存一樣。擁有很小的一塊土地使生活穩定，為生存添加了平衡，為社會提供了品行良好的保證。

「我現在不是一位無政府主義者了 —— 我剛剛買了一塊土地，正在蓋房子。」一位俄羅斯難民如此告訴他家鄉的不安分的同事，他們寫信給他，問炸藥的報價。

那些使城市變成了貧民窟的人，他們不想擁有房子，不想住在土地上，改良土地，即使他們可以這樣做，他們也不願意，這是顯而易見的。

最糟糕的是，這樣的說法是對的。他們沉淪於恐懼、迷信、漠然之中，缺乏松鼠的節儉，不養家糊口、準備口糧；他們甚至缺乏土撥鼠打洞的雄心。他們過於遲鈍，貧乏，也失去了描繪更好狀況的想像力。

他們就像南方棉紡廠工作的矮小奴隸一樣 —— 臉色蠟黃、神態憔悴，心如槁灰而不會痛哭飲泣，因絕望透頂而不再展顏歡笑，因痛苦不堪而麻木不仁。

對於這些傢伙、這些貧民窟的締造者來說，談論提供改進措施，讓他們感恩，這是件荒唐的事情。期望獲得感謝的人不會得到感謝。至少還需要一代人才能帶來變化，而這些變化只有透過教育孩子才能獲得 —— 透過幼稚園和一些初級方法 —— 最重要是透過學校。所謂的「偏僻的地方」正在以飛快的速度消失，因為快速的交通正把城市與鄉村緊密地連結在一起。一英里只要一分錢的車費將成為統一的規則，每分鐘一英里將不再認為是不同尋常的速度，這樣的時間正在到來，而且很快就會到來。

下面是一件亨利‧喬治沒有說出來的事情，如果他知道此事，他也會出於其敏感性而不會提及：人們沒有擁有土地的原因，是因為他們不想擁有。如果你想成為土地的擁有者，透過祈禱就會得到回應 —— 而祈禱是靈魂的願望，不管說出來了或是還沒有說出。人們的意願是至高無上的。如果騙子和流氓占據高位，那是因為我們把流氓選到了這些位置。

人民的意願是至高無上的。當我們不再討好愚笨的富翁們，在賺到錢後不再模仿他們，我們將走向革新之路。事實上，大多數窮人都渴望像富人一樣生活。普通的女僕結婚後會即時即地停止工作，對像奴隸一樣度過餘生心滿意足，時不時地向她丈夫伸手要點零花錢用，不擇手段地哄他拿點錢給她，或者一有機會就搜他的被子口袋看有沒有剩餘的錢財。自由的空氣是免費的，但一般人並不知道這一點；同樣的這個人，如果給他土地，他也不會使用。自由是一種頭腦的狀態。

但是，除了「被淹沒的十分之一」外，有一個人數很大的階層，對他們來說，土地和家是真實的天堂，他們只是因為目前的經濟狀況，被迫到公寓房和出租房居住：土地被壟斷，那些擁有土地的人既不想改良土地，也不願意允許其他人去改進。然後就這樣持有土地，等待它們升值。

土地升值並不是因為擁有土地者做了些什麼 ── 通常他並不在場，什麼也沒做。土地升值是人們的勤勞與節儉而獲得，但土地擁有者對於這些人根本沒有興趣，連蔑視都談不上。

這些勤勞的人們，做著這個世界需要的、創造世界的工作，如果他們想要更多的土地做事或是建設家園，卻必須付給不在場的人提升的價值，而這些價值的提升正是自己帶來的。在使土地變得更美、更肥沃的同時，你要是想購買你旁邊的空閒土地而不破產的話，根本不可能做到。

此外，不管你對你的土地做何改良，政府都向你收稅，而這樣對於改良徵稅，必然會導致改良土地的努力受挫。緊緊地抓住土地，什麼都不做，實際上要比改良土地更能穩穩當當地賺錢。

亨利・喬治建議的補救措施是簡單地採取單一稅，這個稅種只向土地價值徵稅，而不是向改良土地徵稅。

也就是說，使用單一稅，那些擁有長滿石南和荊棘的、空閒土地的人，交的稅和你的土地要交的稅一樣多，而你在你的土地上修建了一座房子、穀倉、溫室，種滿了樹木和花草。

這一政策的直接效果就是，使擁有長滿雜草的空閒土地的紳士們在土地上豎起一塊招牌「低價出讓」。

甚至單一稅的反對者們也同意，一旦開始徵收單一稅，會使市場上出現大量的未改良土地，而這一點正是他們反對單一稅的唯一理由。波士頓、費城及哈德遜河上游那些由地產商、託管人及懶惰的繼承人擁有的成千上萬英畝土地，都會被拿出來出售。

單一稅將把土地歸還給人民，至少使那些想得到它們的人有可能得到他們可以使用的東西。那些願意改良土地，透過改良土地改進自我的人，

他們不再會受到阻撓。

那些來自鄉村的新鮮血液，那些在十月的早上，在奶牛臥倒的地方暖腳的男孩和女孩們，正是他們使城市的創業成為可能。父母把他們帶大，是為了讓他們在土地上工作，在這些土地上耕種、鋤地、收割及照顧牲畜。這些都是教育，而且是非常必要的教育。「每個孩子都享有堆沙堆、挖泥巴的天賦人權，」琳賽法官說道。

如果說挖泥巴是孩子的天賦人權，它為什麼不是成人的天賦人權呢？它的確是的，如果我們不是被一個「財產天賦人權」的謬論所誤導的話，我們會這樣認可它的。這個謬論自「男爵之治」之時被帶給我們，當時十幾個人擁有整個英國的土地，而未受教育的平民則不能合法擁有一英尺的土地。所有人都向男爵們進貢，而男爵們事實上完全是強盜。

當然我們承認，人們生產及創造的東西是屬於自己的，但土地的合法繼承者可能從未見過這塊土地，從未使用或改良過這塊土地，這塊土地屬於他，只是因為一種法律預設。當有人向班布林上校解釋法律虛擬的問題，說從法律上講，丈夫應了解妻子的行蹤，因為法律上把夫妻當作一個整體，班布林上校尖刻地說，「法律算個屁！」

相對而言，很少有人有班布林上校的勇氣，因此他們沒有表達自己的意思；但世界上具有常識的人逐漸開始相信，法律是為人製造的，而人不是為法律製造的。

唯一反對單一稅的人，是那些擁有土地、緊緊地抓住土地、希望透過不作為變得富有的人。

文明的問題是要根除寄生蟲。懶惰的人比死人好不了多少，占的地方還更多。依賴別人的勞動為生的人，對他自己，對社會，都是一個威脅。

對於那些因為擁有資金而懶惰的人，應當徵收必要的稅支持政府；不應把主要負擔落到建設家園的人身上。

對土地徵稅，擁有土地的人將會透過勞動使它更多產，否則就要退出，給別人以機會。

不用把地主們驅趕出去 —— 透過向他們徵稅就可以讓他們離開。

讓土地流向那些有意向、有能力改良土地的人 —— 這就是單一稅所能做到的事。而這一點，正是亨利·喬治的基本原則。

第三章
約瑟夫・加里波第

約瑟夫・加里波第（Joseph Garibaldi，1807 年～ 1882 年），義大利將軍和民族主義者，義大利愛國志士及軍人。曾率領一千名自願者占領西西里和拿坡里（1860 年）。他的征服導致了義大利王國的成立（1861 年）。他獻身於義大利統一運動，親自領導了許多軍事戰役，是義大利建國三傑之一（另兩位是撒丁王國的首相加富爾和創立青年義大利黨的馬志尼）。而由於在南美洲及歐洲對軍事冒險的貢獻，他也贏得了「兩個世界的英雄」的美稱。

教士總是向後看，而不是向前看。他們認為，以前的人比現在活著的人更好、更聰明。於是，教士不信任活著的人，並堅持說，我們是受死者控制的。我相信這是一個錯誤，因此我著手反對教會，並堅持認為，人們有權力按照自己的方式生活，也應當允許別人有權利以自己的方式生活。

—— 約瑟夫・加里波第

在加里波第的傳記裡講述其簡單生平的那個作家，公開指責他有鬧劇式的行為，野蠻又狂暴。

加里波第的私人朋友及崇拜者卻總是用這樣的詞語來描繪他：愛國者、救世主、慈父 —— 崇高、慷慨、純潔、熱心、無私、奉獻、慈藹。

他們把教皇皮烏斯九世的「不謬性」[034] 轉移到了他的敵人加里波第身上。

教皇不太習慣使用「修辭炸藥」，因此當有人提到加里波第的名字的時候，他乾脆把耳朵捂住，發出「噓」聲。他承認，在所有的詞典裡面，沒有哪一個詞可以作為象徵符號，來表達他對約瑟夫・加里波第的蔑視。

事實上，皮烏斯九世和加里波第有許多相似的地方，加里波第為他最喜歡的驢子也取了這個名字。如果他們身為陌生人在海上或平原上相遇，他們一定會很高興能相互做伴。他們都心腸好、彬彬有禮、體貼周到、智力超群。他們都熱愛自己的同類。

加里波第的熱情給了人們自由，使他們受益。教皇的祈禱給了人們宗教信仰，使他們受益。

但是，沒有責任的自由將導致放縱，無限制的放縱則意味著奴役，沒

---

[034] 宗教用語，即絕對不會犯錯誤的。天主教會聲稱教皇就具有這種「不謬性」。有的基督徒認為，教皇是不謬的，但還有很多基督徒卻大膽地懷疑這一理論。

有自由保障的宗教是迷信；除了奴役外還有什麼是迷信呢？

加里波第20歲之前就開始讀馬志尼[035]的書，而瑪格麗特·傅勒稱馬志尼為「義大利的愛默生」──瑪格麗特·傅勒和愛默生、馬志尼兩人都親密無間，關係非比尋常。她為了其中的一位而生，為了另外一位而死。

靈巧、完美、高尚、敏銳的馬志尼，他是一支蠟燭，光芒點亮了整個義大利。他對自由、統一的義大利的夢想，吸引了加里波第這位粗獷、無畏的海洋之子，並且使他的內心燃起了熊熊烈火。馬志尼是一位思想家，加里波第則是一位鬥士。

義大利有兩次曾成為世界的女王：第一次，尤利烏斯·凱撒[036]開創了光明時代；第二次，熱那亞之子哥倫布在海上航行，熱那亞也是馬志尼的故鄉。義大利的第一次文藝復興，我們稱之為「奧古斯都[037]時代」；第二次文藝復興，則稱之為「米開朗基羅時代」。

加里波第曾說，第三次偉大的理智之潮，可以稱之為「馬志尼時代」。

但是，現在義大利一些睿智、有影響力的人，則把它稱作「加里波第時代」。

沒有馬志尼，就不會有加里波第。今天的義大利，很可能依然停頓在年輕人孕育自己愛國夢想的時代：教皇是羅馬世俗至高無上的統治者，義大利的其他地方被分割成十幾個畏畏縮縮的省份。每個省由一位小王公統治，而他們是某個國家的被保護人，如奧地利、德國或法國。而保護人要經教皇合法簽准，之後才被允許自稱為王。在世俗及精神上，教皇的最終

---

[035] 1805～1872年，義大利愛國者，以其政治性文章和祕密策劃推行獨立、統一的義大利的運動，大部分是在倫敦流亡期間實施的。
[036] 西元前100～西元前44，古羅馬共和國末期的獨裁者，古代著名的軍事、政治家、歷史學家。
[037] 尤利烏斯·凱撒的侄孫、羅馬帝國第一任皇帝。

權威是無可非議的，提出疑問或是表示懷疑的人犯有兩個罪：異教及叛國。這兩個人為的莫須有罪名，使「黑暗時代」變得異常陰沉黑暗。

馬志尼的願望是使義大利成為一個共和國，但時機並未成熟。他們驅逐了教皇，可是命運卻向運氣妥協。維克多·艾曼努爾，一位來自西西里的共和君主制主義者，成為名義上的國王，但有一個政府部門充當安全剎車器，它可以廢除他的法令。

就這樣，馬志尼和加里波第取得了勝利，雖然就個人而言是失敗 —— 儘管成功並未以他們預想的方式到來、結果並未如他們內心所願。

加里波第那鮮明醒目、宏偉莊嚴的騎馬像，聳立在羅馬之巔，俯視著這座永恆的城市；馬志尼的遺體，在一個村莊的教會墓地長眠；他們都活在人們的心中，因為他們為了使人們被解放，而奉獻了畢生的精力。

加里波第於 1807 年出生於尼斯市，他是蜂擁而來的天才隊伍的先鋒 —— 偉人往往是成群結隊而來。他的父母生活貧困，在教士鐵蹄的淫威下，他們都是非常老實安分的人。父親是一位船夫，在一艘破漏的帆船上干活，往來於裡維艾拉地區 —— 撐船、划船，或是揚帆行駛，一切聽從命運的安排。有一次，這位好心人跟隨一艘巡航艦回家，而這艘艦的舵出了點問題。他出發前教士曾為他祝福，而當他返航時，教士也到場分享一份戰利品，因為當時在義大利，做生意是某種合法的掠奪行為，現在依然是這樣。於是這位老實的漁夫在黎明時分，拋出並拉起了別人的漁網。

他的兒子當時只有 12 歲，對此嗤之以鼻，宣稱，自己會偷走整艘船，否則就什麼都不偷。男孩受到了充分的懲罰，一方面因為對父母不夠恭順，另一方面也是為了釋放父母被壓抑的情感。

加里波第的英雄氣概並非來自父親或母親的遺傳。然而，他們賦予了他強健的體魄，而這種身體上的優越性，毫無疑問在很大程度上為他的生命歷程定下了基調。

　　人們很容易成為自己技能的犧牲品。比如說，音樂家經常陶醉於自己的甜美聲音，而被誘惑去做一些不得體的事，在生活的交響樂中演奏出不和諧的樂章。

　　最近剛剛去世的布萊恩 [038] 在遣詞用句方面非常巧妙，技藝高超，而這最終使他付出了自己的生命。有著用槍技術和用詞技巧的人，卻死於槍擊。職業拳擊手的頭腦並不會拐彎：他更依賴於他的「快拳」，而不是燃燒的思想 —— 而那些以錘擊為生的人，因錘擊而死。

　　毫無疑問，加里波第終生為自由抗爭的浪漫生涯，源於對爭鬥的愛好，更坦率地說，自由只是被用作一個方便的藉口。這樣說似乎有點刻薄，但實際上並非如此。加里波第太熱愛和平了，因此他願意為了和平每一天都投入戰鬥。

　　他還是個年輕人的時候，就成為父親船上的船長，老加里波第負責掌舵，聽從兒子的命令。

　　接著我們聽說，加里波第是一位很老練的游泳好手，這對於水手來說，是一項不同尋常的成就。他總是在尋找機會跳水下船、在空中脫衣服，然後搶救溺水者。甚至有一個傳奇故事說，他只有八歲的時候，曾救了一位差點被淹死的洗衣婦。一位挑剔的評論家說，很可能這位老太太是掉進她的洗衣盆裡了。於是，這位偉人的一位親戚出面說，事實上這位婦人正在河邊洗衣服，俯身的時候掉進水裡，然後被這位男孩救了。不過加

---

[038]　當時著名的快槍手，後在一次決戰中與對手同歸於盡。

里波第自己曾說過，如果他沒有突然出現在這位婦人後面，裝熊嚇她，這位婦人不會掉進水裡。他導致了這個災難的發生，又阻止了災難的延續。

　　加里波第 21 歲的時候，他指揮一條小型帆船駛往黑海進行一次貿易遠征。遠征的目的有兩個：一是銷售船上裝載的貨物；二是如果可能的話，抓住正大批出沒於潮溼、黑暗水域的某些海盜。也許這樣說毫無必要：海盜們經常是那些保護商船不受海盜滋擾的值得讚美之人，就像獲得律師資格證書就是獲得捕拿別人、報復別人的商函一樣。

　　加里波第是一個海盜，只有他的敵人這樣說。但是，不管怎樣，加里波第和手下的 20 個男孩，全都比他本人年輕，要麼駛向勝利，要麼就駛向死亡。

　　結果證明，他們既未駛向勝利，也未駛向死亡，因為他們被海盜們俘虜了，海盜們拿走了他們的武器、糧食、貨物，甚至拿走了指南針和衣服，只剩下他們的船，還有頭頂上的天，腳底下的水。

　　加里波第對於被俘虜一事處之泰然，就像凱撒在類似情況的做法一樣。他和海盜們談論詩歌和哲學，這些紳士們因而還了一些糧食給他，並因為為這樣一位優秀的紳士帶來麻煩表示歉意和遺憾。

　　第二天，我們這些一絲不掛的朋友們，與一艘英國船隻不期而遇，它對他們悉心照顧。英國船上的泰勒船長對這位年輕的船長印象深刻，他給家裡寫了一封信，描繪這位年輕人的彬彬有禮、過人智慧以及詩意般的熱情。加里波第站在他縱帆船的甲板上，除了一塊擦門墊外身上一絲不掛，而正在此時，他的過人之處清楚地顯示出來了。

　　此時，加里波第已經閱讀了自己國家的歷史；在想像中，他看到了曾屬於希臘的榮耀和曾屬於羅馬的輝煌。更重要的是，他已經在腦海中明

晰，為什麼沉睡與死亡、蠹蛾與灰塵、鐵銹與廢墟會在這個民族身上歇腳，為什麼人類忍受了一千年的神學噩夢。

他知道，只有享有自由，智慧之花才能綻放；歡樂是靈魂的合法看守人；只有透過自由，人們才能進步與成長；偉大而美好的事業只能由自由而幸福的人們來完成。

點燃他智慧的火炬是馬志尼。馬志尼正在出版一份小小的抗議期刊，表達編輯自己感受到的思想。馬志尼完全是用心在寫作，他的呼喊是：「自由與統一的義大利！沒有教皇統治的義大利！」

馬志尼是一位醫生的兒子，他表達了許多人已經想到、感受到，但不敢說出來的想法。他沒有使用裝腔作勢的句子，而是直截了當地指出，教士的統治意味著精神上的鎮壓，是漸變、蠕變、陰險地回歸黑暗時代。他把這些觀點印在紙片上，在街頭分發給行人，當時他還只是一名年輕的高中生。

因此，馬志尼被人正式警告，而且由於他一而再、再而三的肆意冒犯與攻擊，他的小小的思想小冊子被查禁，那些寶貴的文字與印刷品被鎮上掃地人扔進了大海。

下一月，馬志尼的雜誌又出現了，是在他朋友的辦公室連夜印刷的。隨後，作者就被穩穩當當地請進了牢房。當局不敢殺他，另外，殺他又有什麼用呢？不過他們建議給他一次有益的教訓，如果可能的話，讓他改改他那火爆脾氣，自蘇格拉底的時代起，他們就一直採取這個政策。鎮壓住啟蒙的人，那個可以看到更好的未來、富有洞察力的人，就可以把真相穩穩地藏起來，因為這些人都心懷不滿，試圖挑戰現有秩序的完美。這樣做對許多人來說，意味著安全。當權的人簡單地接受暴民的暗示：「把他帶走！」

加里波第一直很敬仰馬志尼，但未曾謀面。他匆匆忙忙趕回家，開始投入到一項事業之中。他召集了一小群魯莽的年輕小夥，計劃發動一次革命。

他報名參軍當上了一名水兵，登上了政府的船隻「歐律狄刻號」，打算造反，把船偷走，然後去救馬志尼出來。但就在此時，馬志尼被警告後獲得釋放。當局認為，不管怎麼說，一個喜歡做夢、身無分文的律師助手不會製造什麼大麻煩。

馬志尼和加里波第在方法和思維習慣方面完全不同。加里波第尊重馬志尼，尊稱他為老師。而馬志尼欽佩加里波第的勇敢無畏，而且毫無疑問是在他的影響及鼓勵下繼續散發出他那些小小的自由傳單，這些傳單被祕密印刷、散發，讀了一遍又一遍，然後相互傳送。我們現在再讀這些傳單，似乎完全純潔清白、毫無惡意，就像從愛默生的散文《自然》中摘選的段落一樣無害，但是，實際上，正是它們，成為撕裂義大利正統堡壘的重磅炸藥。

事態正在迅速走向高潮。馬志尼和加里波第組建了「義大利青年黨」祕密團體。他們計劃在瑞士邊境搶占並堅守某個地方，作為他們的總部，從這裡發起對奧地利和教皇的公開戰爭。像約翰・布朗 [039] 的革命一樣，這些熱心的革命家很有把握地認為，只要發出「拿起武器」的號召，被鎮壓的省份會馬上丟下鐐銬，和解放者們攜手作戰。他們並未意識到，奴役是一種頭腦的狀態。作為一個階層，奴隸們對於他們被奴役的狀況相當滿意，就像那些被迷信的繩索捆住的人一樣，對於他們所處的真實狀況一無所知。除了外面的自由人之外，沒有人看得到這些繩索。為自由而戰之美在於，它使戰士自己獲得了解放。

---

[039]　1800～1859 年，美國廢奴主義者。

名為「義大利青年黨」的祕密團體未能保守住自己的祕密。沒有什麼祕密能保守超過一天的時間。當局及時地安插了間諜，每日的活動報告被上交給教皇和他的委員會。抓住加里波第和馬志尼，把他們絞死，這很容易，但這樣做很可能會帶來大家都非常害怕的巨大風暴。因此發了話，要逮捕密謀者，對他們的人頭進行懸賞；之後給了他們一個機會，讓他們逃走。

　　馬志尼悠閒地穿行於歐洲，而歐洲給他提供了一個祕密頻道前往倫敦。加里波第留在邊境，帶了一小群人進行快樂的遊擊戰，希望發起一次全面的暴動。時機尚未成熟，他能做的只是集合自由的零散隊伍，使他們慢慢成型。

　　戰爭正在南美進行之中，南美什麼時候沒有發生戰爭呢？加里波第認為他找到了發動為自由而戰的機會，於是他乘船駛往赤道，胸中充滿了自由的熱情，只希望為了人類的利益奉獻出自己。但是，他的心依然和「義大利青年黨」在一起，到了適當的時間，他會回來打破教皇給人們的頭腦鎖上的鐐銬，他對此非常清楚，並作出了預言。約瑟夫·加里波第目的明確，信念絲毫未曾動搖。

　　加里波第到了南美之後，開始花時間調查當地的狀況。然後主動提出為堂·岡薩雷斯做事，岡薩雷斯在小巷子建立了一個共和國，正在和巴西的皇帝作戰。

　　堂·岡薩雷斯非常喜歡加里波第，加里波第能夠贏得每一個人的心 —— 只要他想贏得他們的心。他有著「個人魅力」的罕有特質。

　　加里波第被安排到一艘船上，他的手下有 16 名家鄉人，都是自己挑選的戰士，有著和自己一樣的無畏精神。這些船員組成了新的共和國

海軍，而加里波第被授予「海軍部長」的頭銜。他把這艘船取名「馬志尼號」，給倫敦的這位預言家和愛國者寫信，請求他的祝福，但還沒有等到他的祝福，就已起航走向勝利。與敵人的第一次較量就讓他們得到一個戰利品，獲得了一艘比自己船大三倍的船，船上糧食充足，載員一百人。加里波第把自己的船鑿沉，把戰旗扛到了戰利品船艙上，把全體船員召集到甲板，鄭重地給它起名「馬志尼號」，用了剛剛被送到海底的那艘船的愛名。然後問題出現了，應當怎麼處置這些俘虜呢？

加里波第給了他們兩個選擇：被安全地送到岸上，附帶一個星期的糧食，還有隨身武器；否則就在他光榮的戰旗下重新參軍。這些人沒有商量，異口同聲地喊道：「我們是您的人，您可以隨意處置我們！」愛默生曾說：「雄辯的工作可以在 20 分鐘內改變一生的看法。」這話說得很對，加里波第一定非常雄辯，而且雄辯是他的個性。那位科西嘉人 [040] 穿著小下士軍服，走到被派來擒拿他的部隊前面，在他還未說一句話的時候，他們喊道：「快來指揮我們吧！」接著把武器扔下。

加里波第的禦人之道非常高超。他透過士兵們的獻身贏得了戰爭。當他出擊時，出擊既迅速又猛烈，他透過對被擊敗者的寬宏大量而確保了自己的勝利。他的政策是，永遠不要囚禁俘虜，或是侮辱或羞辱他們。他把仇恨從他們心中趕走，說：「你們是最好的戰士！我中意你們。我需要你們！」

和尤利烏斯‧凱撒有著許多相同的性格，如果馬志尼的冷靜、認真、高尚及教士般的特質，和加里波第的戰鬥精神融合在一起，我們就會發現尤利烏斯的靈魂又一次與我們同在。很可能羅馬還沒有滅亡，儘管莎士比亞不再重生。

[040] 指拿破崙。

加里波第和他「馬志尼號」上的勇敢船員們使敵人們大傷腦筋、費盡心機。有一次，加里波第被人追擊，船被困在一個狹窄的河灣，那是亞馬遜眾多盤繞的河口中的一個。追擊的兩艘船確信已經把他困住了，迅速地跟蹤，打算把他趕到離內陸較近的地方。到潮汐變換之時，他會被牢牢地困在岩石裡面，這樣他們就可以登陸一支部隊。因為他們有五倍多的兵力，可以在岸上輕而易舉把他的船隻射得滿是彈孔。但是，加里波第是一個水手，他有著領航員的本能，可以找到航道。突然，當追擊的船隻包圍一塊拐彎處時，從高處懸崖的最頂端，致命的炮彈鋪天蓋地地朝著毫無防備的甲板襲來。船上的槍手們根本無法升起大炮瞄準。加里波第事先把船上最好的大炮隱蔽在岸上。他已經準備了整整兩個月，引誘敵人走向毀滅。這個計畫成功了。

　　在岸上，他同樣也是足智多謀。他派自己的隊伍進入鄰近的敵占區，點亮長長的營火線，使敵人摸不清他部隊人數有多少，這些都是他常用的策略。接著，你看！他的營火還在熊熊燃燒的時候，他把敵人包圍，從兩肋同時出擊。敵人驚慌逃竄，20 分鐘之前還是一隻軍隊的他們，已變成一群烏合之眾。

　　他還有著在敵人面前撤退的獨特方式。打到最後，似乎變成了在某些友好的山脊或山頂作負隅頑抗，敵人會停下來，重新組織隊伍，再衝鋒。可是，在敵人離山頂僅一千碼時，隱蔽在凹陷路面或是乾涸水溝裡的加里波第的手下，像突然長出的龍牙一樣冒出，灑落他們的死亡之雨。他的手下都穿著鮮紅的襯衣，以保護自己，不會有被戰友射殺的危險。後來，紅色襯衣的出現總使敵人聞風喪膽。現在在義大利，你要是看到穿紅衣的部隊，不要以為是度假的志願消防隊員，他們只是一隊名為「加里波第軍」的民兵。

　　加里波第在南美成了某種迷信。他似乎能同時出現在陸地和海上，他的突圍和奇蹟般的消失，讓人感覺他就是魔鬼的化身。被派去抓捕他的部隊回來時報告說：「我們本來可以打死或俘虜他的，但是，唉，上帝下令，不應該找到他！」

　　他在沿岸只用幾艘船與敵人作戰，陸地上的部隊配合他作戰，另外還有一支被人嘲笑及誹謗的隊伍「馬上水兵」，隨時聽從他的命令快速出擊，纏得敵人筋疲力盡。他的策略是昆斯特斯·費邊用過的策略，費邊提供了我們這個詞「費邊主義」——機會主義。費邊和漢尼拔聯軍作戰十年，以一當五，從未被俘或敗北。宣布和平時，他提出了自己的和平條件。當他走在他那衣衫襤褸的隊伍的最前頭，穿過羅馬的街道時，被給予皇家的禮遇。就像那位基督徒德維特，那個勇敢的布林人，他拜訪倫敦時受到了熱烈歡迎，而他第一次拜訪時帶著黑紗和花環。

　　加里波第在一個馬背上的國家做事，這個國家，順便提一句，在地貌方面，和德維特偶爾從日落到黎明以一百英里的速度驅馬賓士的那塊土地，不無相似之處。加里波第儘管生來就是一名水手，但不會臉朝馬尾騎馬。在吉卜林的一些輕鬆的故事裡，說水手們會這樣做。不過，他完全可能這樣做，因為他是一位非常勇敢的騎手。在南美的時候，他在岸上有足夠多的時間遠足，他在船上透過抽籤決定由誰做他的同伴，因為總是有一大堆的人很想緊跟著他們熱愛的領袖。他堅持他所有的人都必須同時是騎手和戰士，因為沒人知道，什麼時候他們可能會放棄船隻，走向陸地。

　　這樣瘋狂、自由地邁向人煙稀少的地方的遠足，並不會充滿危險，因為平原居民大部分都支持共和國，而加里波第竭盡全力善待平民家庭。比如說，儘管牛肉非常充足，而且價值也不大，他想要新鮮肉的時候，總會特意提出去買一點。對馬也是這樣。「像對待朋友一樣對待平民，向他們

發出信號，我們是來保護的，而不是來搞破壞的。」這是他下的命令。

　　加里波第在巴西有了一個無價之寶，而這個無價之寶是他未經合法允許獲得的。加里波第當時在進行一次內陸旅行，在看到一個種植主及莊園主的房子時，他和七個手下停下來用餐。這個地方是一個看起來非常不錯的地方，房子位於一叢樹林裡，建在一條小溪的岸邊。近在咫尺的是柳丁樹，和兩岸大片的、盛情綻放的杜鵑花。山坡上，長滿了一串串的紫葡萄，使可憐的加里波第想起了他那遙遠的義大利，他從家鄉被流放到這裡，回到家鄉即意味著死亡。

　　加里波第勒馬走進院子，頭上沒有戴帽子，坐在馬上，看著這安寧、興旺的場面，和溫柔的美景。他的心頭襲來一陣孤獨感。他想到自己是一個無家可歸的流放犯，沒有家，沒有朋友，為了不認識的人進行沒完沒了的戰鬥，而甚至很少有人真正知道他的名字。

　　狗叫聲喚來了幾個僕人走到門前。看到馬鞍前垂著步槍的紅衣戰士們，僕人們急忙跑回去，把門窗關上。加里波第疲憊地微笑著，在內心掙扎，是試圖向房子的主人表示他是一個朋友，還是策馬離開。

　　正在此時，門打開了，一位婦人走出來，來到露臺。她是個年輕婦女，不到二十歲，深色膚色、苗條、漂亮、聰慧可人。她看了看加里波第，她的鎮定使這位所向披靡的勇士臉紅起來，從他那長長的黃頭髮的根部一直紅到雜色的鬍鬚那裡。她並不害怕。她從臺階上走下來，用愉快的聲音說道，「你是加里波第。」加里波第想矢口否認，因為他已經有四個月沒聽到過女人的聲音了，因此感到很氣餒。但他的舌頭不聽從他的吩咐。他只是鞠了個躬，然後試圖就冒昧闖入表示歉意。

　　「你是加里波第，如果你堅持留下來吃飯的話，我會給你做飯 —— 我

不會做別的。」

　　她說的是西班牙語，加里波第回答時，他留意到，自己的西班牙語說得結結巴巴。然後他就說起義大利語，她回答時，她的義大利語也說得結結巴巴。他們倆都笑了起來。他們旗鼓相當。當了解到她丈夫不在家時，他拒絕進入房子，而是坐在露臺上，這位女士就在那裡，用她美麗的雙手為他和他的同伴做飯，僕人站在旁邊，不知所措地旁觀著。他的眼神偷偷地追隨著這位纖弱而美麗的年輕女子，而她不斷地走來走去，把他飢餓的騎兵們吃完飯菜的盤子堆起來。他認為，她看起來有點悲傷，心事重重。

　　加里波第想說點什麼，但他的西班牙語突然跑到爪哇國去了。這位女士走進屋裡，回來時拿著馬志尼關於自由的小冊子，這使他吃了一驚。當讀到那些他早已耳熟能詳的句子「做正確的事，不要害怕別人，因為人生來是自由的」時，他差點抽泣起來。

　　他發現，這本小冊子是大師最新的出版物，它是如何越過四千英里先於他到達的，他只能猜測，而這位女士掌握的義大利語不能清楚地表達意思。但是，他非常高興地向她伸出了雙手，而她回應了他的握手。他們都相互理解。他們都是自由的熱愛者。

　　加里波第感覺到他不能再待了，他必須趕緊離開，不然他會說一些糊塗話，或是做一些糊塗事。「你不能回來，我丈夫是一個保王黨人，」女士說，「如果他知道你來過這裡，他會非常生氣的。但你們餓了，我給了你們飯吃。現在再見了！」她伸出雙手，然後在勇士尚未抓住它們時突然脫身離開。加里波第騎上馬，他的騎手跟在後面。他們緩緩地沿著小溪的河床向前騎，在他們消失於杜鵑花繁茂處之前，加里波第回頭望了一眼。女士正站在露臺，背倚著一根柱子。她舉起了馬志尼的小冊子，加里波第

把帽子脫了下來。

　　加里波第在巡視的旅程中，對於海岸線有了相當的了解，愛國主義及責任感使他一直堅持進行巡視。

　　但是，有一樣東西在撕扯他的心。他騎了十英里路，停了下來，安營紮寨。第二天一大早，他獨自一人往回騎，把步槍留下，但在腰間別著一把手槍。他想看看那位美麗女士的丈夫。這個人一定是一個相當不錯的人，很可能是一位天生的保王派，但如果能夠正確引導他的話，也許也能成為志同道合的朋友。

　　加里波第到達那座房子的時候，那位女士正在露臺，她似乎預料到他會回來。她看起來悲傷、蒼白、嚴肅，穿著藍色衣服。她把丈夫叫出來，介紹了他，然後他和加里波第握了握手。加里波第試圖和他談論馬志尼，但從加里波第能猜測出來的意思來看，這位農場主從未聽過這個名字。

　　這個男人比妻子整整大了 20 歲，加里波第猜測，從他的外表看，他的財富來自繼承，而不是來自累積。稍後進行的談話及事態的發展證實了加里波第的懷疑，這個人是西班牙貴族的破落後裔。他看起來要麼是太愚蠢，要麼是太漠然了，不知道他的來訪者是誰，或是代表什麼。他拿出烈酒，並建議打牌消遣。

　　加里波第不喜歡這個人的樣子，婉拒了打牌的建議。而那位年輕女子一直站在稍遠一點的地方，心事重重地看著這位紅衣戰士。她的嘴唇默劇般地張開著，她正在試圖跟他說點什麼。加里波第談著一些無關緊要的事，大聲地笑著，並要求他的主人幫他調點酒喝。當那個人在酒櫃忙碌的時候，加里波第漫不經心地向那位女子挪過去，聽到了她低聲說的話：「不要喝酒了，馬上離開。他已經派人去找幫手了，這個地方半小時之後就會

被人包圍 —— 快走，我求求你了！」

　　加里波第一直喋喋不休地高談闊論，並在屋裡遊來蕩去。他端起那個人遞給他的酒杯，舉到嘴唇邊，卻沒有喝，他把酒全部潑到調酒的人臉上。那人咳嗽著，唾沫四濺，罵罵咧咧，而加里波第向大門退去，一隻手握住腰帶上的手槍。他到了露臺，開始尋找他的馬。馬不見了！加里波第跳回到屋裡，用手槍逼住那位保王黨人。「快把我的馬還我，否則我殺了你！快下令帶我的馬到門前來！」那人抗議著，乞求著，發誓說他根本不知道馬的事情。「我去幫你取馬！」那位女士喊道，然後圍著房子跑起來，把馬從樹叢中帶過來，顯然它被某個僕人牽到那裡去的。加里波第又一次從房子裡退出來，要求那人緊跟其後，那人順從地跟了上來，離了有五步遠，他的手高舉在空中，似乎在祈禱。加里波第手裡拿著手槍騎上馬，在他這樣做的時候，那位年輕女士呻吟道，「我這樣做，他會殺了我，但我還是會這樣做 —— 為了你！」加里波第把他的右腳從馬鐙處踢了出來，伸出了他的手。女士沒有絲毫猶豫，把她的腳放到空出的馬鐙，輕輕地跳上來，坐在後面。她在上馬的時候，加里波第朝著那位剛剛失去妻子的丈夫的頭頂上方開了兩槍，策馬飛馳。一分鐘之後，馬兒和騎馬的人 —— 兩個人，到了離平原半里路遠的地方了。女士穩穩地坐在後面，她的手臂輕柔而堅定地抱住紅襯衫。當經過山脊時，他們回頭望去，那位沒落貴族的後裔還站在那裡，雙手高舉過頂。他忘了把手放下來了！

　　如果有一些生活平淡的讀者認為這個小故事太戲劇性了，不可能是真的，那麼我想請他去讀一讀大仲馬的文章《愛國者加里波第》，他的故事來自加里波第本人的書面紀錄。此外，還有安妮塔，因為是她把這個故事告訴了布拉班特夫人，而布拉班拉夫人又把這個故事告訴了瑪格麗特・傅

勒‧奧索里[041]。

　　我們不知道安妮塔姓什麼。當她把腳放進加里波第馬鞍的馬鐙時，她已把自己交給了他，身體、頭腦和靈魂，無論順境還是逆境，無論疾病還是健康，相愛相敬，不離不棄，至死不渝。透過那個行動，她把一切都丟在後面：甚至「安妮塔」這個名字也是加里波第給她的，即便他對於他們相遇之前的生活有所了解，他也認為根本不值一提。也很有可能他並不在乎——他們倆的生活從他們相遇那天開始。他31歲，她22歲。

　　加里波第策馬進入營地，那位女士坐在馬的後面，六位等待的紅衣戰士毫不吃驚。他們對於主人的任何事都不會吃驚。他們就像相信上帝一樣相信他——甚至還要更厲害。因此他們沒有問任何問題，因為加里波第是普通人從來不會盤問的那一類人。

　　「拔營！」命令下達。十分鐘之後，他們又走在行軍的路上，兩個戰士作為殿後衛兵落在一英里之後。午夜時分，他們安全登上了那艘漂亮的船：「馬志尼號」。

　　安妮塔證明了自己是加里波第的可敬伴侶。她是第一個身穿加里波第式襯衫的女子。大多數情況下她穿著男人的衣服，腰帶裡別著兩支手槍，手裡握著一支步槍，不管約瑟夫走到哪裡，安妮塔就跟到哪裡。她是他的僕人、他的奴隸、他的同志、他的妻子。讀一下他的自傳，你就會發現，他對她的熱愛是如何永恆、如何忠誠、如何溫柔。他是一個宿命論者，一個無所畏懼的男人，許多次，當被壓倒多數的敵人所包圍的時候，他只是等待時機，殺出一條血路，沖向安全。「當其他人準備投降的時候，我堅持到底。」他說。有一次，他被敵軍的四個士兵切斷了退路，他們帶著裝

---

[041]　1810～1850年，美國作家和評論家。

滿子彈的步槍和上好的刺刀一步步逼近，他拔出劍，大聲喊道：「我是加里波第，你們都是我的俘虜！」敵人立即把槍扔掉了。

另外一次，他和安妮塔被困在一塊空隙地中的一個小木屋裡，被一隊四十人的騎兵所包圍。他倆使勁把門打開，每人站在一邊，只顯示出一把橫跨門廊的閃閃發亮的矛。敵人要求談判，但是，最後因為不知道屋裡面有多少人，也意識到衝鋒意味著自己人要死掉兩個，他們撤退了。沉默及未知是真正可怕的東西。

就這樣，約瑟夫和安妮塔生活、熱愛、戰鬥著，偶爾研究一下他們擁有的幾本書，閒暇時候還會寫寫詩。兩人第一次共騎一匹馬經過一年之後，他們生了一個兒子。一位同時代的人講述了這個故事，他目睹安妮塔騎在馬背上，帶著那個胖乎乎的小寶貝，就像印第安人裝在袋子裡的嬰兒，他探出頭來，好奇地看著這個世界，因為這個世界對他來說只有六個月。三年之後，這個小男孩騎馬坐在媽媽的馬背，另外一個小寶貝開始做袋子裡的嬰兒的動作。

就這樣，經過了八年的冒險，從陸地打到海洋，從森林打到溪谷，從山區打到平原。加里波第給了巴西所有應得的自由，所有它知道如何使用的自由。他被加以「蒙特維多的英雄」桂冠，本來可以在政府的議會上占一高席。但越過茫茫的海洋，他聽到了他所熱愛的祖國大地上響起的隆隆炮聲，統一義大利的夢想依然縈繞在在他的腦海中，栩栩如生。當然，也在安妮塔的腦海中栩栩如生。於是他們駕船離開了，身邊帶著一百名忠誠的紅衣戰士，這些戰士拒絕留在巴西。到了義大利之後，加里波第立即來到母親的家裡，母親之前還以為已經痛失愛子了，現在把他當成是起死回生的人。這位好心的婦人非常喜歡安妮塔和孩子們，她的心和他們在一起，就像是自己的孩子一樣，一生一世都深愛他們。

突然，她記起了兒子對宗教的漠然，詢問他們是何時何地結婚的，約瑟夫看了看安妮塔，安妮塔看了看約瑟夫，然後他們承認，他們只是由一位水手主持婚禮的，那位水手按照自己記得的話主持了婚禮，最後加了一句：「願上帝寬恕你們的靈魂。」母親立即匆匆忙忙地打發他們去找一位教士，他行使了使用結婚塗油禮的權力，並因為他們的粗心大意收取了雙倍的費用。他們付了錢，悄悄地笑了起來，但很高興能消除母親的不安。

　　孩子們留給奶奶照顧，約瑟夫和安妮塔前去參軍，加入了皮埃蒙特區的查理斯‧亞伯特的隊伍，向迷信和教皇開戰。

　　查理斯‧亞伯特曾支持舊的制度，而年輕的馬志尼和約瑟夫‧加里波第曾在二十年前向其宣戰。但是，國家就像人一樣，有時會經歷一些陣痛和悸動，從而成長壯大、獲得飛躍性的進步。馬志尼的寫作不斷被人散發和傳閱，而被政府封禁的事實增加了這些違禁品帶來的快樂。一種清晰的共和主義浪潮席捲大地。那些思想敏感的人覺悟過來，就像丁香花聞到五月的呼吸而清醒過來一樣。

　　查理斯‧亞伯特國王是義大利小王當中唯一猜測到人民情緒的國王，他向人民發布了一部憲法，規定了選舉權。這意味著向奧地利保護國及教皇宣戰了。

　　來自其他省份的志願者們蜂擁而來，向皮埃蒙特的旗幟效忠。大約此時，加里波第和安妮塔投向起義軍隊。查理斯‧亞伯特對於自己的老對手有所顧慮，因為加里波第天性厭惡妥協，而皮埃蒙特人無法理解他會願意在這樣一個國家的旗幟下戰鬥，即使這個國王已經放棄暴政，進行改革。但是，其他的省份正在分裂之中，不久之後，約瑟夫‧加里波第發現自己成為一千名拿坡里人的領袖，他們都穿著紅襯衫，裝備良好，扛著寫有這

些內容的旗幟：「人生來就是自由的！」、 「打倒教士和教皇！」、「讓我們成為自己的主人！」

這位改革家用掃帚寫字：誇張的確是他必不可少的一項才能。加里波第並不能理解，義大利信仰這樣一種簡單宗教的時候尚未來到：愛妻子、愛孩子、愛鄰居、償還債務、透過誠實勞動賺取每天的麵包。他沒有意識到，許多人真的不關心政治或是精神上的自由，他們寧願選擇乞求一份工作，願意讓一夥紅衣主教代表自己的思想。因此他發起了最認真的抗爭，抱著完整而充分的信念，就像激發老約翰‧布朗的信念一樣，他的靈魂一直向前推進。

1849 年，一些省份已經投降，加入到法國和奧地利的部隊當中，起義領袖被承諾獲得割讓的土地，妥協匆忙達成，毫無疑問是因為寒冷和饑餓。加里波第自己的部隊也在減員，他走向山區，放棄了騎兵設備。有命令說，只要抓住他，或是他的手下，立即四個一組地槍斃，不需審判，當著他們的夥伴和軍隊執行。他手下的 30 個士兵和 4 個最好的軍官已經被處死了。

他和安妮塔被包圍了，藏在一塊玉米地裡。安妮塔受傷了，渴得難受，又發著高燒。一位加里波第的手下主動請求越過一塊開放地去取水。加里波第眼睜睜地看著這位戰士被一位埋伏的法國士兵擊斃。他留在那裡，知道敵人很快會走出藏身地，搜掠死者。加里波第在死去的戰友的遺體附近等待著，親手殺掉了把戰友殺死的敵人。

他取到了水，把水帶回來給玉米地裡的安妮塔。但她已經不需要水了，她死了。加里波第一直留在她的遺體旁邊，直到夜幕降臨，然後扛著遺體來到附近的一個農民家裡。他讓那位農婦明白，死者是一位婦女、一

個母親，就像她自己一樣，必須體面地下葬，這個農婦聽明白了。

敵人的火炬近在咫尺，它們追隨加里波第，從玉米地追到房子那裡。他用自己的頭巾蓋住親愛的人的遺體，把自己的錢包交給那位農婦，快步離開此地，正好及時擺脫追擊者。他獨身一人走向海岸，在威尼斯找到了避難處。

有人懸賞要他的腦袋，但整個義大利，從米蘭到西西里，依然有許多人把他稱為愛國者和救世主。

作為一個外交舉動，羅馬大發慈悲，加里波第被允許搬家到卡普萊拉島，一個離海岸十英里的長滿岩石的島。他在這裡與母親和孩子們生活、寫作、學習、做農事；就像維克多‧雨果在格恩西島[042]的生活一樣，只是沒有那麼有錢，他和流放在倫敦的馬志尼保持著連繫。

1853年，加里波第來到紐約，待了將近兩年時間。他使用一個假名做生意，積攢了兩千美元，因此他做的小生意應該很賺錢。

1854年，拿坡里又爆發了起義，加里波第從遙遠的地方聽到了戰爭的號角聲。他回到義大利，用他的兩千美元買下了卡普萊拉島，他的孩子們可以保證有一個家了，另外，也有可能想讓羅馬政府相信，他終於決定安家了。

為了實現他那統一義大利的偉大夢想，他兩次離開心愛的卡普萊拉島。他和沒有軍餉的部隊一起戰鬥，和迷信戰鬥，看到自己的名字被他想為之工作的那些人所蔑視。最後他進入拿坡里，成為一支部隊的領袖，被宣布為「獨裁者」。但是，治國是一門生意；做生意要組織起來，要有紀律，而且要會使用乏味的和平力量。加里波第期盼的太多了：他想看到教

---

[042] 雨果曾被法國政府流放到的小島。他在這裡創作了大量膾炙人口的產品，並且名利雙收，與妻子、孩子們過著充實、快樂的生活。

會被連根拔起、王子們被掃地出門、而人民至高無上。這樣的事情根本做不到。不過，他活著看到了教皇放棄在世俗的權力，看到了一個統一的義大利，只不過是維克多．艾曼努爾，查理斯．亞伯特的兒子，成為義大利的國王。人民還是想要一個國王，他們還是想要他們的教會，儘管教會的權力已經被削弱。

1870 年，加里波第和他的兒子，安妮塔生下的第一個兒子，來到甘皮塔參軍，加入與德國作戰的法國軍隊。儘管加里波第對於德國沒有什麼可反對的，而且和法國打過無數次沉悶的戰鬥，但他認為，法國現在反對教皇權力，而德國贊同教皇權力。

戰後加里波第當選為義大利議會議員，至少完成了一件好事：他成功地獲得一筆撥款，用於豎立布魯諾的雕像，雕像的位置，就在這位真理和事實的熱愛者被教皇下令活活燒死的地方 —— 他只不過告訴別人，地球是旋轉的。

1904 年 9 月，世界自由思想會議在羅馬舉行，組成了一個委員會布置布魯諾的雕像，並在它的基座下面舉行了一次紀念會議。主講人是厄恩斯特．海克爾。在講話中，海克爾說道：

我們今天聚集在這個永恆之城 [043]，為了自由的事業，也為了真理。我們需要以自己的方式，表達自己認為正確、正當、美好及應當說出來的東西，應當無拘無束、不被威迫所擾、不必擔心被人壓制。我們知道的東西微乎其微，但我們對此一致同意：沒有什麼終極的、專制的和教條的真理。真理是一種看法；我們知道的越多，理解的越多，表達的也就越多。如今人們有呼吸的自由、學習的自由、成長的自由，人類自有史以來從來

---

[043] 指羅馬。由於它建在 7 座山丘之上並有悠久的歷史，故被稱為「七丘城」和「永恆之城」。

沒有過這樣的自由。如今人們比以往任何時候都有著更多的信念，更相信自己，也更相信自己的夥伴。思想，就像步行這樣的身體活動，是一種信念的事物。利用今天的這個機會，利用我們聚會的這個地點，我們能自由地表達我們的所思所想，我們特別要欠一個人的人情，整個進步世界都要欠這個人的人情 —— 這個人就是加里波第。

1882 年，加里波第在他熱愛的卡普萊拉島去世，享年 75 歲，去世前獲得兒孫們的悉心照顧。如果保險公司在他 20 歲的時候接受他的人壽保險，保險公司一定能大賺一筆，不管利率多少。但是，他是一位英雄人物，在陸地和海洋上打過 67 次大仗，還打過不下兩百次個人遭遇戰，當時步槍、手槍、短劍、長劍和棍棒扮演著重要的角色。這就是命運的諷刺！

沒有哪個人曾被人如此厭惡、仇恨和恐懼，也沒有哪個人曾被人如此愛戴。他是一個絕對誠實、真誠的人，動機極為單純，習慣極為節制，即使最痛恨他的敵人也不會對此有爭議。如果說薩佛納羅拉是醉心於上帝，那麼加里波第是為自由而瘋狂。

他拒絕被人收買，謝絕榮譽，把頭銜置之一邊，去世的時候身無分文，和他剛出世時一樣，和他活著時一樣。他的一生完全奉獻給了一項事業 —— 自由！

第四章
理查・科布登

　　理查・科布登（Richard Cobden，1804 年～ 1865 年），英國政治家、政論家和激進派政治思想家，自由貿易的領導者與支持者，保護貿易主義的反對者。科布登是以促進自由貿易的商人面貌出現在英國政治生活中的。他的一生，是與英國和歐洲保守派進行政治爭鬥的一生。1835 年後，他發表了大量的演講、文章和政論性小冊子。他認為，貿易交往會促進和平，如果各國都致力於商業貿易，那麼世界就能實現和平。大國亦不能因為某種原因而去干涉他國的內政。理查・科布登和約翰・布萊特是曼徹斯特自由主義學派的領袖人物，1838 年，他們創建了反《穀物法》聯盟。在他們的推動下，1846 年 6 月 25 日，英國上院廢除《穀物法》。

　　我的主張是，英國如今處於一個非常特別的國內與國際形勢之下，如果它能讓其他國家的政府解決他們自己的事務，解決他們自己的爭端；如果英國只致力於解決自己龐大王國的大事、難事，關注自己國民的狀況，那麼，它將給全世界樹立起一個崇高道德的榜樣，沒有哪個國家能像它一樣如此慷慨地樹立起這樣的榜樣。它也將由此走向一條康莊大道，而為了保持其自身的偉大迫切需要它走這麼一條道路。箇中緣由正是因為大不列顛在資源、勇氣、制度及地理位置方面都非常強大，它有能力走在其他歐洲強國之前，經受得起做一個道德大國的重任，可以樹立一個走上正義及和平之路的大國的榜樣。

　　　　　　　　　　　　　　　　　　　　　　　　—— 理查‧科布登

　　理查‧科布登一生中沒有過什麼機遇。他於 1804 年出生在英國西蘇塞克斯郡一個無名小村。他的父親是一名貧窮的農夫，男孩 10 歲的時候，父親失去了自己的土地，並為此傷心欲絕，受人欺凌，垂頭喪氣。理查‧科布登先後當過腳夫、職員、旅行推銷員、磨坊主、議員、經濟學家、人道主義者、政治家和改革家。在 13 歲之前，他主要對於謀生這一值得稱道的重任感興趣 —— 在世上立足。那一年，似乎突然之間，沒有任何先兆，就像泡泡猛地爆裂一樣，他從人道主義的廣闊角度看到了問題所在。不過，他並沒有「爆裂」，因為他的夢想是從生活的現實中激發出來的，如今這些夢想正在變成現實。事實上，許多夢想在他的時代已經成真。理查‧科布登不再是個鄉下窮小子，他屬於全人類了。

　　他發現，商業並不是僅僅為了個人利益的攫取，而是文明的一個主要因素。他意識到，我們透過我們的努力獲得教育，是為了獲得食物與衣服，因此照顧人類物質需要的人，才是真正的教士。每一個動物的成長，

都是透過它愛的情感以及為了生存而奮鬥來取得的。

鎮裡的工廠改變鎮裡的每一個人，不論是精神上還是身體上。這是個事實，難道管理工廠不需要有勇氣、有熱情的人——胸懷寬闊、慷慨大方、堅持真理？每一個工廠都受到土地法規的影響，每一個國家都會受到其他國家的法律的影響，因為大多數從事生產業的國家都會在國外找到市場。

科布登開始著手研究不滿與失敗、進步與繁榮的原因。他不僅僅滿足於從哲理上進行探討，而且將自己的理論帶到自己的企業裡。

我們許多現代企業的改良似乎都起源於理查・科布登那顆不知疲倦、先知先覺的頭腦。正是他，而不是別人，探索使商業變成一門科學，使做生意變成一門藝術。世界邁動的腳步真是遲緩。

就在幾年前，美國還在考慮在總統的內閣裡設立一名商業與勞動部長。

請看看科布登 1843 年寫的內容：

在每一個國家、總統或是王公的內閣，都應該有一個官員，負責處理商業和勞動事務，這是和平的需求。他的工作要比負責戰爭的官員重要得多。戰艦的存在提示著要使用它們，只要我們還有軍隊，人類就會殺戮、打仗、摧毀一切。不想打仗的士兵在這個地球不存在。為戰爭做準備，戰爭就會來到。當政府抱著對待戰爭藝術的同樣想法對待和平藝術，並給予同樣多的關注之時，我們將會在地球上享有和平，在人們之間享有友愛。但是，只要士兵在世界的政治舞臺上地位高於商人，災荒、死亡、疾病和貧困將蹲伏在我們的門前。商業是生產，戰爭是毀滅。生產和銷售的法則必須、也將會成為一門科學；那時，直到那時，幸福才會降臨到人類，這

個地球將成為另外一種天堂的範例，而不再是混戰場。

愛默生在給商業下定義的時候，把它描述為「把東西從充足的地方運到需要的地方。」商業這個領域是人類做出的一種努力，著手將生活需要的物資供應給人類。

教士是我們的精神顧問，讓我們做好準備，在來世享受愉快、輕鬆的生活。律師在法律事務上給我們提供建議，告訴我們如何遵守法律，或是回避法律，而且他們保護我們躲開其他律師。當疾病襲擊我們的身體，或是我們覺得它們在襲擊我們的身體的時候，醫生在照顧我們。

我們過去經常說「三種博學的職業」，如果我們現在使用這個片語，只是用於特殊意義上的說法，因為我們知道，如今至少有 57 種職業的博學之士。

在所有這些職業當中，最偉大、最重要的職業是商業或是商務。醫藥和法律有自己的專長，各有十幾種，但商業有一萬種專長，或是分支。

我們現在已經意識到商業的重要性，它照顧到人類的物質需求，因而神學界也已經改變了立場，在幾年之內已經宣布：正確地吃東西、穿東西，正確地工作，是為來世做準備的最好方式。

如今，最好的律師是商人，他們的工作是使商業之舟行駛在安全的航道之中，既不會在訴訟的礁石上撞裂，也不會在誤解的淺灘中沉沒。每個律師都會告訴你這個，「要賺錢，你必須使你的客戶滿意。」

商業最偉大的變化來自於「不二價」制度。

對於賣者來說，傳統想法是，盡可能把出售的東西的價格賣高點。缺斤少兩、偷工減料、以次充好等都被認為是合適的、正確的。你從農夫那裡買到了一個塞了東西的火雞，如果你稱重量、付錢的時候沒有發現火雞

裡的石頭，你別想獲得賠償。大家還要嘲笑你。而且還有一句法律諺語「購者自慎」，使欺詐既合法又安全。

衣服的經銷商既不保證合身，也不保證品質，只要你付了錢、包好了、放到你的手上，東西就是你的了，不可能再拿回來。「生意就是生意。」這句諺語掩蓋了許多過失。

幾百年前，做生意大部分是透過集市、船隻和小販進行的。當時的商人是到處遊蕩的惡棍，他們把謊言變成了一種制度。

貨攤逐漸變成了商店，但不負責任的店主使用的方法和習慣依然沒變：這些人欺騙他們的鄰居，暗地裡嘲笑他們。然後鄰居們也欺騙他們，鄰居當然也會這樣做的。接著他們相互謾罵，又開始相互欺騙，不斷重複這個過程。約翰·昆西·亞當斯 [044] 曾講過一位在波士頓附近經營商店的教會執事的故事，那人總是把柱子上面寫的 1775 年數字讀成十七元七角五分。

這樣的一種制度帶來的痛苦、傷心、失望、羞恥、沮喪、悲痛、懷疑和仇恨，無法用數字來計算。購者希望買到一樣東西，包起來的卻是另外一樣東西，他對品質和價值的無知與不解被人可恥地利用。可以肯定地說，交易中的欺詐可以休矣。人類的自我保護需要誠實、公平交易、對所有人都使用不二價。這種變化只有經過抗爭才能取得，我們現在依然對於不二價的交易沒有完全的把握。

不過我們已經往前邁出了一步：在交易中欺詐是被禁止的。誠實作為一種商業資產已經獲得認可。如果你想在商業方面取得成功，你不敢冒險把別人不要的東西賣給他；你也不敢冒險讓他在品質方面失望，或是在數

---

[044] 1767～1848 年，美國第六任總統。持反對奴隸制的措施。

量方面短斤少兩。在其他事情上大家也都是對等的，擁有最多朋友的商人能賺到最多的錢。我們的敵人不會和我們交易。每賣一樣東西，多一個敵人，這是一種拙劣的下下策。對於小販，或是在集市、市場經營小攤檔的人來說，屬於「賺你的錢，有了這次沒下次。」賣方和買方處於交戰狀態。一次交易完成之後，他們永遠不會再見面。氣氛中充滿了仇恨和懷疑，毀滅敵人身體的野蠻傾向被以更進化的方式體現，虛偽和謊言代替了暴力，買者和賣者一樣壞：如果他低價買到手，他就大吹大擂。逮到一個急需錢用的商人是一件很榮耀的事情，我們狠狠地敲了他一筆！後來，我們就會發現，他把我們這些陌生人給騙了。

不二價制度已經成為一種必需品，因為它減少了生活的摩擦。童叟無欺，保護孩子及純樸的人挑選自己需要的東西，就像買方是價值方面的專家一樣，就像他們被人欺騙時有能力反擊一樣。安全、和平與體面需要不二價制度。我們其實已經有了這個制度，可能對教士、教師及表兄弟姐妹這麼親的親戚打折。但是，如果我們到了把所有人都當作兄弟的程度，我們就會有絕對的誠實，對所有人都採取不二價。

這種在商業方法上的變化，我們對於交易心理上的態度變化，都來自一種隱隱察覺、但感觸頗深的信念 —— 對人類兄弟關係的信念、對人類團結友愛的信念，另外還有這個信念：生命的各種展現方式都是神聖的。

因此，照料別人生活的快樂與幸福的人是教士，在做上帝的工作。人必須要吃飯，他們必須要穿衣，他們必須要住房。你完全有必要吃美食、讀好書、聽美樂、聽上好的布道，或是看美麗的圖片。這些需求都是神聖的。

沒有什麼工作是卑微的。「在你們中間，誰願為首，就必做眾人的僕

人。」[045] 物質的東西作用於精神上，而精神的東西也作用於物質上。如果能夠正確理解的話，他們是一體的，是同樣的東西。我們生活在精神的世界裡，我們的身體是精神上的物質體現，因為缺乏更好的詞，我們就稱之為「上帝」。我們透過改變環境改變人。商業改變了環境，提供我們一個更好的社會。供應更好的水、更好的衛生設備、更好的供熱設備、更好的食物、吃得更可口，所有這些都需要付出最高的智慧、最大的奉獻。這個世界的每一個基督徒教士都意識到這一點、相信這一點、並為此而祈禱。我們已經停止將世俗的東西與神聖的東西分開。為別人服務是神聖的。以前，商人透過人們購買必需品的過程占便宜而興旺發達，而且利用人們對於價值的無知進行欺詐。但所有聰明人都知道，幫助人類就是幫助你自己。我們只有在給別人帶來好處的同時，才給我們自己帶來好處。如今對這些真理已經得到認可，因而商人被認為是博學職業之首，他照料人類的必需品。

智慧出自謬誤與苦難。人們透過反作用學到知識，所有不會把你殺死的經驗都是有益的。

當理查‧科布登的父親放棄希望，承認失敗之時，一家 12 口人由親戚朋友包下來了。主動提出照顧虛弱、敏感的理查的好心親戚，把他寄放到一個男孩寄宿學校，就此逃避責任。他待在這裡，從 10 歲到 16 歲。他每年被允許寫一封信給家裡的母親，五年間只見過她一次。

飢餓和心痛自有它們的用處。理查‧科布登在生活中把寄宿學校的謬論打得支離破碎；但需要查理斯‧狄更斯以諷刺來完成這項工作，就像羅伯特‧英格索爾把教會嘲笑得不成樣子一樣。我們為了所有一切事物而奮鬥，直到世界把這當成是荒謬透頂的東西，此後我們才放棄它們。只要戰

[045] 此句出自《聖經》的《新約》「馬可福音」第 10 章。

爭被認為是英勇的行為，我們就會為了它而戰鬥；當它變成荒謬的事物的時候，它自會滅亡。

理查‧科布登在下議院的一次演講中說道：「在所有那些可悲的永恆謬論之中，我覺得最殘忍、最荒唐的是英國的男孩寄宿學校。把 7 歲、8 歲或是 10 歲的孩子從他的父母親身邊帶走，把他交給只對他有商業利益的人看管，逼迫他與那些像他一樣不幸的野人戰鬥，或者被迫痛苦地屈服，此事可怕得無法想像。」但是這種所謂的教育計畫一直持續到大約五十年前，被英國的上流社會所支援和維護，包括教士們，而且教士們經常是這個行業的直接「同謀」。

邏輯與理智未能驅走這件蠢事，最後此事留給一位年輕的記者、後來的小說家 [046] 完成，他給我們塑造了斯奎爾斯和多西伯義斯學堂。猛烈的諷刺最終穿透了這個教育失策的犀牛皮。

對於所有的實驗來說，有一種測試的方法：它是否帶來更多的愛？如果帶來的是仇恨，培養的是痛苦，那麼在所有方面都是糟糕的。如果把寄宿學校的想法與弗雷德里希‧福勒貝爾 [047] 的溫和想法相比較，就可以注意到，福勒貝爾總是堅持，對母親的教育和對孩子的教育應當手把手一起往前走。母愛是屬於母親的，如果她把養育孩子的責任轉移給斯奎爾斯這樣的人，不僅把孩子淹沒在痛苦之中，而且失去了自己生活的機會。

理查 16 歲的時候，他被從寄宿學校轉移到叔叔在倫敦的貨棧。他扮演的是一位窮親戚的角色，他在貨棧的工作是搬運貨物及打掃衛生。他的內斂和機靈的做事方式引起了一位粗壯、脾氣暴躁的主管的注意 —— 脾

---

[046] 指英國小說家狄更斯。下面的「斯奎爾斯」和「多西伯義斯學堂」都出自他的小說。

[047] 1782 ～ 1852 年，德國教育家。1837 年他創建了第一所幼稚園，試圖將學習變成兒童自然、愉悅的經歷。

氣暴躁只是這個人的表面。在理查掃地一周後他說：「年輕人，我親眼目睹了你打掃角落的情況。因為這個，我將你的薪資漲到一週一先令，你去當理貨員的助手。」

一年之後，理貨員升職為銷貨員，理查接替了他的位置。又過了一年，理查成為了一名銷貨員，向倫敦推銷訂單。不久，他深信為親戚工作是一個錯誤。20 年之後，他在頭腦中將這一想法具體化：年輕人，你最好不要僱親戚工作，也不要為親戚工作。因為這會意味著奴役或專制，或是兩者都有。你不想被人施恩，或是被置於承擔債務的處境，或者讓其他幫工把你想像為老闆的親信。要獲得成長，你必須獲得自由，讓你的價值發揮作用，而不是其他的東西。很可能正是出於這個考慮，一位智者說道：「魔鬼把我們的親戚送給我們，不過感謝上天，我們可以自己選擇朋友。」

親戚經常進行挑剔的恩人式管理，而外人永遠不會這樣做。因此科布登 20 歲的時候便與親戚脫離了關係。他開始了推銷花布的旅行推銷員工作。英國「商業餐」的習慣最早是科布登想出來的：所有碰巧住在同一個酒店的旅行推銷員，像是一家人，在同一張桌子上就餐，然後把廉價品推銷給侍者。他認為，旅行推銷員應該有著友好的夥伴關係，商業餐的坦誠的談話及友誼，從某種程度上可以彌補無家可歸的缺憾。同業者聯誼的想法在理查‧科布登的心中一直非常強烈。在這些商業餐中，他總是把這些談話變成具有高度、頗具價值的管道，給這些「男孩們」帶來一些大家感興趣的問題，並試圖告訴他們，研究旅行的規則越多，就會對商業了解越多，他們推銷員方面的能力就越強。他當時的日記中顯示「購買班傑明‧富蘭克林《散文》，花費五先令」，同樣也花錢購買了普魯塔克的《希臘羅馬名人比較列傳》。從這些書中，他讀出了旅行推銷員「商業餐」的意義。

科布登在許多方面已經有了那位傑出人物亞瑟‧F‧謝爾登的影子，並努力使推銷術成為一種藝術。

他從一位領薪水的銷售員，進步為領薪水和傭金的銷售員。接著他做了一個大膽的舉動，和其他兩位旅行推銷員同伴申請一家曼徹斯特印染廠的倫敦獨家代理權。一年之後，他以沒有擔保的形式賒進了價值四萬英鎊的貨物。「你為什麼信任我，給我這麼多的貨物？你知道以我個人的名義來講，我連一千英鎊都不值。」

而這個名為佛特父子公司的大公司的高層回答道：「科布登先生，我們對於道德方面的風險考慮，要比財務方面的風險考慮更多。我們的生意是透過信任有良好習慣、積極向上的年輕人而發展起來的。對我們來說，品格至關重要。」科布登到了倫敦之後，訂了一塊櫟樹區，上面刻了兩英寸深的字「品格至要！」，然後把它固定在他辦公室的牆上。

27 歲的時候，他在倫敦的代理業務每年幫他賺得一千英鎊的收入。此時佛特父子公司在薩布登有一個廠，由於管理不當正走向衰敗。公司考慮放棄這個廠，正在討論這個問題的時候，科布登走了進來。

「把它賣給科布登。」其中一位董事微笑著說道。

「多少錢？」科布登問道。

「一萬英鎊。」董事回答。

「我買了，」科布登說道，「給我 20 年時間，請給我特許權，只要我有能力就立即還款。」科布登的氣質中有三個無價的資產：健康、熱情和正確的目的。讓銀行家感覺到，此人清楚知道自己正在做什麼事情，而且為人誠實，他需要的錢總是能召之即來。

就這樣，科布登接管了薩布登的工廠。僱用的工人有六百名，村莊裡

沒有學校，也沒有教堂。工人想工作的時候就工作，不想勞動的時候就辭工。每到領薪資的那一天，他們閒逛到附近的鎮裡，把最後一分錢花完之後才回來。前任經理惹惱了他們，因為他企圖調教他們，他們圍攻工廠，把每個窗戶都打破了。科布登的任務不是商業性的：這是一個外交和教育的問題。要描述他是如何引進學校、停止使用童工、栽培花圃和蔬菜園、建造房子和示範公寓，讓工人不知不覺中接受調教，可以寫整整一本書。就說一個簡單的事實吧，他使工廠獲得了利潤，生產出比以往任何時間都要好的產品，他還提高了人們的社會地位。三年之後，他的收入增加到每年一萬英鎊。

約翰‧莫利曾說：「30 歲的時候，科布登已經從年輕人自有的自我主義邁出了一大步，具備了身為一位偉大公民所具備的寬廣、慷慨的公眾精神。」自成年之後的早期，他就發現，如果你要做與眾不同的事情，必須把瑣事分攤給其他人，安排好空閒時光。科布登從來不會做那些他可以僱別人做的事情。他給自己留下時間，做一些其他人根本不可能做到的事情。也就是說，他挑選他的人，挑選的是他自己那一類的人 —— 身體健康、精力充沛、熱心腸、開朗樂觀、誠實可靠。迪斯雷利曾批評「科布登在商業上取得成功，只是因為讓其他人做他要做的工作」，批評非常正確。它正好證明了科布登的偉大之處。

就這樣，我們發現理查‧科布登，這個一生中從未有過什麼機遇的人，剛到 30 歲的而立之年，每年的收入就相當於三萬五千美元，在一個不斷發展壯大的企業中擔任負責人。他在十年前就養成了學習的習慣，因此我們在說到他沒上過大學的時候，真的沒有必要惋惜。他了解政治歷史，了解人類，他知道他的亞當斯密。看！他在一天之內就獲得了宇宙意識。他的個人事務占第二位，世界的問題充斥了他那些覺醒的夢想。

男人如此煥發第二次生命，通常能追溯到某一本書、某人的死亡、某一個人、某一場災難 —— 某一個女人。要是科布登的生活中有什麼偉大愛情故事的話，我一定會不遺餘力地公開它，我的天啊！

但是，他從未有過那些崇高的熱情，否則在天性中會有更多的藝術性，而不是經濟性。不過，他對於女性總是抱著一種高尚的、俠士般的敬意，他強烈的正義感使他勇於坦誠地談論平等權利的話題，而當時這樣做總是會招致嘲笑。

那麼就讓某某小姐，成為導致理查‧科布登重生的原因吧。他把他的生意交給挑選出來的人打理，開始周遊世界。他穿越重洋來到巴黎，在那裡花了三個月時間學習語言，研究政治形勢。然後轉移到比利時和荷蘭，接著穿過德國，來到瑞士；再穿過義大利，到了俄羅斯，再返回到羅馬，最後在拿坡里乘船，經由直布羅陀海峽前往英國。回到薩布登之後，他發現，他的生意進展良好，但未能保持他個人確定的步伐前進。主人不在家，老鼠鬧翻天 —— 鬧一點點。進展的步伐放緩了。永久的警戒不僅要以自由為代價，而且要以其他所有東西為代價，而最重要的是企業的成功。

科布登了解真相 —— 如果讓自己投身於生意之中，他可以變成大富翁。但是如果把事情交待給其他人來做，他最好的期望，只是使他投放的資金獲得中等程度的收入。所有一切都要付出代價的 —— 由你自己作出選擇吧！

理查‧科布登選擇了知識，選擇了為人類服務，選擇了全面的教育，而不是金錢。他在他的印花廠待了六個月，然後又啟程邁向他的新旅行。

他訪問了西班牙、土耳其、希臘和埃及，在每個國家待了幾個月，在

當地研究這些國家的歷史。他最感興趣的是導致國家興衰的經濟原因。1835 年，他坐在一條船上駛往美國，只花了五個星期就完成了航行。他從美國寫給弟弟的一封信上包含了以下內容：

就這樣，我從遙遠的地方又返回紐約，我估計大約在本月 8 日可以到達這個城市，之前要經由費城、巴爾的摩、華盛頓、匹茲堡、伊利湖，到布法羅、尼亞加拉瀑布、奧爾巴尼（經由奧本、尤蒂卡、斯卡奈塔第），再經康乃狄克谷，到波士頓和洛威爾。在返回紐約的路上，我打算花兩天時間待在哈德遜河畔：一天前往奧爾巴尼，另一天從那裡返回。在此之後，我會再花兩到三天時間和紐約的朋友道別，然後 16 日登上「大不列顛號」。我的旅行可以被稱為「快樂之行」，因為沒有任何的打斷或是干擾，我可以享受這個短途旅行的每一分鐘，讓我看到這個真正偉大的國家。沒有哪個作家公正地描繪過闊國。她的湖泊、河流、森林和瀑布都是她獨有的景物。我想到，它們的美麗遠遠超出於我們在東半球的所有景物。我還想到，這些美景在它們的造物主的神祕安排之下，一直隱藏在「知識圈」的眼皮底下，直到現代才被發現。於是我有了奇思異想，認為西半球是透過大自然第二次煥發生命產生的，這是大自然手工創造的又一個完美的範例。但是，我們必須怎樣以繁殖的名義解釋，為什麼這個原本生長猛瑪的地方，會有退化的人類存在？這些人是生育他們祖先的高貴種族的可憐後裔。至於女人，自從我到這裡之後，我的眼睛還沒有發現一個稱得上健康、青春、漂亮的女人！四分之一的女人看起來似乎剛剛從黃疸病康復過來；另外四分之一，在英國會被認為確診了肺結核；其餘的那些與我們所謂的時髦婦人相似，臉色憔悴，由於過著倫敦式的放蕩生活而無精打采。看，我是不是比特羅洛普的媽媽還更了解特羅洛普！但是，透過這次訪問之後，從物質的方面轉移到道德方面，我對於美國特性的評價已經提高

了，和我先前的預期相反。我對於這些人的品性評價很高，我發現自己已經愛上了他們的智慧、真誠，以及激勵每個階層的人的體面的自尊。在這個不知疲倦、精力充沛的民族的靈魂，駐守著真正的活力與天賦。

科布登在美國注意到的另外一件趣事是，到處都在用木頭當燃料，「除了維吉尼亞州的布朗斯維爾，那裡的煤就在山腰邊，人們只要自己動手取就可以用了。」匹茲堡讓他很感興趣，他在那裡花了一周的時間：到了一個劇院，聽到英國發出不滿的噓聲，美洲則是群情激昂、熱情高漲。匹茲堡只用木頭燃料，而木頭是用平底船運過來的。在俄亥俄州的揚斯頓，集中了許多驛馬車，用了三百多匹馬。有蒸汽船從克裡夫蘭航行到布法羅，費時兩天一夜，路上停了七次，搭載乘客、裝運貨物和作燃料用的木頭。在布法羅，你可以聽到尼亞加拉瀑布的咆哮聲，看到騰起的水霧。到了瀑布的加拿大的一邊之後，一個逃亡的黑奴幫他刮臉，所有在加拿大的黑人都是自由的。

科布登說：「美國並不是特別適合生產農產品，土地多山，森林密布。美國的出口產品是棉花、羊毛、皮革和木材。」由此可以看出，1836 年的美國還未被人挖掘發現。

到了英國之後，科布登開始寫下他的想法，然後自己出資以小冊子的形式分發。對於文學，他似乎沒有太大的興趣，文學對他來說純粹是一個副產品。

科布登創作的是統計、經濟、政治和哲學的作品。除了寫作之外，他還在不同的社團活動和演講廳讀自己小冊子的內容。接著自然有了辯論，不久之後，科布登被迫為自己的理論辯護。

他被提名競選一個議會席位，並被打敗了。第二年他又參加競選並且

當選。政治遊說活動為他增添了自由展翅飛翔的能力；他已經學會了快速反應、應對被人打斷的局面，以及在辯論中回避問題。他的風格變為以非常清晰的理智應對一切。

英國當時對於所有的東西都徵稅，包括麵包。對進口到英國的穀物和肉，要徵收一種絕對高昂的進口稅。這個稅有雙重目的，一是給政府增加收入，二是保護英國的農民。當然，農民們相信，這個稅可以阻止其他國家進入英國市場和他們競爭。

科布登認為，食物產品應該不受阻礙傳送到任何需要它們的地方，其他的做法則是錯誤的、有問題的。這一議題在下議院提了出來，科布登站起來發言。每一個談論「自由貿易」的人都被認為是對國家不忠的人。科布登使用了自由貿易這一詞語，被人發出噓聲。他耐心等了一會兒，然後說道：「饑荒只有在貿易受到限制的地方才有可能存在。」他請求大家回頭看看歷史，以此證明自己的論點，他還使用了大量的經濟資料，這使得下議院安靜下來，報以尊重的沉默。身為一名經濟學家·他表示，自己是在場的每一個人的同伴。大多數人都不同意他的觀點，但他彬彬有禮的舉止贏得了尊重，他豐富的知識使反對者變得更為慎重。

不久之後，他又提起了辦公立學校的議題，但表決時被否決了。理由是，教育是一種奢侈品，想讓孩子受教育的父母，應當自己想辦法，就像給孩子解決衣服和食品一樣。至多把教育的問題留給當地的牧師、村莊或是市政府來辦。

科布登屬於少數派。但他回到曼徹斯特，成立了反《穀物法》聯盟。要求小麥和穀物應該免稅進入英國，而且不應對麵包原料徵稅。農民們發出了咆哮，他們受到了政治家的慫恿，科布登被人挑戰進入農民社區，就

此事進行辯論。對手希望，而且真心地相信，他會被人圍攻。但他接受了挑戰，結果是，他在大多數情況下受到了尊重，因為他讓聽眾相信，對於農業，他了解的東西要比地主了解的多。他向農民們展示，如何使穀物品種更多樣，如何栽培蔬菜和水果，如果進口的穀物要比他們栽種的穀物便宜，幹嘛不拿他們栽培水果的所得去購買穀物呢！這是一場艱難的戰鬥，但科布登全身心投入到戰鬥之中，知道將來某一天終將取得勝利。

　　科布登的論點是，政府運作所需要的所有錢都應當透過向土地、產權和收入所征的直接稅來籌集，而不應對食物徵稅，就像不對空氣徵稅一樣，因為它們都是實際生存的必需品。對必需品徵收關稅，將這些東西關在自己的國門之外，而需要它們的普通百姓與窮人得不到它們，這是不人道的。稅收應當向那些實際的奢侈品徵收，那些人們沒有它們也能生存的東西，但生活的必需品應當自由流通，不受阻礙。從政府這方面來說，間接稅總會招致奢侈，而且容易鼓勵某一方面的貿易，同時抑制另一方面的貿易，因此這屬於階級性的立法。政府應當為所有人的利益而存在，而不應只為了少數人的利益。有權有勢的人必須為地位低下、處於弱勢的人考慮。

　　擁有地產的紳士們支持《穀物法》，把「商業」這個詞當作粗話使用。很自然地，他們使佃農們相信，如果允許自由貿易，農民們會比破產更還糟糕，商業主義將氾濫成災。科布登他代表的是製造業和城市。地主們企圖抹黑科布登，宣稱科布登的理想是熏得烏黑、骯髒不堪的伯明罕。科布登的任務是要使英國明白，破壞貿易的自然法則的人越少越好，不應讓某一階層的公民遭受痛苦，而讓另外一些階層的人獲得繁榮。商業和製造業必須、也能夠擺脫低下的地位，從而變成光榮的行業。因此戰鬥一直進行下去。剛開始有人好奇地想聽科布登的講話，而逐漸對於他的話題的興趣

消失了。而反對他的人採取了一種搞笑的方式，每當科布登站起來說話，他們成群結隊地去上廁所。

　　科布登至少有著一個非常偉大的特質，很少改革家有著這樣的特質：他對於愚人非常有耐心。面對愚蠢，他從來不會勃然大怒。對於愚蠢不夠耐心，這本身就是愚蠢的顯著表現。他知道他的事業的正當性，因此以各種形式不斷重複他的論點。他在講壇上演講時採取聊天式、友好的方式。他經常這樣說：「來吧，讓我們再一起談論談論這個問題吧。」他很快就和他的聽眾建立起一種親密、友好的關係，雖然缺乏激昂演講術的激勵，他讓其中一些逐漸喜歡上他的人留下印象。約翰・布朗曾描繪：「在他眼中閃爍著友好、真誠的光芒，表現出他的溫和、誠實的表情」，而這表情比他的話語還更能說會道。

　　就這樣，反《穀物法》之爭一直持續下去。首相羅伯特・皮爾爵士想盡一切辦法想使科布登保持沉默，使他遭到蔑視，甚至譴責他為「危險的煽動者，如果他有這個能力的話，會像羅伯斯庇爾 [048] 在巴黎做事一樣在倫敦做那些事。」但是時間不斷流逝，科布登身為不受歡迎的事業的支持者已經堅持十多年了。此時，愛爾蘭發生了饑荒。饑餓的母親站在路邊，將她們垂死的孩子緊挨著自己乾癟的胸脯，向路人尋求幫助。科布登對此情景進行的描述穿透了地主們的犀牛皮，他們主動提出了這樣那樣的讓步。科布登說道：「未來的一代會驚訝得目瞪口呆，當他們回想這一年，想到愛爾蘭的孩子們因為沒有麵包吃而快要餓死。而我們卻用高昂的關稅禁止穀物進入這個國家，還用武裝的槍支支持這個法律。」

---

[048] 1758 ～ 1794 年，以嚴峻和清廉出名的法國革命家、雅各賓派領袖和恐怖統治的設計師。他的法律允許沒收有叛國嫌疑的人的財產並逮捕他們，很多嫌疑分子被送上斷頭臺，這也導致他本人被逮捕，且未經審判即被處決。

　　普通百姓開始覺醒過來。如果科克城和都柏林會發生饑荒，曼徹斯特和倫敦就不會發生嗎？問題現在越逼越近了。反《穀物法》聯盟現在找到了機會。在所有大城市和鎮裡都舉行了大規模集會。在曼徹斯特，他開始募捐基金以繼續進行宣傳活動。他自己首先在募捐單上寫下了一千英鎊的數字。3 分鐘內，23 個製造商緊隨其後簽名。英國王室和議會此時坐了下來，擦了擦他們睏乏的眼睛，而羅伯特‧皮爾爵士派人傳話給科布登，邀請他參加一個會議。科布登回答說：「我們所需要的是立即廢除《穀物法》，沒必要開什麼會。」

　　羅伯特‧皮爾爵士遞交了辭去首相職務的辭呈，說他從良心上不能應允暴民的要求，但因為有必要應允他們的要求以避免革命，必須由其他人來作出讓步。女王接著任命約翰‧拉塞爾勳爵擔任首相，並命令他組成一個新內閣，給科布登一個職位。拉塞爾勳爵花了四天時間，試圖解決這個問題，並企圖用陳詞濫調和空洞的承諾安撫百姓。科布登拒絕擔任任何職務，並告訴拉塞爾勳爵，他寧願繼續做一個外部擁護者幫助王室。

　　每個政府最終都是「民有」、「民治」的，但是否「民享」則要看人民是否覺醒。此時英國並不關心更換統治者這樣激烈的事情；公民想要的只是那些當權者從他們的位置做出退讓，使需要的人能被救濟。女王重新考慮了羅伯特‧皮爾的辭呈，拒絕接受辭呈，很快又由他掌控局面。下議院召開了特別會議，《穀物法》被廢除。上議院也通過了此決議。貴族們被完全擊潰了，而科布登，這位「烏黑的製造商」，贏得了勝利。

　　奇怪的是，緊跟而來的不是恐慌，自耕民並沒有破產。麵包原料流入國內，製造業的人口待遇有所提高，費用要比以前更少，有更多的錢可花。緊跟而來的是普遍的繁榮景象，貴族階層曾威脅說，如果廢除《穀物法》就放棄地產，現在他們只是把房租提高了一點點，賭注加大了一

點點。

　　羅伯特‧皮爾爵士公開承認，他受恩於科布登，而當年曾和科布登鬥得你死我活的帕默斯頓勳爵也同樣這麼做，他解釋說：「一個新的時代已經到來，英國現在是一個製造業國家，廢除《穀物法》是值得的。」儘管他原本有可能說的是：：「在這個新時代到來之前實行自由貿易，將會是一個大災難。」已經募集到的一大筆資金，並沒有用於宣傳活動。而通過大眾的認可之後，決定將它送給科布登個人，作為感謝禮。當這一建議被提出之時，新的捐款也加入，最後總金額達八萬英鎊。科布登的生意已經荒廢了。在為了國家利益而奮鬥之時，他自己的財富已經不翼而飛。他宣布從政治退出、專心做貿易的打算，也許，正是這一點使他改變了局勢。對於是否接受這個禮物，他很猶豫，這筆錢總值將近 50 萬美元，最後他做出了讓步，因為只能接受這筆禮物，他才能自由地為國家服務，因此他滿足了朋友們的願望。幾年之後，帕默斯頓給他提供了從男爵的爵位以及內閣的一個職位，但他依然寧願成為一個外部擁護者幫助政府。

　　英國最強勁、最清醒的當代政治家約翰‧莫利曾說：

　　科布登對於人類的可完善性有著非常堅毅的信念。他的原則是不干預的原則；強大的人也可能會變得寬容。如果沒有太多的干預，人類會持續不斷地朝這個方向前進。透過他的影響，在教育年輕人的時候，壓抑的陰影被驅走；精神不健全的人前所未有地被悉心照顧；需要我們的溫情和耐心的罪犯被當作兄弟對待；暴力與高壓那種歷史悠久、業已失效的進程已經停頓下來，理智的節制與啟迪出現在地平線上。他提升、淨化了商業界，他接觸到的每一樣東西都因此受益良多。他於 61 歲英年早逝。這對英國來說是個災難，因為我們迫切需要他那慷慨、和善、從不動怒的精神

的幫助。他的一生是意義非凡的一生。然而，他代表的那些完美、崇高的
真理，必須經過多年之後才能完全實現。

第五章
湯瑪斯・潘恩

　　湯瑪斯・潘恩（Thomas Paine，1737 年～ 1809 年），英裔美國思想家、作家、政治活動家、理論家、革命家、激進民主主義者。他寫了小冊子《常識》（1776 年），為美國從英國手中爭得獨立而辯論。在英國他出版了《人的權利》（1791 ～ 1792），對法國革命進行捍衛。潘恩是激進的民主主義和自然神論者，他以「世界公民」理念宣傳建立「世界共和國」，他也是公共教育、最低薪資限額的提出者之一。在潘恩思想體系中，國王與貴族不存在了，人與人之間是平等的。潘恩所著的《常識》極大地鼓舞了美國獨立的士氣，他的一些其他作品幫助了法國、英國的民主事業。

此時此刻，正是考驗人的靈魂的時候。那些歲寒不經霜的士兵和陽光明媚時候才有的愛國者們，在這場危機中自然會把為國效力視若畏途；而那些在這時候挺身而出的人，才值得男女老少的敬愛和感激。暴政如同地獄一樣，是不會被輕易征服的；然而我們有一點聊以自慰，那就是戰鬥愈是艱苦，勝利就愈是輝煌。獲得愈廉價的東西，我們也就愈輕視，恰恰是昂貴才賦予每一件事物以價值。上天知道怎樣給予它的造物以適當的價格，而像自由這樣一件無與倫比的物品，倘若不能被很高地定價，那才真是叫離奇古怪呢！

—— 湯瑪斯・潘恩

湯瑪斯・潘恩是一位英國機械師，擁有教友派教徒血統，出生於 1737 年。他創作了四本給人類帶來深遠影響的書。這四本書是：《常識》、《理性時代》、《美國危機》和《人的權利》。

1774 年，時年 37 歲的他來到美國，帶著班傑明・富蘭克林簽名的介紹信。

到了費城之後，他很快就找到了一份工作：在《賓夕法尼亞雜誌》做編輯。

1775 年，在《賓夕法尼亞雜誌》上，他公開主張、預言美國殖民地將很快從英國獨立出來。此外，他宣稱對奴隸制度深惡痛絕，這為他的名聲投上一道暗紫色的陰影。

他的寫作從一開始就贏得了高度的關注，在費城的傑出公民班傑明・拉什醫生的建議下，跨時一年、有關人權的零散社論和短文被收集、濃縮、修改之後，成了一本書。

這本「小冊子」，一本紙面裝訂的書，書名為《常識》。

在法國，約翰‧亞當斯被指責寫了《常識》。他矢口否認，不過有一些更明顯的跡象顯示，他願意為這本書提供支援。

在英國，富蘭克林被指控為這本書的作者，他既未否認，也未承認。但是，一位女士責備他用了一個精妙的片語形容國王，稱國王為「英國王室畜生」，對此，他微笑著用和藹的語氣說道：「夫人，我從來不會對這樣一個畜生失禮的。」

《常識》為大眾的情感定下了基調，而各方勢力強加於它身上的「叛逆」罪名，只發揮了幫它廣告宣傳的作用。它為普通人提供了理智，給政治家提供了論點。賓夕法尼亞州的立法機構投票獎給了潘恩五百英鎊的酬金，賓夕法尼亞大學授予他「文學碩士」的學位，以褒獎他為文學和人權所作出的突出貢獻。約翰‧昆西‧亞當斯說：「潘恩的小冊子《常識》使大眾的看法更為明晰，是引起美國獨立戰爭的第一要素。」

希歐多爾‧派克神父曾說：「1776 年，美國每一個在世的人，只要識字，都讀了湯瑪斯‧潘恩的《常識》。如果是親英分子，他會讀這本書，至少會讀一部分內容，目的只是想親自看看這本書是多麼地大逆不道；如果是支持反英抗爭的人，他會完整地讀一遍，目的是尋找自己支援反英的理由。這本書對於那些想得到精神武器的人來說，是一個軍火庫。」

由於《常識》是匿名發表的，而且沒有版權，分發的成本很低，潘恩從未因為此書獲得什麼收益，除了立法機構投票獎給他的二千五百元酬金之外。

獨立戰爭爆發時，潘恩以列兵的身份報名參軍，不過很快就成為格林將軍的副官。他是個勇敢無畏、戰功卓越的軍人，積極投身於各種戰鬥之中。

　　1776 年 12 月，他發表了第二本書《美國危機》，其開篇詞已經成為人們演講的固定用語之一，「此時此刻，正是考驗人的靈魂的時候」。《危機》用詞的目的是給情緒低落的戰士注入勇氣。華盛頓將軍下令在每支部隊面前朗讀這本書，命令順利被執行。

　　1781 年，潘恩被派到法國，和勞倫斯[049]上校商談一筆借款的事宜。這一任務成功地完成了，潘恩結識了一些有影響力的人，後來又重續友情。他組建了北美銀行，籌集款項給軍隊提供食品和衣服，並為殖民地做了各式各樣、內容各異的工作。

　　1791 年，他出版了第三本書《人的權利》，湯瑪斯・傑佛遜為他寫了一篇充滿褒揚之詞的序言。這本書立即在美國和英國廣泛傳閱。在這本書獲得認可的同時，作者被英國政府指控犯有「煽動騷亂罪」。於是定下了一個審判日，但到了判絞刑的時候，由於潘恩未到場，也找不到潘恩，潘恩被宣布為逃犯，並被「永久驅逐出境」。

　　他成了法國議會「國民議會」的議員，因為投票反對判處國王死刑而被人懷疑，之後被投入大牢，被關押了一年差幾星期的時間。美國駐法國大使詹姆斯・門羅救了他的命，他成為門羅的家庭成員生活了 18 個月的時間。

　　1794 年，在法國的潘恩出版了第四本書《理性時代》，它同時在英國、美國和法國出版。

　　1802 年，時任美國總統的湯瑪斯・傑佛遜，為潘恩提供了前往美國的管道，讓他登上了美國戰艦「馬里蘭號」，以免他被英國人抓捕。而英國人一直在不斷監視他，企圖逮捕他，把他看成是美國「叛亂」的首要煽動

---

[049]　1724 ～ 1792 年，美國獨立革命的領導人。他曾是大陸會議的主席。

者。到了美國之後，潘恩連續數月成為總統蒙蒂塞洛住宅的貴客。巴爾的摩、華盛頓、費城和紐約的崇拜者們設宴招待，向他表示敬意，他為人類作出的貢獻及他的多才多藝獲得人們的認可和感謝。紐約政府送給他離紐約 18 英里遠的新羅謝爾的一個農莊，「作為其為聯邦所做的崇高工作的表示」。他在那裡安逸地生活、寫作並做著農活。

1809 年，72 歲的他平靜地離開人世，遺體安葬在他的農莊，離他居住的房子很近。他沒有進行基督教的葬禮，只有一方墓碑。不過和贊格威爾 [050] 不同的是，他有教名。潘恩去世九年之後，著名的英國改革家威廉·古伯特，被美國在追憶潘恩時強加的汙名所激怒。他把潘恩的墳墓打開，這位寫作《獨立宣言》初稿的人的遺骨被遷往英國，並在離他出生地不遠的地方安葬。死亡使這位塞特福紡織工的舌頭與筆都歸於沉寂，英國政府也沒有進行任何激烈的干預。就這樣，這位死者沉睡之處，是他生前被阻攔、禁止進入的地方。這裡還豎立了一塊簡陋的紀念碑標示這個地方。上面寫著這些話：「世界是我的國家，人類是我的朋友，做善事是我的宗教。」

1839 年，潘恩的熱愛者和崇拜者在紐約新羅謝爾也豎立了一塊紀念碑，地點就在潘恩遺體首次安葬的空墳處。只有一個地方聲稱是他的出生地，但現在三個國家為了他遺體的安葬而爭論不休，因為恰好法國也發起一個聲勢浩大的運動，要求將湯瑪斯·潘恩的遺骨從英國遷到法國，安葬在先賢祠，緊挨著伏爾泰、盧梭和維克多·雨果的墳墓，它是無數為了自由事業而奉獻生命的卓越先人們的休眠地。他的遺骨沒有遷移到巴黎的原因是，塞特福的墳墓裡安放的也是一個空棺，和新羅謝爾一樣。有謠言

---

[050] 1864 ～ 1926 年，英國劇作家和猶太復國主義者。其作品包括小說《猶太區的兒童》和劇本《熔爐》，反映猶太移民的生活。

說，潘恩的頭骨安放在倫敦某博物館，如果真是這樣，這個創作了《理性時代》的頭顱已經難以辨認了。一切尚未結束！

潘恩的天才是一枝緩慢綻放的花朵。但生活是一個按序發生的故事，從事偉大事業的人一直在為之進行培訓。沒有什麼像「保持狀態」更為特別，不知道什麼時候被召喚。有所準備的人不需要尋找位置，位置在尋找他們。潘恩不知道自己是為了什麼做準備，就像班傑明・富蘭克林一樣，20 歲的時候他學習了法語，全身投入到歷史之中。

潘恩出身寒門，祖先為教友派信徒，這些都是對他職業非常有益的因素。只有品嘗過艱辛的勞動者才會同情深受苛捐雜稅盤剝、受盡欺詐壓迫的人們。而教友派的血統使他在出生前就有了叛逆的傾向。潘恩上學時間很短，不過他的父母雖然貧窮，卻是懂得思考的人，因為沒有什麼東西像迫害這樣，能夠使人們的智慧更敏銳，防止大腦思維狀況惡化。從這方面來講，猶太人和教友派信徒有福氣、有運氣，讓我們祝賀他們！潘恩自早年就養成了學習的習慣。對於養成了學習習慣的年輕人來說，老師們不需灑下任何淚水。在咖啡館裡有辯論俱樂部，偉大的主題在這裡討論。年輕的紡織工從為教友派辯護中開始了自己的職業生涯。他在當地享有相當高的聲譽，被認為是一個對於詞語根基有想法的紡織工。有時他會占領有異議的教堂的講壇。

當時是英國偉大的時代 —— 空氣中跳動著思想與情感。一股巨大的動盪浪潮橫掃這片土地。這是一個發展的時代，在歷史上僅次於義大利的文藝復興。兩位衛斯理[051] 正在攻擊教會，呼籲人們生活井井有條，消滅愚蠢；吉本正在寫他的《羅馬帝國衰亡史》；伯克正在下議院修飾他的愛爾蘭語；波斯維爾正忙於創作一本關於某個人的書；兩位皮特和查理斯・福

---

[051]　指前文所指的約翰・衛斯理和查理斯・衛斯理兄弟。

克斯正在向國王提出不怎麼被接受的建議；賀瑞斯·沃爾浦爾正在草莓山安放他的私人印刷機；赫歇耳兄妹正在滿天上尋找彗星；雷諾、韋斯特、勞倫斯、羅姆尼和根茲伯羅正在建立第一家英國藝術學校；而英格蘭人大衛·休謨正在提出不可辯駁的論點。正是在這種沸騰的不滿中迎來了湯瑪斯·潘恩，這位紡織工讀書、學習、思考、討論，除了自己的名聲外沒有什麼可失去的。他 27 歲的時候，在倫敦的一個咖啡館裡遇到了班傑明·富蘭克林。潘恩從富蘭克林那裡獲得了第一次真正的精神激勵。兩人都是勞動者。潘恩整個晚上都在聽富蘭克林講話，然後說道：「我至少可以在某一方面像他那樣。」潘恩認為，富蘭克林是他那時代最偉大的人，這個看法是他的所有看法中，唯一現在仍被這個世界完全接受的。

24 歲的時候，他以一名普通的紡織工身分被雇主叫到辦公室，幫助整理帳目。他試過開店，但效益一般。然後他似乎被稅務委員會僱用做類似的工作。最後他在委員會獲得一個職位。這個職位他本來可以一直做下去，而且還會有提升的機會，因為他有著當職員的天賦，這會使他的工作非常有價值。但是，還有另外一個主題讓他感興趣，和幫政府收稅一樣使他入迷，這就是稅收原理。對湯瑪斯·潘恩來說，他在做一件蠢事，一個收稅員應當收稅，而不應關注這項工作是否公正，更不應關注這些錢的歸宿。

潘恩注意到，英國向猶太人徵稅，但猶太人未被允許參加選舉，因為他們不是「基督徒」，猶太人被假定在智力上或是道德不像「教會」成員那樣適合參與討論國家大事。1771 年，他在寫給當地報紙的一封信中，用了「沒有代表權的不公正稅收」這個詞形容英國對教友派信徒的處理。大約同時，他呼籲人們注意這一事實：基督教是以猶太教為基礎建立的，而國教的著名創立者是一個猶太人，他的母親也是個猶太人，剝奪猶太人完

整的公民權利，只是因為他們不像其他人一樣對耶穌抱著同樣的看法，這樣做顛覆了人的自然權利。「人的自然權利」這個詞語激怒了塞特福的一些教士，他們回答說，人沒有自然權利，他擁有的所有權利都是王室賦予的。接著在咖啡館進行了一場辯論，隨後潘恩的稅務委員會的上級官員責備他，命令他立即停止所有的政治和宗教的論戰，否則就要處罰他。

　　潘恩感覺到被責備的刺痛，他認為這是不公正的，因為事實上從未有人懷疑過他為政府所做的出色工作。因此他在一個異議教堂發表了一個演講，對此情況進行解釋。但是解釋從來都無法解決問題，他宣稱自己的誠實工作從未有人懷疑過，但他的觀點很快就被推翻了，因為第二周他就被指控犯有走私罪。他的姓名被從官方的薪金名冊上刪除，直到對他的案件進行審判為止，稍後他被緊急解除職務。對他的指控並沒有深挖下去，他們只是不想要他了，首席稅務官發表聲明說，為政府工作的人不應當批評政府，不管怎樣，這非常有邏輯性。不過潘恩爭辯說，所有政府都是為被統治者而存在的，必須獲得被統治者的同意，所有的好公民有義務對自己的政府感興趣，如果可能的話，要說明如何加強政府、改進政府。

　　由此可以看出，潘恩正在製造理由，他那活動的大腦在工作之中，他那敏感的靈魂在個人遭到不公正待遇的感覺之下而扭動。

　　一位批評他的教士說，如果湯瑪斯‧潘恩想宣揚並煽動，在英國外面有足夠的空間這樣做。潘恩聽從了他的建議，直接找到富蘭克林，向他諮詢有關去美國的問題。

　　潘恩表達的每一個觀點，富蘭克林都贊同，而且想得更周密細緻。富蘭克林比潘恩大 31 歲，時間已經緩和他的狂熱，除此之外，他的舌頭總是受到很好的控制。當他表達「異端邪說」時，他用微笑進行調和，再摻

和一些風趣，把其中的苦澀去掉。但潘恩不同，他是個充滿熱誠的人，稍微有一點缺乏幽默，缺乏做一名外交家所需的脂肪。

富蘭克林的介紹信說明，他是多麼讚賞這個人，對他如此充滿信任，現在大家都相信，富蘭克林預先借了錢給他，這樣他才能來到美國。

威廉‧古伯特說：

葛蘭威爾爵士已經推薦了艾德蒙‧伯克的名字。我的爵爺，請允許我引薦另外一個人的名字，他會使這個伯克汗顏，會把伯克趕離公共舞臺，躲到領取養老金的名單中藏身，每當這個只能領取養老金的伯克的名字提到一次，那個人的名字就要提到五千萬次。美國殖民地的起因就是英國憲法的起因，未經人們的同意，不應向他們徵稅。一個小小的起因有時會產生巨大的效果；侮辱一個有著強大的天賦和不可征服的毅力的人，在許多情況下都終究會產生驚人的效果。據我看來，潘恩先生在英國稅收委員會期間遭受的侮辱，是美國獨立戰爭的真正起因；儘管美國獨立戰爭起因的性質是我剛剛描述的那樣，儘管這些原則在這個國家的人們心中非常堅決，但仍然是潘恩先生，只有潘恩先生，把這些原則帶進了行動。

潘恩在獨立戰爭中扮演的角色非常可敬、光榮。在福吉谷，他和士兵們一起扛著步槍，夜間穿過敵人的營區傳送訊息，為華盛頓撤退的部隊充當後衛，幫助在黎明時分占領塔倫頓，以各種方式證明了他的勇氣。他作過職員、祕書、會計和金融家，樣樣都做得非常出色。

當然，像通常一樣，那些壓力過大、操勞過度的人會出現一些和諧中的不和諧。這樣，神經緊張可能不時地以刻薄尖酸的形式得到發洩。但是在英國最終認輸之前的漫長、艱辛的九年間，潘恩遭受的辛辣責備，從來都沒有華盛頓和傑佛遜遭到的責備多。甚至富蘭克林也同樣遭到責怪，有人揭發，

他在歐洲花了整整十萬英鎊，沒有解釋拿這筆錢做了什麼。當被要求對這筆「政治運動金」作出解釋時，富蘭克林簡單地寫道：「你不應為走在玉米地的牛套上口套。」在湯瑪斯‧潘恩的建議下，這個問題被正式擱置。

潘恩是一個作家，是美國的第一個作家，我很羞愧，我不得不承認，我們是從英國得到他的。他是第一個使用這些詞語的人：「美國」、「美利堅合眾國」。潘恩是第一個有著文學風格的美國作家，這樣的作家我們用一隻手的手指都能數清楚。請注意這個例句：「財富有且只有兩種自然資源：土地和海洋。在我們所處的狀況下，只要失去其中任何一項資源的權利，就意味著會把另外一項廉價出售。」

以下是潘恩的筆下對美國進行的小小頌揚，一些新興城鎮的新興居民們也許可以使用它們：

美國已經成長茁壯，超過了嬰兒時期。它的實力和商業已經向成年階段大步邁進；科學的各個分支都不僅在綻開花朵，而且在這塊土壤上成熟結果。昨日的農舍已經變成了村莊，而村莊變成了城市；那些驕傲的古董，就像衣衫襤褸的骷髏，在其他國家的大街上遊行。他們的天才，似乎已對這個幻象厭惡、作嘔，來到這裡慢慢康復。美國繼承了它首次引進的美德的大部分內容。衰退在這是幾乎一個派不上用場的詞。那些對於歐洲非常熟悉的人，會忍不住相信，甚至大西洋的空氣也不贊同國外惡習的構造；如果它們越洋過海之後還倖存下來，要不一到目的地就壽終正寢，要不就苟延殘喘，不可救藥地慢慢耗死。這是一件好事，美國的氣候中有一樣東西使它們失去了能量，既不能感染別人，也不能吸引別人。

安逸、流暢、優雅、機智、活力、認真，這就是他工作的特徵。難怪富蘭克林說道：「其他人能統治，許多人能戰鬥，但只有潘恩能為我們用

英語寫作。」傑佛遜自己是一個偉大的作家，他多年以來一直把手稿寄給潘恩，請他提出批評、進行修改。在寫給潘恩的一封信中，傑弗遜在附言中寫道：「我告訴你一件事，我相信你是美國唯一比你的感激、順從的僕人湯瑪斯‧傑佛遜寫得更好的作家，聽到這個你一定不要太得意了。」

1787 年，潘恩在波登頓鎮過著寧靜的生活。戰爭已經結束，最後一名敵對的英國人已經離開了，國家已經覺醒，走向繁榮。潘恩騎著他那匹精神抖擻的老戰馬「紐扣」，來來回回地往返費城，經常停下來，坐在路邊寫下自己的某個想法，而那匹熟知火藥氣味的老馬則安靜地吃著草。班傑明‧富蘭克林成功地成為一名發明家，這點燃了潘恩的內心之火。他修改了一個設計，利用火藥的小小的爆炸來發動引擎，這樣在將近一百年前預告了我們的煤氣和汽油引擎的誕生。他還計劃建造一座跨越斯古吉爾河 [052] 的大橋。

資本家們願意建造這座大橋，條件是潘恩能找到法國工程師支持他的計畫，他們是當時世界上最偉大的工程師。於是他乘船前往法國，打算也去拜訪在英國的父母，指示和他住在一起的朋友照顧他的老馬、他的房間、他的書和所有文章，因為他在不到一年的時間內就會回來。他 50 歲了。自從離開英國已經過去 13 年了，他覺得自己移居到新的土地並沒有白費努力。英國實際上已經流放了他，但他的出生地依然在呼喚著他，無形的情絲在拉扯著他的心。他必須再一次見到英國，哪怕是一次短暫的訪問，然後回到美國，這塊他熱愛的、在他的幫助下獲得自由的土地。

但是命運設計好了，要再過十五年他才能再次見到他熱愛的「美利堅合眾國」。

---

[052]　美國賓夕法尼亞東南部一河流，流程約 209 公里（130 英里），大致向東南注入費城的德拉瓦河。

到了法國之後，潘恩受到人們的尊敬。到處彌漫著政治動盪的氣氛，引起 1789 年大爆炸的引信已經點燃了。然而，潘恩對此知之甚少。

他遇到了同是共濟會[053]會員的丹東，還有其他幾位激進人士。《常識》和《美國危機》已經被翻譯為法文，已經印刷、公開發行，由於潘恩在引發美國獨立戰爭、幫助它走向成功產生了很大的作用，他們諮詢了他的意見和建議。在法國待了短短幾周之後，潘恩獲得了法國科學院對他建大橋的支持，他前往英國，準備乘船返回美國。

到了英國之後，潘恩發現父親剛剛不久前去世。母親還活著，已經 91 歲了，身體還硬朗。母子見面，充滿了溫馨的回憶。母親不能完全跟上這位天才兒子的推理，但完全贊同他增進人權的努力。教友派信徒贊同和平，但仍然是革命者，因為他們的策略是抗議的策略。

潘恩拜訪了塞特福那座沉默地豎立的、古老的教友派教堂，寫下了以下內容：

大自然的情感不能被忽視，我們在考慮戰爭的災難及其施加給人類的痛苦，考慮成千上萬男女老少因戰爭淪為犧牲品之時，在人們的心中，一定有某樣呼籲他們進行思考的東西！一定會有一些溫柔的和音，在造物主親手調諧之下，努力地讓人們的靈魂聽到悲傷、同情的音符。那麼就讓人們聽到這些音符吧，讓人們學會感受，一個國家的真正偉大是以人的原則為基礎建立的，而不是以征服建立的。戰爭在其過程中牽涉到一連串的不可預知、不可猜測的情況，包涵了許多外交事務，人類的智慧並不能估算出結局。只有一項內容是可以肯定的，那就是增加稅款。我為了窮人的利益而抗爭，為了製造商，為了貿易商，為了農夫，為了所有真正承受稅負

---

[053]　共濟會是有祕密儀式標記的國際互助慈善組織。

的人而抗爭。而最重要的是，我為了婦女兒童的利益而抗爭，為了全人類的利益而抗爭。

艾德蒙·伯克聽說潘恩到了英國之後，派人請他到家裡來。潘恩接受了邀請，伯克毫無疑問獲得了一些有趣的一手歷史篇章。「這和會見華盛頓同樣重要，也許還要更重要，因為潘恩比他的領袖更像一名哲學家。」伯克寫信給大皮特說。

潘恩發現，政治動盪不僅僅存在於法國，英國也在一種進化的過程中，正在作出一些痛苦的努力，以使自己適應時間的變更。潘恩還記得英國以前的情況，那時婦女和兒童因為侵入他人領土被絞死，患精神病的人被公開鞭打，而如果公開表示對《聖經》的懷疑，則意味著流放或是割掉你的耳朵。

現在他發現，舊的習慣已經改變，貴族正在向人民的意志低頭。他想到，如果英國的許多人獲得教育，而王室最近由於美國殖民地而受到責備，可以往前邁出一大步。英國人正在談論他們的權利。人的自然權利是什麼？他開始寫下他對於這一主題的看法。這些看法很快形成了篇章。這些篇章又很快變成了一本書，他希望這本書能以和平的方式為英國做點什麼，就像《常識》為美國做的事一樣。這本書，《人的權利》，創作的時間和瑪麗·沃斯通克拉夫特創作《女權辯護》的時間正好相同。

在倫敦的時候，潘恩在出版商湯瑪斯·里克曼的房子安家。里克曼對於這位愛國者的生活進行了密切的觀察，除了別的情況之外，還告訴我們，潘恩有五英尺十英寸高，有著運動員的體格，很喜歡長時間地散步。前來里克曼的房子拜訪潘恩的有：普裡斯特利醫生、霍恩·圖克、羅姆尼、愛德華——菲茨傑拉德爵士、波特蘭公爵和瑪麗·沃斯通克拉夫特。很可

能沃斯通克拉夫特夫人在設計自己風格的時候，給潘恩讀了一些她書中的段落，因為在他的書中有許多和她的書相似的地方，不僅在思想方面，還有在實際的遣詞用句方面。究竟是他從她那裡吸收了想法，還是她從他那裡獲取了靈感，這只能留給更高水準的評論家來判斷。可以肯定的是，他們志同道合，沃斯通克拉夫特也特意讀過《常識》和《人的權利》。

一位本土出生的英國人，漂洋過海來到英國殖民地，反叛英國的統治，之後回到英國，並能逃避責難，這樣的事情真是太難預料了。潘恩在一些上層社會圈深受歡迎，吸引了大家的注意。而非常崇拜潘恩的天才的皮特，在提到潘恩在英國的逗留時，用了「粗野無禮」這個詞。

英國是世界上最自由的國家。它的規則是，允許它的演講家們解除對自己無知的限制，在對著空氣發洩牢騷時找到安慰。在海德公園，每個星期天都能聽到人們表達同樣的被壓制的情感，和芝加哥對於乾草市場屠殺表達的情感完全一樣。牢騷只要表達出來了，心情就好了一半，但當時英國並不是這樣想的。這個變化是經過 30 年的抗爭才產生的，而潘恩促成了這個變化的產生。

英國在處理潘恩方面非常特別。潘恩是正確的，但同時他是有罪的，就像希歐多爾·派克和老約翰·布朗一起被維吉尼亞州政府控告一樣。

《人的權利》從一開始就賣得很好，一年內賣出了五萬冊。

不像他的其他書，這本書給潘恩帶來了經濟上的收益。緊跟著是報紙上的論戰，而伯克身為一名激進人士，發現自己不能按照潘恩邏輯上的引導，跟隨他走那麼遠。

在攻陷巴士底監獄那個難忘的日子，潘恩在巴黎訪問。傑佛遜和亞當斯已經離開法國，潘恩被認為是美國最權威的代表；事實上他在代表華盛

頓跟法國做生意。拉斐德[054]在歡欣鼓舞下，還把巴士底監獄的鑰匙交給潘恩，讓他送給華盛頓，每一個美國的學童都知道，這個著名的鑰匙現在可憐巴巴地掛在弗農山農場[055]受到密切警戒的木釘上。拉斐德認為，沒有美國的榜樣，法國永遠也找不到拋棄國王統治的力量，因此美國必須擁有將那扇令人憎惡的鉸鏈永遠卸下的鑰匙。

「對我來說，」拉斐德說道，「沒有湯瑪斯‧潘恩的美國是不可想像的。」這些話傳到了英國，對於潘恩沒有什麼特別的好處。但英國現在使潘恩可以謀生，他創作的作品有一定的市場，熱愛他的朋友和憎惡他的敵人都在給他打廣告。

潘恩在法國有許多崇拜者，從某種程度上講，他在那裡要比在英國更感覺自在。他能說法語、寫法語。然而，沒有誰能夠用不止一種語言很好地寫作，儘管他可能聰明地說幾種語言；而使用外語進行演講的人永遠達不到流利的程度。「自由在哪裡，我的家就在哪裡。」富蘭克林這樣說道。而潘恩回答說：「自由不在哪裡，我的家就在哪裡。」報紙的攻擊使潘恩明白，他並沒有把他所有的觀點說明白，就像所有可敬的演講家一樣，他考慮了所有打算說的要點，但為時已晚，想到他本來可以說出所有那些偉大的內容，但沒有說出來，他的心感到刺痛。

因此他立即開始準備《人的權利》的第二篇。這本書以廉價的形式印刷出版，和《常識》相似，並開始被勞動者廣泛閱讀。

「哲學沒有什麼問題，」皮特說道，「但應該教給有哲學頭腦的人。如果這個事情保持下去，倫敦將重演巴黎的場景。」

---

[054] 1757 ～ 1834 年，法國戰士和政治家，他曾在美國獨立戰爭期間擔任喬治‧華盛頓參謀。他還參加了法國 1789 年大革命和 1830 年的革命。

[055] 美國維吉尼亞州東北部的一處房產，位於臨近華盛頓特區的波托馬克河上。喬治‧華盛頓從1752 年到 1799 年去世一直居住在此。

許多英國人都有同樣的看法。官方的命令下達了，所有可以找到的潘恩的書都被沒收，並由官方執行人公開放火燒毀。在許多城市，潘恩的畫像被燒，他被指控為引發法國大革命的人之一。需要說明的事實是，他是在喬治三世 [056] 的幫助下引發美國獨立戰爭的人。英國和殖民地達成的和平協議特赦了潘恩和反叛的同事們，但他的行為並不能被遺忘，即使他們從名義上講已經被原諒了。這本新書點燃的火把真的是太厲害了，而作者的文學風格獲得了首相間接的恭維 —— 用來燒毀的書！

三個法國省份提名他為國民議會的代表。他接受了加萊的請求，成為該省的代表。

他認識丹東、米拉波、馬拉和羅伯斯庇爾。丹東和羅伯斯庇爾尊重他，經常諮詢他的意見。米拉波和馬拉則反過來，懷疑他，害怕他。這是個狂熱的時代，潘恩是一個內心激進的人，卻在這裡被認為是一個保守的人。在美國的時候，敵人站立出來，可以數得清楚：陣營非常清楚、明確。但在這裡，危險卻深藏在法國人自己的內心。

潘恩認為，我們必須征服我們自己的靈魂，在自由新生的情況下，不應模仿王室的殘忍和嚴厲對待我們要抗爭的東西。「我們要殺死國王這個制度，但不是要殺死這個人本身。」這就是他的原話。但是，儘管他用盡了技巧和邏輯，卻依然不能讓他的同事們明白，廢棄國王這個制度，而不是殺死這個當國王的人，這才是大家追求的目標。

就這樣，曾經幫助美國殖民地獲得解放的路易十六走上了斷頭臺，而他的敵人丹東稍後面臨同樣的命運；米拉波，那位鼓吹者，在床上平靜地去世；羅伯斯庇爾簽署了潘恩的死刑執行書，「為了挽救他自己的頭顱」，

---

[056] 1738 ～ 1820 年，是英國及愛爾蘭的國王，英國漢諾威王朝的第三任君主。

卻以他預留給潘恩的死亡形式死去；馬拉，「可怕的矮子」，可怕的誠實，可怕的真誠，對潘恩既嫉妒又害怕，暗示說潘恩是英國的祕密間諜，他被一個婦女刺死。

在這片喧囂中，逃跑是不可能，也是不可行的，湯瑪斯‧潘恩寫下了《理性時代》的第一部分。

第二部分是在盧森堡監獄裡寫下的，在斷頭臺陰影的籠罩之下。但生活本身就是一種死刑宣判，只不過無限的緩刑。對潘恩來說，監獄並不完全是陰森恐怖的。

監獄看守貝努瓦是一位好心腸的人，把他那些不情願到來的客人當作孩子一樣款待。當他們離開此地，走向自由或是走向死亡時，他親吻他們，給每人一個小小的戒指，上面只刻著一個詞語「瞭望塔」。但是，最後貝努瓦自己也被帶走，再也沒有人親吻他的臉頰，沒有人給他一個戒指，並快樂地喊道：「祝你好運，公民同志！下次再見！」

湯瑪斯‧潘恩的崇拜者們經常說，他的名字受到了許多辱罵和不公平的對待，而新聞界、講道壇及那些宣傳熱愛生活、溫順、謙遜的人，對他的生平搪塞其詞。但我們應該記住，所有這些誹謗是平庸之輩向天才表示的真正頌揚。為了逃避責難，人們只能和暴民們一起動，一起想，不做暴民們不做的事，這樣你就安全了。世界上的救世主們通常混在小偷、被鄙視者、被遺棄者、被唾棄者、被拒絕者當中，然後被釘死在十字架上。在他們的一生中，很少有一個地方能讓他們安全地放下自己疲憊的頭顱，而在臨死前，他們的身體不是被藏在某個人的墳墓裡，就是遭受活人無法忍受的侮辱：被五馬分屍、挖掉眼睛、砍掉頭顱、砍掉胳膊、被焚燒、骨灰被散落或沉在大海裡。

　　奇怪的是，做出這些不人道的事的人，都是些所謂的好人、社會的頂梁柱、受人尊敬的那部分人，我們很高興地稱之為「我們的第一公民們」，而他們是在恰好當權的教會的煽動下做這些事的。蘇格拉底被毒死；阿里斯提德被流放；亞里斯多德為了逃命而奔走；耶穌被釘死在十字架上；保羅被砍頭；彼得被釘死在十字架上，頭往下垂；薩佛納羅拉被處死；斯賓諾莎被追捕、跟蹤、被詛咒，所有人被下令不能跟他說話，不能提供食物或是住處給他；希魯諾被燒死；伽利略被投入監獄；胡斯、衛克利夫、雷帝默和廷德爾被用於點火。所有這些都是以機構式的宗教的名義進行的，它引發的痛苦、心痛、流血、戰爭比任何其他動機引發的都多。利奧・托爾斯泰曾說：「愛、真理、憐憫、服務、同情、溫情存於人們的內心之中，是宗教的本質。但是，如果企圖把這些東西包涵在某種機構之中，你就得到了一種教會，而教會代表著，一直以來都代表著，威壓、偏狹、不公正和殘忍。」

　　沒有哪個人會提高聲音或是舉起筆來批評愛、真理、憐憫、服務、同情和溫情。而如果有人這樣做了，你覺得愛、真理、憐憫、服務、同情和溫情會覺得有必要使用槍把、鏈鎖、拇指夾和火把追逐他嗎？

　　你無法想像這樣做。

　　那麼是什麼要追逐那些批評主流宗教、說明它需要改進的地方的那些人呢？噢，是仇恨、惡意、報復、嫉妒、不公正、偏狹、殘忍和恐懼。

　　如今教會沒有以三百年前同樣的殘忍對待它的批評者們，只是因為它沒有這個權力。使某一種美麗的感受具體化，僱用一個人進行宣揚及辯護，然後購買財產，建造昂貴的大廈以便更好地宣揚這種美麗的感受，如果宣揚這種美麗感受的紳士受到批評，他會進行戰鬥，如果能夠的話，他

會壓制批評者。他和批評者進行戰鬥的原因,不是因為他認為這種美麗的感受會遭受損害,而是因為他擔心失去他的地位,伴隨地位的還有安逸、榮耀、食物、牧師公館還有教堂,所有這些都是免稅的。

只要被僱用來辯護、宣揚這種美麗的感受的人對他地位的永久性感到擔心,一聽到某位批評者的名字就破口大罵,那麼這種美麗的感受就已蒸發到窗戶之外去了,只以一個名字的形式永久地留在那個地方。教會永遠是所有美麗感受的威脅,因為它是一種經濟性機構,而且是階層、頭銜和榮耀的散發者。

對於任何威脅剝奪它的權利的事物,它一定要反對、迫害,如果它有能力的話。那些停止做有用的工作,使自己投身於宗教的人,和停止自己的工作、把愛當成事業的婦女屬於同一類型。了解歷史和人類、有著理智、開放頭腦的人,他們對於潘恩在那個國家遭受到的待遇毫不驚奇,而正是潘恩,使這個國家受益匪淺。迷信和幻覺真是同一件東西,而狂熱是一種精神上的著魔,很容易變得嚴重,而眩暈的狂人們只要一見到與自己宗教觀點不同的人,就變得殺氣騰騰。

潘恩很容易就脫身了;他的一生沒有白活,直到生命的最後一刻,還是在自由地表達自己的思想。發現新大陸的人注定要死於囚禁之中。這是他們享受不斷航行、永遠航行的特權的代價。

潘恩說道:

人的道德義務在於模仿上帝在道德上的仁慈和善行,它們展現在上帝創造萬事萬物的行為之中。我們每天的所作所為都要看到上帝對待所有人的善行,這樣一個榜樣將呼籲所有人相互之間實踐善行。最終的結果是,人與人之間的所有迫害與報復,所有對待動物的殘忍,都是違背了道德義務。

潘恩的筆使華盛頓的劍有用武之地。潘恩的書《常識》打破了英國在美國的強權壓迫；《人的權利》給英國帶來了言論自由和新聞自由；《理性時代》使人們暫停盲目地崇拜正統教會。湯瑪斯‧潘恩是信普救說教會創立者何希爾‧巴盧的合法祖先，也是希歐多爾‧派克的祖先，他使美國的唯一神教派成為一把智慧的火炬。

查寧、裡普利、巴托爾、馬蒂諾、弗洛興海姆、黑爾、柯提斯、科勒爾、斯文、湯瑪斯、康威、倫納德、薩維奇，是的，甚至愛默生和梭羅（這裡所舉的人名，都為受潘恩思想影響的英美宗教領袖或者學者），他們都是潘恩精神上的孩子。他為他們照亮了道路，使這些人有可能宣揚理智的甜美合理性。他是迷信叢林中的先驅。湯瑪斯‧潘恩是所謂自由基督教的真正創立者，自由基督教的職責不是要使自己變得偉大、強大和受歡迎，而是使所有其他教派都變得更自由。因此在所有的所謂正統的講道壇上，我們還是能聽到潘恩、亨利‧弗蘭克和 B‧弗‧米爾斯宣揚的觀點。

第六章
約翰‧諾克斯

約翰‧諾克斯（John Knox，1505 年～ 1572 年），蘇格蘭著名的宗教改革家和蘇格蘭長老會的創建人。他曾經被法國人俘虜，淪落為划船的奴隸。多次流亡。在天主教徒瑪麗女王統治蘇格蘭時，他與瑪麗女王對壘，因此被流放。在流放中（1553 ～ 1559）受到了約翰‧喀爾文的影響。1559 年，回到蘇格蘭以後，他領導了宗教改革抗爭。1560 年隨著《信仰聲明》的起草，新教成為蘇格蘭的國教。諾克斯和德國的馬丁‧路德、法國的約翰‧喀爾文，為 16 世紀歐洲「宗教改革運動」的主要領袖。

英格蘭的悔改需要這兩樣東西：首先，要把所有的天主教殘渣驅逐出去，將所有虛榮儀式的閃亮光彩踩在腳下。其次，不能允許擁有地產、階層或是權威方面的任何權利或是特權，既不能免受神的話語的懲戒，也不能改變來自上帝之口的有關宗教的絲毫內容。如果王公、國王或是皇帝們想要改變或是廢除這些內容，他們將成為上帝的仇敵，而建立偶像崇拜的王公們應當被判處死刑。

—— 約翰・諾克斯

約翰・諾克斯是蘇格蘭人，馬丁・路德是德國人，約翰・喀爾文是法國人，他們是同時代的人。他們是為他們的時代帶來深遠影響的三位偉人；他們創造的時代非常重要，我們稱其為「宗教改革時代」。他們使偉大的理智與常識之潮 —— 義大利文藝復興 —— 再次流行。哈內曼醫學流派的主要任務是稀釋異種療法的劑量，而基督教科學家肯定了同種療法醫師的做法，相信白板的美麗，就這樣，路德、喀爾文和諾克斯中和了羅馬的傲慢，稀釋了專制的劑量。

諾克斯、路德和喀爾文都是被追捕的人。他們過著暴風般動盪不安的生活，深陷陰謀與反陰謀之中。很自然地，他們的宗教充滿了狂熱和恐懼，他們的上帝嫉妒成性、充滿仇恨、嚴厲專橫、野蠻粗暴，是一個憤怒的上帝。

只有一個勇敢的人，一個狂暴、粗野的人，才勇於挑戰統治的勢力，完成命運安排約翰・諾克斯所做的事情。他的能量在於幻想自己的言語是真理的終極表現。要是他了解的東西更多一些，他完成的工作反而會更少。

生活是一個按序發生的故事，由於曾生活在這個世界上的他，我們才

成了現在的樣子。為了紀念約翰·諾克斯，我們必須承認受恩於他；但我們也意識到，如果接受及採納這樣一位生活在狂風暴雨時代的人的結論和理想，對我們來說不是什麼榮耀，對他來說也不是。

基督教會的宣揚經過了以下五個特別的信仰階段：首先是闡述宗教階段；其次是順從宗教階段；其三是替代宗教階段；其四是文化宗教階段；其五是侍奉宗教階段。

所有這些階段都或多或少地有些重疊交叉，教派的不同只是在於強調每一個具體階段的程度不同而已。而這在很大程度上是品性的問題。

天主教教會尤其強調闡述。他們告訴你邪惡的性質，對神性、三位一體、聖禮這些「要素」進行解釋，提綱和問答集扮演了最重要的角色。在你尚未施堅信禮之前，你已經背下了許多闡述：10 歲的小女孩可以伶牙俐齒地解釋道德上的罪和金錢上的罪的區別，穿著齊膝馬褲的男孩會描述來世的地貌，以及罪人死後的慘狀。

緊跟闡述宗教的是順從宗教，通常它們相依相隨。太蠢笨的人記不住闡述，但仍然可以順從。侍奉不是必需的東西，事實上，沒有闡述的侍奉被認為是可惡的，「不信教者的正義就像骯髒的破布。」然而，如果沒有修道士、教士和修女們的侍奉，天主教根本不可能保留它對人類的影響力。它的學校、救濟院、醫院和避難所，都是它的存在及它壓制不信教者的藉口。但是，天主教會的侍奉只是為了神職人員而強調，俗人們只被要求進行闡述、順從及付錢。文化和品性被留給自然選擇，認為只有教士才能擁有這些東西的想法，是一個非常現代性的假設。就闡述宗教而言，聖保羅是一個偉大的現代解釋者。「神學挑刺俱樂部」早在他之前就已經存在了，對此我們完全清楚。事實上，耶穌對猶太教的主要指責是，它已經墮

落為一個僅僅爭論雞毛蒜皮小事的宗教。

當保羅被帶到塞內卡[057]的兄弟迦流面前時，迦流對於耶穌抨擊的東西表現出推託的傾向，「如果這是個大錯或是邪惡行為的話，那麼，是的，猶太人，我可以容忍你們的那些理由。但是如果這只是一些詞語、一些名字，還有你們自己的法律的話，那麼你們自己看著辦吧。我並不想做一個有關這些東西的裁判。」

憐憫和虔誠與闡述的宗教沒有必然的連繫。我們可以回想起一些有著敏銳頭腦的人，他們自己覺得是虔誠的，但也會出賣自己的靈魂，只是為了使自己變得更為善辯。智力誘惑他們變得饒舌、不體面；他們在辯論術方面的技能演變成一種情緒，使對手窘迫、打敗對手成為目標，而不是以追求真理為目標。他們淪為自己在句法、詩韻學技巧方面的犧牲品，成為半個所羅門，對《聖經》進行解釋，賣弄他們的智慧，解釋海索草[058]與沒藥[059]之間的區別。

40年前，美國沒有哪個城鎮不曾進行過聯合辯論，辯論者聚在一起唇槍舌劍地爭辯六天六夜，爭論替代贖罪、洗禮、再生、以及未受洗禮嬰兒的合理性及狀況等諸如此類的話題。這樣的辯論使所有人都豎起了耳朵細聽，在郵局、酒館、雜貨店、家裡餐桌上，甚至在辯論者已經上床入睡之後，更好的理由、精巧絕妙的挑剌等不斷地傳來傳去，粗話代替了邏輯。

如果事情只以舌戰武器收尾，那是件幸運的好事，因為這些眼睛已經目睹了營火會，車前橫木、車軛、馬具索和滾燙的火使辯論更為熱鬧，辯論的內容是有關約翰‧喀爾文傳授的宿命論及約翰‧諾克斯傳授的自由意

---

[057]　古羅馬斯多噶派哲學家、作家、羅馬皇帝尼祿的私人教師。
[058]　一種藥用植物。亦指《聖經》中提到的古猶太人在宗教儀式上用來灑聖水的牛膝草。
[059]　一種芳香族樹膠樹脂，它從印度、阿拉伯和東非的沒藥屬的幾種樹木和灌木中提取，用於香水或香料中。

志論。

神學方面的爭辯從本質上來說屬於先驅者們：他們是認真、絕對誠實的人，他們的一生被奉獻於與大自然的力量和強力抗爭之中，他們總是處於爭論之中。

順從除了作為一個詞語存在之外，在他們的原則中根本就不認可這個詞，他們的放棄只是以另外一種方式來繼續追求他們想要的東西。這樣的人通常都很驕傲，而他們最引以為豪的卻恰恰是自己的謙卑和從不驕傲。

「道德只有在身體自衛獲得保障的情況下才會出現。」赫伯特‧史賓賽曾說。對於文化來說也是如此，因此道德這個詞不會出現在先驅者的閃亮詞典裡面。他們的侍奉屬於康乃狄克式的服務，你需要什麼東西，他們就賣給你什麼東西。於是我們就有了肉豆蔻木企業，可以看到在泛美集市的那個紐黑文 [060] 人，他出售肉豆蔻木用作魔咒和手鐲。但是有一天，肉豆蔻木用完了，他就跑到批發雜貨店，買來一蒲式耳的真傢伙，然後把這些東西以坑蒙拐騙的手段賣給那些無知的、不曾懷疑他的人，直到他被拿下、被指控欺詐他人。拿撒勒的耶穌傳授的人類侍奉，只是間歇性地被試用過，除了用於廣告的目的之外。這個世界有史以來第一次到了這樣一個關鍵時刻，財富的生產這一重大問題次於如何分配它們的問題。因此侍奉宗教被認真考慮，也許很快就會受到考驗。有人曾說，結婚的人數與玉米的價格成正比，他說的話很有道理。他的意思是說，物質的康樂直接影響我們的社會關係。對我們的宗教而言也完全是這樣。經濟學與宗教密切相關。在某種特定物質環境的人，會有某種特定的宗教。疲憊不堪、操勞過度的人，被時代的靈魂所奴役束縛的人，他們會在某種悲哀的宗教中找到安慰，從今往後找到一個精神的避難所，另外，他們還會為那些與他們信

[060] 紐黑文市，是美國康涅狄格州的人口第二大城，著名的耶魯大學就坐落在此。

仰的東西不一樣的人找到一個地獄。他們會唱著這樣的歌：「不久以後，每天都會是星期天」，或是「在天堂的甜蜜安眠」。如果他們被債務和抵押所壓迫、折磨，他們就會唱「耶穌幫我，是的，幫我還清所有的債。」如果是好戰的人，他們的財富來自征服，他們會大聲喊著唱著英國國歌，對於「打敗他們的無賴詭計」的歌詞喜歡無比，把它們當成祈禱詞。

文化的宗教在新英格蘭牧師祖先的七代人當中綻放出最絢美的花朵，這是精心培育的家族系譜。大多數一神教派和主教派都對於文化提出告誡。文化宗教有著百里香和森犀草的味道，還帶著作為傳家寶留下來的舊銀盤的閃光。它意味著休閒適意、書架上的書、裝滿柴火的木棚、堆滿蔬菜的地窖。

它非常悠閒、友好、聰明、溫和、美麗。文化的宗教是排外的，很容易就形成社會階層，在精神上和智力上非常僵化。它的劣勢在於，追求文化會把文化趕得遠遠的，會讓她逃之夭夭。奮力追求什麼，反而會失去什麼。

追求健康的人走向了療養院，因為活力只會來到那些不會多想它的人身上；同樣，那些忘了品格是什麼、在侍奉中失去了他們的生命的人，他們的品格進化得最好。消化不良的人是那些對於他們的消化器官沒信心的人。

宗教改革運動圍繞著闡述和替代迴圈出現。我們透過別人的死亡逃避我們應得的毀滅。相信替代伴隨著從不懷疑死刑的美麗的時代出現，是由那些熟悉斷頭臺、大斧的人想出來的。路德、喀爾文和諾克斯具備順從的特質和侍奉神的要素，但還只是處於未成熟的狀態。順從和闡述是他們的奠基石。

身體強健的改革家馬丁・路德出生於 1483 年。當哥倫布把輕帆船的船頭調向西邊,一直往前航行時,他只有 9 歲。

路德的父親是位礦工,一個做工的人。小夥子的童年非常嚴酷,缺乏歡笑。他在大街上唱歌,伸出一頂破爛的帽子要錢。他那動聽甜美的嗓子讓一位教士聽了入耳,於是男孩的侍奉被用於祭壇。小夥子很機警、活潑、聰明、有雄心。很自然地,他受到了神職人員的教育。他成了一名修道士,並成長為一名可敬而強有力的傳教士。

繁榮而成功的教會總會產生一個顯要的階層,這些人沉湎於懶惰與淫蕩之中。帶著造福與祝福的願望,從一個崇高的思想出發,教會卻逐漸退化成為一個機構,一個分發榮耀的機構,成為懲罰反對它的人的機器。對馬丁・路德來說,宗教是一種內心的事務,他的靈魂充滿了侍奉的想法。同時他在闡述的問題上有著自己的才能。他開始呼籲教會進行改革,要求教士們懺悔。很自然地,教士們認為,路德企圖讓代表正義的人懺悔是荒唐的。他們先是加以嘲笑,之後怒目而視。他們呼籲路德博士改正自己的舉止,不要讓教會和他自己在世人的眼裡顯得可笑。

要是路德眼裡看到了這些良機,他盡可以選擇這個時機收起號角,轉向其他的主題,然後按照預期的過程晉升為一名主教;因為儘管此君個子矮小,但他的頭頂仰得高高,他的下巴收得緊緊。他以前提到過的東西,現在開始成為現實。當權者的小手戴著仿天鵝絨手套,把路德從「教區牧師」的權利和榮耀的位置拎了出來,這個位置本來意味著晉升的機會,把他放回去做小學老師。如果教皇真的是一貫正確,如果教會當權者真的是一貫聰明,他們應當把路德殺死,那麼一切就會到此結束。寬容在當時是一種判斷失誤。路德開始支持自己的精神狀況。他越是考慮這個問題,越是堅定地相信,他的想法是公正的。

　　思想家在哪裡，哪裡就有思想。思想家在每個地方都會思考，在鄉下、村莊、城鎮，在監獄裡。維滕堡晦澀昏暗，超過一半的學生是慈善學校的男孩。教授們身材瘦削、消化不良、臉色陰沉，或是肥胖壯碩、固執己見，他們都重複他們學到的東西，只有馬丁‧路德與眾不同。

　　1517 年 10 月 31 日，路德在教會的門上用大頭釘釘上了他的 95 篇論文，主動提出與能召集過來的所有教會神父們辯論這些論文。

　　現在看來，這些主張真是很陳腐。羅馬真的已經完全接受了它們，甚至包括那一條論點：它暗示，我們同耶穌一樣地神聖。在學院的教會門上的挑戰很普遍，但來自一個幾乎沉默寡言的教士，而且目標對準教皇的使者們，啊哈！這可完全不同了。即便是這樣，這整個事件完全有可能湮滅在遺忘之中，如果那些熱愛路德的熱心男孩們沒有啟動教堂地窖的印刷機的話。他們沒日沒夜地印出證據。印刷機起了作用！假如沒有排字工人、排版調整的人、和那些拉動控制杆的強壯男孩們，路德的聲音不可能傳到校園裡。

　　但是，瞧！路德在向全世界談話，不是向沉睡的維騰堡！路德被要求出現在羅馬教廷，更確切地說，出現在聖天使堡。他不理會這個邀請。接著又來了幾次傳喚。路德躲藏起來。他被逮捕、審判，之後被宣告有罪，但宣判延期。他又一次被審判，這一次是被皇帝和選帝侯 [061] 審判，又一次被宣告有罪。正式的死刑宣判只是延期了，等著他的將是閃亮的柴把和劈啪作響的火焰。

　　他的朋友找到了他，那些用印刷機的朋友，他們在其他人的幫助下，帶他離開，來到一個敵人無法跟蹤的監獄。許多人都曾被自己的敵人投進

---

[061] 有權參加選舉神聖羅馬帝國皇帝的日爾曼王侯。

監獄，但除了路德外，還有誰受到被朋友投進監獄的這種待遇呢！大眾的感情和他站在一起，德國和他站在一起，但最重要的是，印刷工人們印出了證據，由馬丁‧路德編輯的四頁折疊小冊子在全世界飄散，為人們思考的權利而抗爭。

馬丁‧路德就這樣生活著，在被判處死刑的情況下，獲得了保釋，也工作、思考、寫作、印刷。而遠在法國，有一個認真、冷靜的年輕人，也思維敏捷、精神上饑渴，將路德的一本小冊子翻譯成法語，並印刷給他的同學們。印刷完後，他還要為它解釋，為它辯護，還要為自己印刷它的行為辯護。這位年輕人的名字是尚‧科文。他把自己的名字拼寫為「科文（Caulvain）」或「喀爾文（Calvain）」。而世人所了解的他的名字，是約翰‧喀爾文（John Calvin）。

約翰‧喀爾文是一個法國人，但是典型的法國人，就像典型的愛爾蘭人和他的兄弟猶太人一樣，只存在於連環圖畫紙上，只存在於歌舞雜耍舞臺上。喀爾文的性格當中不存在輕佻、活潑的一面。

喀爾文的父母屬於同一類強健、以航海為業的一類人，這一類人培育出米勒、奧古斯特‧羅丹、朱爾斯‧布雷東以及其他那些樸實、認真、偉大的人，他們成就了偉大的事業。喀爾文是真正的胡格諾教派 [062] 信徒。

對於那些從藝術或神學角度重新測繪大陸地圖的人來講，在性格的形成方面，農民的血統和接近土地是必要條件。清教徒是他那時代的必然產物。

不過，喀爾文有一個優勢：他遠離了實際的艱辛，這顯然使他的智力獲得提升，並消除了他的怯場心理。他的父親是一名公證人或是管家，

---

[062]　指 16 至 17 世紀法國的新教徒。

受僱於德‧蒙摩爾家族。很自然地，男孩和王子王孫們混在一起，平起平坐，因為兒童遊戲不知道什麼階層，男孩就是男孩。12歲的時候，他感覺自己和那些有貴族血統的人一樣高貴，並向他的玩伴們表達了這個想法。很可能他們覺得同意他的看法比較方便些。他們給他取的外號是「賓格」。

你覺得自己處在什麼位置，世界就接受你的認知。有一個德‧蒙摩爾小夥子和約翰‧喀爾文同年，另一位比他大3歲。在學業方面，他為他們倆定下步調。他做事非常正確，又非常勤奮，因此當兩位德‧蒙摩爾小夥子被送到巴黎的時候，家庭教師堅持讓約翰‧喀爾文也同去。於是馬上給他準備了一份聖俸，前提是他應該受到教育成為一名神職人員。據傳當時只有十五歲的喀爾文在生活方式方面向父母進行訓誡，指導他們在他不在家的時候如何為人處世。

18歲的時候，他開始布道，不久之後以此為生，負責一個鄉村教區的工作。大約在這個時期，19到20歲之間，一份路德的小冊子落到他的手裡。這是一個關鍵時刻。王座正搖搖欲墜，家庭中有了分裂，數百萬個頭腦接受了偏見！這位一絲不苟、嚴肅冷靜的年輕牧師，剛剛受戒，拿著小冊子來到頂樓，開始閱讀。之後他開始反駁它的觀點。路德本人，這個勇於挑戰權威的人，倒比他的論點更使喀爾文感興趣。

喀爾文真的不喜歡這個人：路德的嬉戲耍鬧、粗鄙生硬的風格，使這位勤奮、苦修的年輕人感到厭惡。喀爾文崇拜路德的唯一一點是他的自立。喀爾文突然想到，生活應該是宗教，宗教應該是生活，而在神職人員的主張中有一些虛偽的成分。

在反駁路德的過程中，他變得開始崇拜路德。他決定放棄削髮式受戒，穿上平民的衣服。他的決定就此生效，一旦頭髮長出來，他回到家，

告訴父親及資助人，他已經放棄了神學，希望學習法律。於是他被送到奧爾良，被派到知名法官彼得‧德‧斯特拉的辦公室。

但是神學是一種品性的問題，喀爾文並沒有去寫案件簡報，而是開始把路德的《聖經》翻譯成法語。他被要求放棄這個消遣活動、去花上很長時間寫一份關於我們的老朋友亨利八世[063]的離婚事件的法律意見。

喀爾文從來不會因為白天的疑問或是夜間的痛苦而折磨自己。他沒有經過任何思想掙扎就離開了教會，並把這個諺語當作自己的座右銘：「如果上帝和我們同在，誰還能反對我們？」

他又開始布道。他是個獲得正式任命的教士，在天主教會有著良好的地位，至少在技術上是這樣。他有著兩年的經驗，有了一定的自信，年輕並不會使他失色，習慣不會使他的多彩的布道方式落入俗套。他質詢、挑戰每一個人，不論年輕年老，不論什麼職位。這個人的生活方式如此潔淨、如此富有智慧，他個人如此地無私與真誠，因此，儘管法國的異教徒成雙成對、七個八個地被燒死，在數年之內，沒有人向他伸出魔掌。

最後，不顧德‧蒙摩爾的反對，給喀爾文下發了一個法律告示，由法蘭西斯國王本人簽署，要求他終止布道。給了他三個月的時間回到正常的神學軌道來，並與他的上級和好。

喀爾文一直喜歡印刷，此時自己出錢將塞內卡的《論憐憫》翻譯成法語，並將此書付印，呈獻給國王。這是他對寬仁的簡述，同時也是關於言論自由的論據。塞內卡的父親有一個演講學院，塞內卡說：「讓人民說話。如果他們說對了，國王沒有什麼損失；如果他們說錯了，他們只會傷害他們自己：國王負擔得起實行寬仁的代價。」

---

[063] 1491～1547年，是英國歷史上赫赫有名的國王。他以改革英國宗教而名標青史。

　　那本書真的是對國王的侮辱，因為它假定法蘭西斯從未讀過塞內卡的書，這毫無疑問是一個事實。但法蘭西斯並未開始研究這位老羅馬人，而是乾脆發布命令逮捕喀爾文。喀爾文急如星火地從巴黎逃走，無疑因此保住了自己的腦袋。

　　斯文特斯醫生，一位來自西班牙的醫生及學問淵博的教士，當時在巴黎舉行「反對路德派及其他類似的可悲錯誤」的通俗演講。斯文特斯是一位「教皇代表」，我們姑且將他稱作「教會復興派者」。喀爾文認為斯文特斯專門與他為難。於是他在遠處發出了挑戰，要求公開辯論這一論題。斯文特斯接受了挑戰，但他們的安排未能實現。喀爾文在斯特拉斯堡避難，然後到了巴塞爾，每次都被禮貌地請走，最後到達日內瓦。他當時 24 歲。

　　在日內瓦的時候，他立即讓人感覺到他的存在，企圖組織一個改革的或是獨立的天主教會。因為此事他被要求離開，接著被驅逐，退居在山區裡。宣判驅逐他的兩名評審員死了，甚至連評審員也會死的，喀爾文回來了，告訴人們：這兩名評審員之死是對他們的懲罰，因為他們沒有歡迎一位好心而真誠的人。

　　從此喀爾文使日內瓦變成了一個神治國，該城在祈禱、讚美及《聖經》研究方面成為一個聖地。基督教界的學生從各地蜂擁而來，聽到新的福音獲得闡述。他們來自德國、法國、英國和蘇格蘭。空中彌漫著動盪的氣氛。這些人因好奇、學習或是因為在國內沒人需要他們而來，其中一人來自愛丁堡。他比喀爾文年輕 6 歲，但性情和喀爾文非常相似。

　　他的姓名是約翰‧諾克斯。

　　斯文特斯是一個雄辯家、辯論家和外交家，溫和、周到、彬彬有禮。他屬於文雅、有教養的一類天主教徒，贏得了教會巨頭和受過教育、頗有

財富的人。他在社會名流中獲得了不俗的讚譽！

喀爾文到了日內瓦之後，他和斯文特斯醫生開始了長時間的通信連繫，原計畫的辯論透過通信的方式繼續下去。斯文特斯向喀爾文建議，延期的辯論應該在日內瓦舉行。喀爾文回覆，如果斯文特斯敢到日內瓦，就把他活活燒死。

此時，瑞士的天主教徒其實要比反對者或是「新教徒」多得多，斯文特斯知道喀爾文喜歡誇張的弱點，並沒有把他的威脅當真。因此斯文特斯從容不迫地往南旅行，前往拿坡里，但他永遠沒能到達那裡。他在日內瓦停留下來，像其他朝聖者一樣，「為了研究新教」。

日內瓦是自由言論之家，因此斯文特斯有權和喀爾文一樣在這裡逗留。但喀爾文把斯文特斯的到來當作是一個威脅，並固執地認為：無疑斯文特斯個人受僱於羅馬教廷，打算搜集證據反對「新教」。喀爾文使居民們相信，他們的權利正處於危險之中。

斯文特斯被逮捕了，並被投進大牢。指控是「異端罪」。處於我們現在這安全的距離下來看，這樣一個指控會令我們發笑。但是一個異教徒指控另一個異教徒犯有異端罪，並要求必須對他們進行懲罰，約翰・喀爾文並未意識到這個幽默的含義。

異端罪是一個經度和時間的問題。

審判從八月持續到九月。喀爾文提供了許多罪證，把斯文特斯寫給他的許多信拿了出來。被指控的異端嫌疑人並未對這些證據進行否認，但企圖為自己的立場辯護。喀爾文詳細地做了回答，就這樣，被長時間延期的辯論終於進行了。

法官們決定贊同喀爾文的觀點。

第二天，斯文特斯在公共廣場被活活燒死。

「我幫他說過情，」約翰　・喀爾文說道，「我為他說過情，我想讓他被斬首，而不是被燒死。」

百科全書記錄說，約翰・諾克斯於 1505 年出生於哈丁頓郡。對於出生地，大家沒有任何異議；不過對於出生時間，英國人類學家安德魯・蘭經過大量研究之後，認為應該是 1515 年。

通常男人和女人都會把自己的出生年月往後調，但諾克斯特意把自己的出生年月往前調。他這樣做有自己的道理：20 歲的時候，他就開始非常精確地解釋真理與謬誤的區別了。為了給自己的話語增添分量，他給自己的年齡虛加了 10 歲。他向一個挑剔的朋友解釋說，20 歲的時候，他比任何 30 歲的人都知道得更多。這無疑是正確的。

約翰・諾克斯出生於一個受人尊敬的中產階級家庭。他獨立、直言、大膽、粗獷，從童年時就學到了一些地下的鄉言村語，而他對這些詞彙終身難忘。

在文法學校的時候，他就是學業之星。在聖安德魯斯，他很快就名列前茅，使他的老師們做出了預言。奇怪的是，他們所有的預言都變成了事實，這向我們證明，天才神童有時也會越變越好。

約翰・諾克斯成了一名教士，在 25 歲之前就成為一名有權威的傳教士。在性情方面他和路德非常相似，不同之處是，路德特別喜歡開玩笑。路德比諾克斯有著更多的常識，但諾克斯在幽默方面的不足，他透過學習補足。事實上，他對學習的熱愛是他的主要缺點。他像黑牛一樣特立獨行。26 歲的時候，諾克斯發誓，他不再下跪了。這導致比頓主教對他進行了責備，回應的則是禮貌的反駁。

大約在這個時候，他遇到了喬治‧魏沙特，兩人很快就成為好朋友。四年過去了，歷史上發生的一個篇章扭曲了約翰‧諾克斯嚴屬的本性，有史以來第一次打破了他內心冰冷的堡壘，使他淚流滿面。這是校園裡，在聖安德魯斯的面前，燃燒在魏沙特的火刑柱前的熊熊烈火帶給他的。

　　他的母校竟然以公正的名義犯下如此可怕的罪行，這使諾克斯破口大罵，並傳到了當權者耳中。要不是他及時逃走的話，魏沙特遭遇的災難將同樣降臨到他的身上。

　　喬治‧魏沙特出生於蘇格蘭，但在德國待過一段時間，學習了路德的部分精神。所有的描述都一致認為，他是一個溫和、可敬的人，在表達自己的看法時非常溫和。他是劍橋的老師，他的第一個罪名似乎是，他未經允許把《新約》從希臘文翻譯為英文。

　　他來到聖安德魯斯，開設了一門課程，學院之間「交換論壇」當時是一個慣例。諾克斯聽了這些演講，第一次聽到魏沙特發表演講。天主教徒舉行了反對魏沙特的示威，諾克斯成為志願保鏢之一。

　　由於與愛丁堡的大人物關係密切，魏沙特被亨利八世選中，派到蘇格蘭執行非常微妙的使命，協商幼女「蘇格蘭女王」瑪麗‧斯圖爾特和我們的老朋友的幼子愛德華的聯姻之事。魏沙特似乎是執行這一事務的不情願的工具，他的行動使天主教的蘇格蘭強烈地反對他。

　　迫害促使他說了一些不合適的話，比頓主教立即毫不猶豫地發動了機器，以這位堅強、認真、樸實的人的死亡而結束一切，而他還未到達他事業的頂峰。

　　破壞喬治‧魏沙特身體的火焰，在約翰‧諾克斯的心中燃燒，從那一刻起，他毅然成為教皇的敵人。

　　兩年之後，比頓主教被「未知人士」暗殺。諾克斯經常高興地把比頓稱為「魔鬼的兒子」，他被指控策劃暗殺，儘管他個人根本沒有插手實施這次暗殺。

　　比頓死後不久，諾克斯認為氣氛已經轉好，就回到愛丁堡，在城堡布道。不久他就有了相當多的跟隨者，在他的《宗教改革史》中，他對這些人進行了描述：「暴食者、揮霍者和放肆的飲酒狂歡者，正是這樣一些人。經常性地、溫順地參加聖餐。」諾克斯清楚地明白了這個奇怪的悖論，每一個改革家都被那些犯法者跟隨、效忠，他們自認為是和他一樣的人。這些經常性參加聖餐的無賴們是諾克斯引起眾怒的原因，也是他被指控的主要藉口。

　　諾克斯進行了一次題為「殺死，不是謀殺」的布道，企圖說明，當某些人運用他們的權力征服他人的時候，他們的死亡對每個人來說都是一種福氣。

　　城堡被天主教徒猛攻，其中一隊法國人參加了圍攻。諾克斯和其他幾個人被帶到法國，並被當作囚犯做苦工。在默許下他逃走了，前往日內瓦，因為被喀爾文的名聲所吸引。

　　但他的心還留在蘇格蘭，一年之後，他又回到石南地，呼籲教皇的異教徒們進行懺悔。

　　約翰‧諾克斯去過日內瓦三次。他也是一個異教徒，而他的異端和喀爾文的屬於同一性質。負負得正，兩個異教徒相加，如果足夠強大的話，就會將異端轉換為正統教會。要做一名異教徒，你必須是占少數，並且要獨一無二。

　　喀爾文對於諾克斯有很高的評價，但他們太相似了，因而無法相安無

事地一起工作。喀爾文從未去過英國，從未學過說英語；但諾克斯能像本地人一樣說法語，而被關在法國的大牢裡的時候，在學習這種語言方面還獲得了提高。在日內瓦有數百名英國難民，喀爾文任命諾克斯為英國教會的本堂牧師。這是 1554 年，斯文特斯被燒死後的第二年。諾克斯不贊成處死教皇代表，但把這事看得較輕，這只是時代的需求，是「適當、公正地警告教皇和那個巴比倫妓女 [064] 的跟隨者們。」

當路德四十二歲的時候，他和「凱薩琳修女」結婚，她是一個非常高貴、出色的婦女，年齡和他相當，在他最艱難的時期鼓勵他，在最危難的時刻支持他。

喀爾文和伊達勒特・德・布林茲結了婚，她是他皈依的再洗禮教徒的寡婦。

喀爾文他向世人解釋說，他的結婚只是一個無害而必需的對羅馬的挑戰。幸運的是，這個冒險證明比他預想的要好，幾年之後，他寫道：「如果沒有這個上帝送給我的伴侶，我的妻子，我已經死了，她從未在任何事情上反對過我。」

約翰・諾克斯在 38 歲時和漂亮迷人的 17 歲女孩馬喬麗・鮑爾斯結婚，她是瑪麗・鮑爾斯的第五個孩子，他年輕時曾熱烈追求過瑪麗。他向這位母親吹牛說：「天意安排你拒絕了我，為的是讓我有更好的選擇。」這是卑鄙地歪曲事實，完全是自欺欺人。

馬喬麗在冰冷刺骨的神學闡述氣氛中凋謝，幾年之後就去世了。

然後，命運安排讓那位勇敢無畏的蘇格蘭瑪麗女王給這位改革家發

---

[064] 據希臘學者希羅多德記載，在每個巴比倫婦女的一生中，都要到阿芙蘿黛蒂（即美神維納斯）的神廟當神廟聖妓，跟一些陌生男子交合。但她們在廟內並不算是妓女，反而被視為神聖的替身，代表阿芙蘿黛蒂女神在神殿內行淫。

出密切的傳喚。瑪麗的母親是蓋斯德瑪麗，一位慎重地和蘇格蘭詹姆斯國王結婚的法國婦女。諾克斯對於蓋斯德瑪麗總是有著可怕的仇恨，因為他被罰在帆船上做苦工而痛恨所有的法國人。他在《恐怖的婦女統治》一書中，把瑪麗‧都鐸、蓋斯德瑪麗和蘇格蘭瑪麗女王都包括在內。伊莉莎白女王對這位作者的價值進行了恭維，宣布他獲有「侮辱貞潔女性」的罪行。

諾克斯是一位仇恨女人的人，而他總是將一位特別迷人的女人列入他的名單，打算把她變成一名長老會教徒。在這方面，他就像種族歧視者一樣執迷不悟。

蘇格蘭瑪麗女王腳剛剛從天主教的法國踏上蘇格蘭的土地，諾克斯就逃走了，為了保住自己的腦袋。不久之後，他又回來，請求和這位剛剛 20 歲的女王私下會面，「打算把她的心帶到耶穌那裡。」他們似乎還談了別的主題，因為「她比法國人還輕佻，當我試圖向她解釋世俗舞蹈的邪惡時，她撫摩我的鬍子。」

然後瑪麗試圖插手讓諾克斯皈依「國教」。作為最後一個誘惑，傳說她主動提出只要他成為一名天主教徒，就和他結婚。此時約翰‧諾克斯咳了咳嗽，猶豫了一下，她快接近他的要價了。他差一點接受，但他看到了她椅子後的魔鬼尾巴。於是他從她那裡倉皇出逃，因為恐懼而全身顫抖。

緊跟著的是狂風暴雨般的會面，伴隨著順手拈來的詞語，他們倆都證明非常擅長。這是一個關鍵時刻。如果約翰‧諾克斯和蘇格蘭女王瑪麗結婚，就不會再有長老會教會，不會再有普林斯頓，不會再有哪些因受到諾克斯的學說影響而有非凡成就的偉人！。

1563 年 3 月 20 日，約翰‧諾克斯和瑪格麗特‧斯圖亞特的結婚公告

被宣布，她是奧基爾特里爵士的女兒，是我們自己的湯姆·奧基爾特裡的祖先。這位年輕的女士 17 歲剛過兩個月。女王勃然大怒，因為這位女孩有著王室血統，「應當先諮詢我的意見，才能為了這個長著長鬍子、發出驢叫聲的人放棄她的宗教。」

女王的憤怒有著充分、合理的理由，因為儘管瑪麗已經穩穩地和蘇格蘭貴族達恩利結了婚，並準備謀殺他（她自己後來也上了斷頭臺），她依然把約翰·諾克斯當作自己的私人財產。

結婚只不過是給這位日子過得如狂風暴雨般、負擔日益沉重的改革家添上了一個新麻煩。他已成功地與羅馬的勢力抗爭；後來成為女王的亨利八世的女兒和安妮·博林發現他積習難改，把他當作一個不可救藥的典範來看待；喀爾文無法使他馴服。可是，如今這個小女孩，本來應該在一個紙盒廠工作，現在卻領著他跳起了歡快的舞蹈。那個曾發出雷霆般的威脅和反抗聲音的嗓子，現在卻發出不情願的贊同聲。有人曾告訴我，十二月的草莓不會有預期的味道，因為已經過季。

諾克斯去世時，他留下了 25 歲的寡婦，基督教的米迦勒節也到了。她身穿深色喪服，而蘇格蘭的瑪麗女王也這樣做。不過瑪麗解釋說，她披上深色的面紗，只是為了更好的掩蓋她的微笑。

兩年之後，這位寡婦與安德魯·科爾結了婚，他因為曾將一把手槍對著女王而出名。寡婦比諾克斯多活了整整 62 年，去世的時候沒什麼幻想，她不曾意識到，她曾和一位影響了一個偉大宗教的人物結婚，而他的同胞卡萊爾稱之為「他那時代的思維大師」！

第七章
約翰·布萊特

　　約翰·布萊特（John Bright，1811 年～ 1889 年），英國政治家，棉紡廠主和著名演說家，自由貿易派領袖和反《穀物法》同盟創始人。1860 年代初起，為自由黨（資產階級激進派）左翼領袖。曾多次任自由黨內閣的大臣。約翰·布萊特和理查·科布登是曼徹斯特自由主義學派的領袖人物，他們以不懈的熱情與高超的組織能力摧毀了重商主義這個堡壘。開辦工廠的生涯令他們深刻地意識到，《穀物法》已經對工業發展和消費者福利構成了損害，必須廢除這種惡法。於是，科布登和布萊特決心發動一場更大範圍的政治和思想運動。1838 年，他們創建了反《穀物法》聯盟。在他們的推動下，1846 年 6 月 25 日，英國上院廢除《穀物法》。

我經常嘗試讓自己想像災荒是什麼，但人類的頭腦並不能夠描繪出所有形狀或場景，意識到饑餓之可怕。制定《穀物法》的人完全不清楚它意味著什麼。一些郡的農業工人知道一點它的滋味，在蘭開夏郡，一些手工紡織的織工完全了解饑荒的可怕。不久前的一個夜晚，深夜時分，我看到了透過屋棚窗戶的一盞燈光，聽到紡織機忙碌工作，織梭飛快穿過的聲音。這本來應當是一種歡快的聲音，但它是在半夜時分工作，而且織工的眉間還有一絲憂慮。如果他不能確保維持妻兒的生計，那麼就要品嘗到「災荒」這個詞語的滋味。

噢，如果那些制定《穀物法》的人，如果這些插手干預造物主與他製造的人物的人，他們哪怕能在短短的十二個月，對於他們的罪行我不想施加更嚴厲的懲罰，只要短短的十二個月的時間，讓他們坐在紡織機前，甩起梭子來！我再也不會要求他們去經受他們的罪惡帶來的其他痛苦；我不會再要求他們遭受那種悲痛的情感，感受深愛的妻子和無助的孩子遭受《穀物法》施加給數百萬人的恐怖後果。

—— 約翰‧布萊特

「教友會」，我喜歡這個詞，你呢？想到擁有朋友、做別人的朋友，有了這樣的想法，就像是一種祝福、一種祈禱。友誼幾乎就是一種宗教：在你的一生中，意識到這個事實，想擁有朋友，你就必須當別人的朋友，這就是宗教。

教友派的人不會教導人們去布道：他們只是教導人們去做朋友，去生活。那些「聽到聲音」的人去布道。大多數現代的傳教士都沒有跟隨一種「聲音」，他們只是傾聽到一種回聲。教友派進行的實際測試是，這個人是否聽到了「聲音」，如果聽到了，他就可以布道。人們不是經過許可才去

布道的，這樣做太多餘，太荒唐了。那些必須傾聽的人，才是決定說話者是否聽到「聲音」的人。就像現在一樣，我們經常有一些獲得許可的人在布道，但他們並不真能布道。布道的能力應當成為布道的許可。

因為，可以肯定，可以吸引別人注意力的人，他們不需要神經錯亂的委員會提供一份許可證。曾經活在這個世界上和正生活在這個世界上的人，只有他們才會給活著的男人和女人訊息。

喬治‧福克斯 [065] 清楚地看到，職業牧師和神學專家們，很容易產生一種階層，一種更高一級的階層，他們提升了講壇的地位，卻以損害教堂長椅的利益為前提。這樣的安排容易壓制坐在教堂長椅的人，因為演講完全是單方面的。也容易使教士們自欺欺人，因為他們很少聽到另一方的聲音，一定時候之後就會盲信自己的論點，而不論它們是多麼過分。

人們透過思考學會思考，透過談話學會談話。在向別人解釋某一個主題時，我們自己也變得清楚明白。

因此福克斯帶著一個美好而珍貴的願景做出預言：如要教導整個教眾，你必須使他們所有人都成為潛在的教士。然後，每一個站起來說話的男人都會意識到，回答他的有可能是他的母親、他的妻子、他的妹妹，或是他的鄰居。

這樣，傾聽者不僅能聽到講話人的聲音，還能一直在傾聽自己「內心的聲音」，尋找「內心的光亮」。在所有現存的方法和安排之中，這個世界必需的樸素常識將會回歸。

喬治‧福克斯是一位萊斯特郡織工的兒子，而他自己也以做織工為業。他有著自己的思想，並能夠表達出來。因而他四處旅行，在集市、交

---

[065]　1624～1691年，英國宗教領袖，創建了教友會（教友派），或稱貴格派。

又路口、教堂臺階布道，完全是友愛的宗教：樸素、勤奮、坦率、真誠。

沒有教士，沒有禮拜儀式，沒有教義，沒有聖禮，沒有頭銜，也沒有等級 —— 這是一個友愛的宗教！你不應該殺死你的敵人，因為他是你的朋友，只不過還沒有理解你。向別人宣戰，也就是向你自己宣戰。己所不欲，勿施於人。

福克斯並不打算建立一個組織，更不想和其他宗教競爭。當然這樣一個運動，完全要依運動宣導人的特質而定。喬治‧福克斯有著自己獨特的個性與特質，因此人們蜂擁而來，聆聽他的演講。他的懇求是如此的誠摯、坦率、生動，如此地不容置辯，人們在傾聽的時候，一些人甚至激動得顫抖。「顫抖派」，有一個嘲笑者這樣稱呼他們。而這個詞，由一個不知名的流氓砸到他們身上的詞，像泥球一樣粘住了。這個流氓的名字，就像那個給亞歷山大圖書館點火的傢伙一樣，仍然躺在泥潭裡動彈不得，而他從泥潭里弄出了那個黏乎乎的泥球。這個球避開了大塊泥土的命運，因為它擊中了一個偉大的人；只要扔泥巴的人想到把自己的名字黏上去，他的名字也會千古留名，和偉人的名字連在一起。

不久之後，福克斯發現自己淌進了一灘渾水之中。他得罪了天主教徒、主教派教徒、長老會教徒和浸信會教徒，為了挽救自己和自己的人，他最後將他們結成了一個組織。大約此時，威廉‧佩恩[066]出現了（他的帽子緊緊地戴在頭上），組織教友派的僑民們前往新澤西和賓夕法尼亞。教友派拒絕接受聖禮，認為生活中沒有哪一部分會比其他部分更神聖，也沒有哪一個人會比其他任何人更有資格舉行這麼一個儀式。

此時議會進行了干涉，參加教堂活動變成強迫性的活動，參加聖禮是

---

[066]　1644～1718年，英國教友派信徒和北美殖民者。

義務性的活動，而抗議戰爭、宣揚全球和平是不良行為。

這些早期的教友派教徒是真正從教會畢業的人。當學生從學校畢業之際，老師很自豪，朋友送來鮮花和友好的祝賀。而你從教會畢業之時，教士宣稱你迷失了道路，教眾惡語相加。到了 1689 年，事情並未就此結束，因為你還被法律認為是政府的敵人。1656 年，英國有一千名教友派信徒因為他們的宗教信仰而被關進大牢，有幾百人被絞死，有幾個被綁在火刑柱上燒死，許多人被割掉耳朵，還有一些人被燙上烙印，還有許多人的舌頭被穿破。但是奇怪的是，教友派信徒人數反而增加了。國王不可能殺死所有的國民，即使他們都錯了，因此政府在害怕之下改變了策略。

1689 年，《寬仁法》出臺了，該法阻止了暴力的迫害，只保留了消極的類型。教友派信徒被從學校、學院和大學趕了出來，不再擁有選舉權或是政治職位；就像溫柔的母親命令孩子進屋子裡來，孩子不聽話的時候，就說：「好，那你們就待在外面吧！」

教友派信徒就這樣「待在外面」，不打算「進來」，但他們必須支付什一稅 [067] 支持正教，不論是否參加了儀式。這一安排在美國仍然存在，只不過是以一種間接的方式進行：不是強迫每個人都付錢支持教士，而是透過允許教會財產免稅而達到同樣的效果。

迫害已經停止了，教友派不再改變宗教信仰，因此也停止發展壯大。但傳統保留了下來，在 1776 年，在這美妙的一年，人與人之間的友愛之情繼續變得富饒豐碩，這一年，人類被真正發現。

喬治‧福克斯為蘇珊‧衛斯理和她的兩個偉大兒子約翰和查理斯鋪平了道路。

---

[067] 自願交付或作為稅收應當交付的個人年收入的十分之一，特別是用於供養教士或教會。

喬治・福克斯相信男女平等，也對此進行教導。他說，上帝的精神會透過男人發出聲音，也完全會透過女人發出聲音。正是帶著這樣的想法，有了之前的教友派信徒的榜樣，蘇珊・衛斯理傾聽上帝的聲音，向教眾們發表演講。後來又有了小伊莉莎白・弗萊[068]，她給那些身陷牢獄的人帶來了一個資訊，也給那些深信腳鐐作用的人帶來了資訊，那些相信鎖鏈、牢欄、鐐銬及鞭子的溫和作用的人。

職業教士制度的聰明之處在於，它製造了大量在其他方面一無用處的人。七年的大學生活閹割了這些人。他的無助使得他死死地抓住這根救命稻草。他是不會游泳的水手。

而這些辯護者們，由於神學院全力進行誤導而變得無能，他們成為信仰及迫害者的辯護者，對於任何一個珍視友愛、平等樸素與莊嚴事物的人進行迫害。事實上，許多辯護者們放棄了兩性之間的關係，只把女性當作一個必需品對待，遠遠地避開婦女們，或者宣稱自己是如此。

教友會從根本上講是一種博愛的宗教，因此也是個神聖的宗教，它把男人當作女人的對等品。約翰・布萊特總是自吹自擂說，自己母親這邊的一個外祖輩的女性是一個猶太人，她和一個教友派信徒私奔了，因此和家裡失去了連繫，真該授勳給她！約瑟夫・布萊特，約翰・布萊特的父親，從未主動交過教會什一稅。每一年，當執行官過來收錢的時候，都被婉言拒絕。然後他們扣押一些物品，把東西帶走，進行相應的廣告，之後在拍賣會上賣掉。

約翰・布萊特在幼年時期就被父親派作代表，前去競拍被扣押的物品，這是他第一次步入商界。有一段時間，他自己也要繳納教會什一稅，

---

[068]　1780～1845年，教友派信徒，英國社會改革家、慈善家。

但每一次都是抗議：「我現在繳納這個稅，是因為我被強迫這樣做。但我要提出我的抗議，因為我相信，這個錢不會用於增加上帝的榮耀，也不會給人們帶來什麼好處。」後來，他回歸父親的做法，讓政府扣押物品。

他的宗教是人類友愛的宗教，因此，對他來說，人類是神的最高表現。另外，他相信，如果沒有男人和女人的愛，上帝之愛根本就無法想像。

約翰‧布萊特出生於 1811 年。他是七代教友派祖先的頂峰之花。他的父親是洛奇代爾的一個富裕的製造商，身為一名教友派信徒，他沒有以教育的名義做一些不可靠的實驗，讓他的孩子免除一些有益的工作。

先告訴大家一下，約翰‧布萊特與那個貴族性的、代價有點昂貴的發明「布萊特氏病」無關。這是理查‧布萊特醫生的傑作，是他的遠親。

約翰‧布萊特的父母都是公眾演講家，小約翰有著遺傳的演講家天賦。為人父母者，或是計劃為人父母者，要學會按照子孫的興趣來教育自己，這樣就不會問出一位愛爾蘭議員提出的愚蠢問題：「我們的子孫為我們做過什麼了？」

而這就是教育孩子的良方：教育好你自己。

除此之外，人們從自己那裡繼承東西，他們既是自己的祖先，又是自己的子孫。我今天是這個樣子，是因為我有了去年那個樣子；明年我會成為那個樣子，是因為現在我是這個樣子。這些真理在約翰‧布萊特很小很小的時候就已耳熟能詳了。在他還只會用孩子氣的語言說話的時候，他的母親就教他決定自己的行動。「我不想學習。我能不能去小溪那裡玩水？」小約翰有一次問母親。

「你最好到旁邊的房間去，聽一聽內心的聲音怎麼說，然後按它說的

做。」母親回答說。

男孩走進旁邊的房間，很快就回來了，說：「聲音說，我必須努力學習半小時，然後我可以去小溪那裡玩水。」

「很好，」母親回答說，「我們必須聽從聲音的指示。」

此時，一股社會主義的浪潮橫掃英國，它主要是由一位威爾士人羅伯特‧歐文引發的，他 19 歲的時候就經天授神權，成為曼徹斯特一家棉紡廠的經理。他是一個有著出色創意、雄才大略及慷慨激昂的人。

羅伯特‧歐文受到約西亞‧威基伍德 [069] 的影響，開始著手使自己的棉紡廠成為一個工廠，又成為一所學校。在他的工人中，他發現了一個優秀的人，並僱用他給工人當老師，這個是就是約翰‧廷德爾，世界最偉大的科學家之一。歐文吸取了傅立葉 [070] 的「社會共同組合會」的做法，五百或一千人生活在一個大王宮裡，建造成為中空的廣場形狀。每一家人都有獨立的房間，但有公用餐廳和一個很大的洗衣房；留出一定數量的人照顧孩子；有一些藝廊、圖書館、游泳池；所有參加工作的人現在都能享受到原來屬於幸運的少數人的好處與利益。這是個合作的計畫，但歐文的人拒絕合作，這個世界也尚未為此做好準備。接著歐文在美國對此計畫進行試驗，在印第安那州成立了新和諧鎮，該鎮建立了美國的第二個圖書館。而班傑明‧富蘭克林在費城建立了第一個圖書館。

羅伯特‧歐文認為自己失敗了，但他並沒有失敗，因為他的想法豐富了這個世界。當我們適合建立烏托邦的時候，就可以現成地使用它了。

約翰‧布萊特的父親受到羅伯特‧歐文的影響，就像歐文受到約西亞‧威基伍德的影響一樣。偉大的心靈永遠不會失敗，不管發生了什麼

---

[069]　1730 ～ 1795 年，英國陶瓷工匠，他改進了製陶的材料及過程。
[070]　歐文是英國烏托邦社會主義者，傅立葉是法國烏托邦社會主義者。

事。即使他們已經去世，他們仍然活在那些變得更加優秀的人們的心中。

約瑟夫·布萊特的工廠有一個禮堂，他經常邀請來自利物浦和曼徹斯特的演講家到這裡，就科學、旅行和文學進行演講。約翰·布萊特21歲的時候，他常常被安排過來主持這些演講。這是因為他透過在教友派聚會中發表演講，已經學會演講。他平靜、樸實、有力、坦率。他個子矮小，但他透過頭腦補足這部分。

約翰·布萊特的母親的祖父是約翰·格拉頓，他是一位教友派傳教士，因為拒絕宣誓效忠英國教會而被囚禁五年。格拉頓的人生透過母親傳給兒子的寶貴遺產而傳承下來，透過這位母親的教導，他從幼年時間就對所有歷史耳熟能詳。母親在他18歲時就辭世而去，因此她並沒有在生前看到兒子的偉大，但在她去世之前，他已經成長到了很優秀的程度，於是她預言說，如果將來會有教友派教友被允許進入內閣，約翰·布萊特將是其中的一員。這個預言後來成為事實，不像其他許多慈愛母親的預言那樣化作泡影。儘管教友派在此之前從未和政治有任何關聯。

有一次，有人問約翰·布萊特，他是怎麼接受教育的，他回答說：「我的母親教育了我，還有洛奇代爾文學社。」

事實上，這個文學會是由約瑟夫和瑪莎·布萊特成立的，三十多年來每星期聚會一次，它幾乎可以算是一個大學，它給洛奇代爾帶來的作用，相當於在山上建造了一個城市。這個文學社討論除了政治和宗教之外的、人類感興趣的所有話題，挑戰人類知識的極限。這樣一個在城鎮裡的文學社所產生的智慧、美德、價值和益處，它的重要性絕對無法估量。它帶來了有益的結果，而它是由一個商人和他的妻兒堅持組織的，沒有什麼宗教機構可以與其相提並論，而且他們完全是附帶性地組織的。難道他們還算

不上是「教友」嗎？

　　約翰・布萊特進入了他父親的工廠接下主管職位，25 歲之前成為經理。他到處旅行，到倫敦去了好多次，還去了歐洲大陸的多個城市。

　　他 27 歲的時候，教會的稅率明顯增高，教會的人感到歡欣鼓舞，因為教友派的工廠主從來不去教堂，卻被迫繳納比鎮裡其他任何人更多的稅來支持教會。約翰・布萊特召集了一次文學社會議，邀請了鎮裡所有教士出席，第一次破例，討論了宗教和政治問題。從那時起，直到他去世前，約翰・布萊特開始揚帆駛向了政治的海洋。以下是首次政治演講的部分內容：

　　教區牧師已經發表了一份傳單，現在我手裡就拿著這麼一份。它引用《聖經》文字來支援收稅，這可真是不可想像地厚顏無恥，「凱撒的事歸之凱撒」，卻把後面的一部分文字去掉了。[071]

　　我認為，引用《聖經》的文字來為教會收稅辯護，這到達了自以為是的頂峰。《新約》裡到處都是這樣的篇章，諄諄教誨人們和平相處、團結友愛、相互寬容、慈善心腸、不要理會骯髒的錢財，要獻身於我們同胞的福利事業。強征教會稅，強奪教友的物品，囚禁那些拒絕交稅的教友，在教會法庭進行法律上不公正的騷擾，在教區居民之間製造不和及苦難，在所有這些過程中，教士違背了別人花錢讓他宣揚的戒律，提供了人性懦弱和邪惡的可悲證據。各位鎮民們，我看著那個古老的教會大樓時，心中充滿了痛苦，就是那邊遠處莊嚴的大樓，它的古老給了它一種莊嚴的感覺。我把它看作是逝去歲月的見證人，連接了現在的時代和以前的時代。我本來可以帶著愛的情感看待它，如果我不知道它已蛻變成了紛爭的中心。我

---

[071]　後一句話為：上帝的事歸之上帝。

們的街區多年以來深受其害，它是孕育不和、怨恨與不和諧的溫床，不斷地生產出這些東西，把它們有害的影響播撒在這個人口密集的教區。我真希望，這個莊嚴的物體是真正的革新後的教堂的代表，教會從靈魂上和政府分離、獨立。教會依靠自己的資源、依靠教友的熱情、依靠自己真實的原則、依靠自己精神領袖的祝福！那麼這個教會真正會脫離自己舊的惡習：那麼它就可以從事一項更光明的事業，領受一項永遠閃耀的榮耀。它就可以和這個王國的其他教會心連心，手牽手，在這個偉大的王國，在全世界的各個地方，從事這項偉大而榮耀的傳福音的工作。我的朋友們，這樣的時刻已經到了，政府的教會在英國將再也無人知曉，這樣一項功德要由你來決定：是加快它的進程，還是阻撓它的進程。我呼籲你們做好準備，迎接即將到來的抗爭，因為戰鬥的時刻正在來臨，英國人民將成為他們自己命運的裁決者，他們，必須作出選擇：要不選擇公民自由、宗教自由，要不就要選擇鐵蹄，選擇雇傭制政府神職制度的精神奴役。洛奇代爾人啊，請履行你們的義務吧！你們知道你們將變成什麼樣。維護那些你們自己已經覺得珍貴的偉大原則：請和我一起聯合起來，堅定決心，無論在什麼情況下，絕不再向教會交稅：不管等待你們的將是什麼，請證明這一點，有益的、勇敢的原則不會使心靈感到畏懼。最終我們的事業，你們的事業，全世界的事業，都將光榮地取得勝利。

偉人自會為偉人留出位置。約翰·布萊特於1834年第一次遇到理查·科布登。布萊特當時23歲，科布登已經到了30歲的成熟年齡。布萊特把他當作一個元老看待，在拜訪他在曼徹斯特的辦公室時，心裡砰砰亂跳。科布登看著年輕的布萊特，直覺斷定他想要一份工作。科布登從拜訪者的衣著看出他是一名教友派信徒，於是立刻就決定僱用他。

在多年之後描述這一事件時，科布登說道：「我得出的結論是錯誤的，

我以為他找我是要一份工作，而他是僱用我的。他想讓我去洛奇代爾，向他的文學社作一場。」

要是你前去找一個商人，請他演講，你會讓他立即放鬆警惕。科布登大受恭維，他詢問了洛奇代爾的布萊特工廠的情況，了解情況後非常羞愧，儘管它離這裡只有幾英里遠，他不知道人性的精神已經駐留在這個特別的商業企業。布萊特一家正在做他一直宣導的事情，使企業變成一種宗教和一種藝術。「我立即喜歡上了這位聲音溫和的陌生人，」科布登說，「我對我的無知很感羞愧，這樣美好的靈魂就在我的門邊，他們已經在實際操作那些事情，而我卻以為自己發起了這些而引以為豪。」

就這樣，科布登來到洛奇代爾發表演講，兩位偉人之間的友誼就此開始，只有死神才能切斷他們之間的友誼，可能甚至死神也做不到，我真不敢說。不過多年來，科布登一直在洛奇代爾演講，每年講幾次。每當他聽到了「聲音」，他就來到洛奇代爾，告訴前來聽他演講的朋友們和工人們。

「每當我要在倫敦發表重要演講，我總是先到洛奇代爾，在這裡發表我的觀點，因為布萊特一家已經訓練他們的聽眾學會思考。如果他們能理解，我覺得我可以在下議院冒險試一試。」

這樣布萊特幫助科布登成長，而科布登也是布萊特成長的主要因素。許多年過去了，他們倆變得非常相像，「莫逆之交」這個詞對他倆是最適合的詞語。

約翰·布萊特 28 歲的時候，和伊莉莎白·普里斯特曼結婚，她和他年齡相仿，也像他一樣智慧過人。看起來這是一個理想的婚配，他們熱愛同樣的事物。他們制定了許多計畫，情侶們總是喜歡制定計畫。在山上建一個小屋，他們就住在那裡，像農民一樣，不要僕人，也不要侍從，約翰

在那寫一部美妙的文明史，對未來作出預測，說明如何透過將倫理學與商業相結合，讓這個世界新生。

這個計畫永遠沒有實現。約翰和伊莉莎白只攜手走過了兩年的歷程，然後她去世了，穿著她的結婚禮服下葬，在她僵硬、長著藍紋的手裡拿著一枝紫丁香花。

約翰·布萊特打算非常簡單地安排一下葬禮，完全像教友派教友一樣。他自己將發表一個小小的演講，告訴人們，「聲音」告訴他，死就像生一樣自然，也許一樣美好。死去的她並不害怕死亡，迎接死亡時只是把它當作一種遊戲，她唯一關心的，是活著的人。

但約翰·布萊特沒能發表這個演講，他伸出雙臂抱住失去母親的小小女嬰，她剛滿一歲。女嬰笑了起來，帶著嬰兒的歡樂抓著他的頭髮，約翰·布萊特努力地搜盡枯腸，但根本找不出話說。他一言未發地坐了下來。一位教友派女教友站了起來，她是工廠的工人，她發表了一個演講，講了他原打算講的內容，也許她講得比他還好。

約翰·布萊特剛剛 30 歲，但他認為當時的生活及往後的人生都只是一片空白。他沒有意識到，不管死亡對死者來說是否是一個開始，對於生者來說肯定是一個開始。站在敞開的墳墓邊，看到天空壓向這個世界上更無價值的東西，這是一個里程碑，一個新紀元。

接著，過了一個月的沉默寡言、拖拖拉拉、痛苦悲傷的日子，理查·科布登從曼徹斯特趕過來看望他的朋友。科布登給他帶來了一個訊息：「緊抱住內心的悲傷是一種自私的快樂。活著就是要思考、要工作、要行動。在這一時刻，英國有成千上萬的婦女和兒童在挨餓，絕對是因為缺乏麵包而離開人世。請跟我來，幫助我把這個稅趕走，它使許多人都拿不到吃的

東西。把對死者的悼念轉化為對生者的愛吧。讓我們永不停息地工作，直到《穀物法》被廢除，來吧！」對約翰・布萊特來說，把自己奉獻給人類現在似乎很容易了。他就這樣做了，生活呈現出一種偉大、沉靜的神聖感，死亡使其變得更為純潔、更為高雅。

那位女嬰長大後成為一名美麗的女性。她現在是一位有著成年子女的祖母，堅守傳統。身為她父親的女兒，她向議會遞交了一份申請，要求給予婦女選舉權，許多人認為她臭名昭著，也有一些人認為她是名揚天下。理查・科布登的女兒科布登・沙德遜夫人也為了同樣的事業進行抗爭，她在監獄裡待了四個月，因為她堅持要正式記錄她的政治優選權。我們的進展真是太緩慢了！

布萊特此時開始從事「反《穀物法》聯盟」這一偉大事業，獻身於這個事業，甚至忽視了自己的私事。「聯盟」在曼徹斯特設有總部，布萊特是實際的負責人。科布登當時正在各大教區巡遊，在學校、市政廳和集市發表演講，努力說明保持對食品徵稅的愚蠢。接著他們想出了科布登和布萊特一起旅行的辦法，走進敵人的地盤，主動和所有的來者進行辯論。這個挑戰喚醒了大家，不論這兩位演講家走到哪裡，哪裡就座無虛席。科布登發起辯論，以半小時的演講提出問題，接著會上公開接受反對意見。偶爾會有人回應，經常是由地主們推舉的一位當地著名的能言善辯的教士。

然後由布萊特把他解決，把他徹底打敗，不可能再有任何的反對意見。布萊特對於教士有著非常清晰的看法，人們對此非常認同，不會有更勇敢的人敢站到講壇上。以下內容可以展示他的一些風采：

透過法律確立這個教會為國教，這使我想說，我相信，確立國教是增加個人信教虔誠和國家繁榮的一種方法。但我個人想問一下，為什麼英國

現在還有很大一部分人口既無知又不信教呢？教會有了國王成為它的首腦及總管，有議會兩院支持它，還有貴族和鄉下的有產紳士的影響（他們有著在牛津和劍橋受教育的優勢，而非國教派的人被剝奪了這個權利），而且教會有數千萬的錢財供自己使用，不僅從它自己的一方收集，而且從非國教派的人的財產那裡搜刮。我想問一下，英國怎麼還不是一個節制的國家、一個道德的國家？為什麼惡習以各種形式可怕地到處出現？難道這還不能證明這個制度有著根本性的錯誤嗎？把為數不少的英國人民的優勢聯合起來，最近已經取得一些成功：《宣誓法案》的壁壘已經打破；議會腐敗制度已經被成功地擊敗。我相信，這樣的日子已經為期不遠了：人的良心不再受到政權限制的桎梏，宗教自由將代替寬容，人們不會再感到奇怪，竟然會有這樣一種壟斷，領受聖職的政府牧師竟然成為救贖知識的唯一賣主。

農民們反對「聯盟」，地主們告訴他們，如果麵包原料被允許免稅進入英國，土地的耕種者們將破產。

科布登是一位老練的演講家，他在歷史和經濟學方面的知識贏得了人們的尊敬，但布萊特的演講術深入他們的內心。布萊特有著真正循道宗信徒的熱情，不需要怎麼運用他的智慧就能贏得聽眾的心。

科布登和布萊特結成聯盟之後不久，科布登參選議員，並且當選了。「約翰・布萊特的演講術是最關鍵的，它贏得了農民的心，贏得了曼徹斯特人。」英國前首相格萊斯頓如是說。「曼徹斯特人」這個詞被用於科布登和布萊特身上，並就此黏住了。他指的只是製造商，不包括學者和紳士。布萊特已經對於刻板的教友派服裝做了改進，但戴著柔軟、灰色的帽子進行匹配。「因為，」他的敵人說，「這樣更有效果。」

　　科布登此時已經成為下議院議員，布萊特自稱「外務大臣」，經常獨自一人奮勇作戰，一周平均演講三個晚上，其餘的時間用於照管生意。科布登當選議員兩年之後，布萊特被迫購買一套莊重的黑色衣服，並戴上一頂煙囪管式的帽子，因為他也當選為下議院議員。

　　「又一個曼徹斯特人，我真的要說，你知道，真的要成為旅行推銷員的集會了！」羅伯特‧皮爾爵士說道，同時扶了扶自己的單片眼鏡。不過皮爾慢慢對於這些曼徹斯特人有了非常高的評價和尊重。他們不會接受賄賂，不會被收買，也不會被脅迫。他們有足夠多的錢使他們不會受到誘惑，而且能夠作出快速反應。他們是少數派，但不能輕視或是壓服這個少數派。

　　《穀物法》被完全廢除的時間是 1849 年，不過在此之前，科布登和布萊特曾被威脅要上刑事法庭，因為他們煽動革命。不過，內閣最後還是讓步了，新的時代來到了，而且證明是一個和平、巨大繁榮的時代。

　　約翰‧布萊特為了人類而工作。愛爾蘭擺脫了「國教」束縛而獲得自由，要歸功於他的聲音，他的聲音比其他任何人的聲音都更有作用。

　　他努力使英國擺脫國教的掌心，但最終承認，要使教士鬆開對於特權的攫取，還需要時間。他總是永遠在抗議、投票反對戰爭或是增加軍備，有時甚至一個人孤身奮戰。有一次，他放棄了一個任期的議席，投身於反對大眾嗜血呼聲的抗爭之中。約翰‧布萊特是養成良好學習習慣的一個好榜樣。他不僅在經營一家大型的私人企業，同時在管理國家事務方面擔負重責，但他一直是一名學生，一直是一名學習者，同時一直是一名教師。他和理查‧科布登都從未將倫理學與企業分離，將宗教與工作分離，或者將生活與教育分離。

約翰·布萊特有著高度的誠實、永久地保持樂觀，永遠保留一顆溫柔、同情的心。這些東西似乎是從他的天性中自然、輕快、溫柔地彈跳出來，這是他在生活中養成的習慣。因為獲得了良好的習慣，他的判斷幾乎是一貫地正確。他的行動充滿男子漢氣概，他的性情體貼周到，他的觀點完全正確。私人企業對約翰·布萊特來說就是一個公共信託機構。在許多人當中，只有他知道，幫助自己的唯一方式是幫助其他人。

在美國內戰期間，約翰·布萊特站在北方這邊，並且對下議院許多議員發起了猛烈攻擊，對他們進行嘲笑，因為他們希望並祈禱美利堅合眾國不再是「合眾國」。

1868 年，格萊斯頓當首相的時候，布萊特被委任為商務大臣，他是第一個進入內閣的教友派信徒。

約翰·布萊特是一個富人，他的一生證明了，如果正確地運用財富，會帶來什麼樣的成果。他絕對誠實、堅守原則，使他成為一個榜樣，成為一個光芒照人、獨一無二的人物，使我們現在生活的時代也黯然失色。

約翰·布萊特的活力、雄辯、清白、真誠、不糾纏於無關緊要的吵鬧，他的無私奉獻、他的崇高理想、他無止境的高尚追求，還有他預言性的展望，所有這些都給整個時代精神染上了色彩。他讓我們發現，烏托邦即時即地就可以找到，只要我們需要它的存在。

第八章
查理斯・布拉德勞

查理斯・布拉德勞（Charles Bradlaugh，1833 年 ~ 1891 年），英國政治活動家，十九世紀最著名的無神論者之一、伏爾泰和潘恩式的自由思想家。他於 1860 年創辦《國民改革者》週刊；次年參加創立馬爾薩斯學會，宣傳馬爾薩斯主義，引起了世界範圍內對人口問題的重視。1880 年。布拉德勞身為無神論者入選下議院議員，儘管引起了長時間的爭論，但還是在 1886 年得到公開承認。從而使宗教少數派成員有了完全公民身份。查理斯・布拉德勞屬於這樣一個人群：「他們自己判斷政治問題，在受到廣泛反對的情況下他們有勇氣宣布他們自己的信念。」

　　尊敬的從男爵先生已經說過，沒有說過要我改變宗教信仰的言語。尊敬的從男爵先生說的是真話。從來沒有什麼人說過要我改變宗教信仰的言語，今後也不會再有。你無權要求我改變宗教信仰，你無權要求我做任何事。如果我在法律上不符合資格，請在法庭前列出這個例子。你要求我做出聲明的時候，你犯了無禮對待我的罪，犯了違背下議院傳統的罪，犯了侵犯人民自由的罪。我現在請求你，不要讓我捲入一場我想避開的戰鬥之中。不要嘲笑選民們。如果你把自己置於法律之上，你留給我的，別無他路，只能違法地煽動，而不是進行合理地辯護。這樣一種衝突很容易產生，但無人知道將如何結束。你認為我是個可憎的人，並說沒有人站在我的一邊。如果是這樣，這個議院更有理由要展示它的大方慷慨，因為數世紀以來，它在自由方面的力量非常強大。因為它要處理的這一個人，明天將被迫投入一場戰鬥之中，尋求大眾的意見和它進行抗爭。

　　　　　　　　　　　　　　　　　—— 查理斯‧布拉德勞

　　湯瑪斯‧潘恩、羅伯特‧英格索爾和查理斯‧布拉德勞組成了不可分割、相互關聯的三個偉大名字。關於潘恩的記憶，多年來已經被埋沒在含糊其辭的垃圾堆裡了。為了找出這個人，我們必須把垃圾挖開。幸運的是，在蒙奎爾‧D‧康威牧師的幫助下，我們找到了他。

　　英格索爾的一生對我們敞開，他那誠實、摯愛、溫和的性格無可爭議。那些企圖中傷他的神學空談家勢必自取其辱。甚至都沒人會想著去回應他們。有人曾說過：「在一個死亡的世界裡，沒有時間仇恨別人。」此話不辯自明，我們報以會心的一笑。對於布拉德勞來說，也是如此。他的女兒為他寫了兩大冊傳記，這是一本非常人情味的書。它的價值可與赫胥黎的兒子為父親寫的那部出色傳記相提並論。

好的傳記的特性，很大程度在於不夠慎重。這位熱愛父親的女兒為了歌頌父親，講述了一些可能對別人沒有什麼好處的故事。的確是這樣，但正是這些確切無疑的事實告訴我們，這本書寫的是真事。

查理斯‧布拉德勞給英國所作的貢獻，相當於英格索爾對美國所作的貢獻。他們倆都提交了少數派的報告。透過他們的影響，教會才能夠和魔鬼、及魔鬼所做的壞事斷絕關係。

這兩個人都出生於 1833 年，只差一個月。他們在許多方面都很相似。在體格方面，他們都很魁梧；兩人都是律師；兩人都是天生的演講家。

不過，布拉德勞在未成年之前就開始了他激進的生涯，而英格索爾則年近四十才把外交放到一邊，不再關注支氣管炎。

查理斯‧布拉德勞是一位可敬職員的第一個孩子，母親是一位女僕。他的父親一周賺的錢從未超過兩個幾尼 [072]。他的父母為兒子所做的事，只是給他提供了良好的身體條件，教會他透過對立面來思考問題。他在精神特點方面，找不到和父親或母親相像的任何痕跡。對於偉人來講，父母顯然只是為了某一目標才被派上用場的人。

布拉德勞的父母信奉國教，從不懷疑《聖經》字面上的靈感。他們也相信祈禱書的神聖泉源，這樣一種輕信值得讚美，不過我覺得沒有必要。他的父母嚴厲、苛刻、專橫，但不壞，也不是真正的殘暴，只是「堅持」。他們相信人類不過是塵土中的小毛蟲，並且恪守傳統。他們相信性惡說的教義，並身體力行、躬行實踐其教義。

一位肯特的富裕堂兄每年寄過來一大捆舊衣服，這可是件大事情。家裡根本不可能有糖，有一次，這位當公共馬車查票員的肯特堂兄寄了一磅

---

[072] 舊時英國金幣，合 21 先令。

紅糖過來，裝在一件舊外套的口袋裡，糖突然消失了。查理斯被指控偷了糖，但他矢口否認。他被用皮帶進行了處罰，既因為他不承認偷盜，又因為偷盜本身的行為。後來，結果發現隔壁的小女孩偷了糖，查理斯拒絕告發她，而她卻自首了。接著男孩又挨了鞭子，因為他沒有告發女孩。查理斯接受了所有的羞辱，但一口糖也沒吃到。

　　查理斯被送到「貧民免費學校」，在 10 歲這麼一個成熟的年紀，就成為了可與父親媲美的書法好手，要知道，他父親可以在郵票的背面寫主禱文呢。在這個學校，除了獲得教育之外，查理斯還在身體上獲得了教學的印記，10 年之後，當他報名參軍時，在身體描述方面記錄了下來。

　　布拉德勞的女兒保存了一份漂亮的《聖經》經文題字，寫的古體文字，這是小夥子9歲的時候寫給母親的。圍繞著題字的是純史賓賽體[073]的手繪飛鳥。題字內容如下：「約押[074]說，我不能與你流連。約押手拿三桿短槍，趁押沙龍[075]在橡樹上還活著，就刺透他的心。給約押拿兵器的 10 個少年人包圍著押沙龍，將他殺死。」此時，在穿孔的厚紙板上製作題字的藝術還有待臻於完善。

　　10 歲的時候，查理斯被從學校叫回家，受僱做一名勤雜工，每週賺五先令，這些錢要交給父親，用於維持家計。不過，很容易看出，早年的支出帳目主要用於合理的使用。當男孩有包裹要送，別人給了他公共馬車的車票錢，他就走路過去，省下車票的錢。過橋費要半個便士，他就趴到馬車上，省下這筆錢。為了準時返回，他跑步回去。他成了一名趴馬車、坐馬車車軸而不會挨馬車夫鞭子的行家。他用省下來的錢買了一些廉價的

---

[073]　一種字形呈圓形且向右傾斜的花式字體。

[074]　《聖經》中大衛的侄子，軍事統帥。

[075]　聖經中大衛的兒子，他策劃了一起謀奪父皇王權的叛亂，在隨後的搏鬥中被擊敗並殺死。

政治、歷史和宗教的小冊子。有一天，他被派去送一個包裹給馬克‧馬斯登，那是一位作家兼出版商。查理斯不認識這個人，但在手裡完全無意地拿著一本馬斯登寫的小冊子。沒有什麼比一本自己的有趣作品更能讓作家感興趣了。馬斯登拍了兩下男孩的頭，給了他一個小圓麵包、二點五先令的銀幣，還有三本廉價的政治經濟學小冊子。

查理斯蹦蹦跳跳地離開了，他因為太驚奇、太高興，舌頭都打結了，忘了謝謝人家。20 年之後，他還清清楚楚地記得這件事情，這是他第一次遇到別人真正的好心好意。他和馬斯登站在同一個講壇上，講述了這個故事，聽眾有二千人。馬斯登已經忘記了這件事情，快樂的馬斯登，他在一路上奉獻出愛與歡樂，卻沒有記錄下來。這個小故事證明了兩件事情：一是作家並不全是壞的，二是對男孩的友好是一個很好的投資。男孩會長大成為男人，至少一部分人會這樣，我相信，這一點無人可以否認：所有的男人都曾經是男孩。布拉德勞直到去世那一天都一直對男孩們很友好。他意識到，和他們在一起，他是在進行靈魂的交流，而命運之神就在拐角處等待著。

查理斯 14 歲的時候，他被提拔到出納臺，他的收入達到每週 12 先令。

就他年齡而言，他個子高大，大街上的生活磨練了他的智慧，因此他少年老成。他勤學苦練，對宗教非常虔誠，在青春期苦苦掙扎的孩子常常是這樣。星期天是神聖的上教堂的時間，早上、晚上和閒置時間被用於讀烈士的生平。只有在工作日才讀歷史或政治小冊子。在主日學校 [076] 他是一個很有前途的老師。

---

[076]　通常與教堂或猶太教堂有緊密連繫的學校，在星期日對兒童進行宗教教育。

接著來了一位 J・G・派克爾牧師，承擔了聖彼得 [077] 的義務。他在歷史上留名，只因為他和這個男孩吵了一架。

年輕的布拉德勞正在為堅信禮（基督教一種在教堂中舉行的接收洗禮教徒為正式成員的儀式。）作準備；對教義問答書他可以倒背如流，他也了解從創世紀到啟示錄的全部《聖經》歷史。但他覺得，《聖經》歷史的某些部分，不能和我們所認為的無所不愛、無所不知、永遠公正的上帝相一致。於是他寫了一封內容很長、充滿尊敬的信給他的牧師，是用非常標準、精確的史賓賽體寫的，希望得到他的指引。

而 J・G・派克爾牧師把這個詢問當成是墮落的證據，立即把信交給了男孩的父親。同時，他三個月不讓這位年輕人參加主日學校，並在全校面前譴責他是無神論者，所有這些都是為了懲戒的目的。高壓的策略是一百年之前的規矩，J・G・派克爾只不過是失去了對經度和時間的判斷力。父子之間發生了激烈的爭吵，男孩太大了，不能痛打，只能寫給他幾頁紙長的惡罵。

此時，邦納草地是一個露天集會的重要場地。倫敦公共演講的傳統仍然在繼續，在每一個快樂的周日下午，人們能聽到各式各樣的正統的、異教的奇思怪想在草地上爭鋒。年輕的布拉德勞很喜歡露天集會，提高嗓門大聲讚美，感受到與殉難相匹配的刺激與歡樂的振奮。在自己的正經事務結束之後，他找到反對的人，試圖在辯論中使異教徒沉默。其中一位異教徒可憐男孩的天真與無知，借了一本潘恩的《理性時代》給他。在此之前他從未聽過潘恩的名字。現在他開始研究潘恩，開始閱讀他的生平。從這裡，他找到了這個事實，潘恩曾因為信仰的緣故遭受過痛苦，被趕出英國，就像他自己被逐出教堂一樣。

---

[077]　耶穌十二門徒的領導者。傳統上認為他是第一位羅馬主教。

暫停參加主日學校的三個月期限已經過期，年輕的布拉德勞被邀請回到人群中來。但他並沒有回去。他正在學習東西。潘恩及迫害已經使他的頭腦變得敏銳。我並不認為是派克爾把布拉德勞趕上了無神論之路，但我認為他加快了這個步伐，提前了大約 20 年時間。布拉德勞並不具有被正統教會所籠罩的思想特性。

　　少年時代已經被丟在身後。他加入一個自由思考者俱樂部，在理查・卡利爾夫人的咖啡館裡聚會。她曾獨身一人從鄉下來到倫敦，出版了一份小雜誌宣傳婦女權利。她堅持為自由而戰已經 20 年了，貧窮與中傷都無法使她屈服。她年近 50 歲，在公園發表演講，向所有在場傾聽的人發表演講，對募捐的做法嗤之以鼻。就這樣，J・G・派克爾牧師發現，年輕的布拉德勞「在那個卡利爾女人，那個耶洗別 [078] 的咖啡館裡消磨時光」。他直接給年輕的布拉德勞寫了一封信，給他三天的時間回到教堂來，放棄所有的異端信仰，否則將把他的習慣告知他的雇主，這樣的話他就會失去做出納的工作。

　　這封信顯然是男孩的父母和這位忙忙碌碌、虛情假意的牧師共同創作的作品。唯一的麻煩是，他們的計畫效果太好了。男孩認為這意味著要失去工作，非常絕望。他等著過了兩天，到了第三天上午，他大膽地辭去了工作，帶著殘剩的勇氣永遠地離家出走。就這樣開始了他畢生為自由而戰的事業，至死方休。

　　於是，我們發現查理斯・布拉德勞和父母親完全斷絕了關係。他經常來來回回走過他那曾經的家，但他的妹妹們被禁止和他說話，否則就要流落街頭。

---

[078] 這個名字在西方語言中喻指無恥惡毒的女人。故事出自《舊約・列王記》。

　　無疑他因此而痛苦萬分；但同樣他也有著非常出色、非常持久的自尊。悲傷永遠都不會只是悲傷，在大多數葬禮上，送葬者通常都會或多或少帶一點欣慰的滿意感。

　　年輕的布拉德勞此時開始埋頭於他的書本中，他確信自己有一個使命。他在咖啡館當上了一名侍者，之後成為一名職員，接著成為銷售員；但他的異教徒的名聲一直跟隨著他，他無法反駁這個指控。事實上，我覺得他也不想去反駁。周日的時候，他在海德公園發表有關禁酒的演講，並說了一些對教士們不好聽的話，說他們對於人們的真正需要毫不關心。

　　那時英國的禁酒主義者就像富蘭克林時代的古玩那樣多。年輕的布拉德勞似乎擁有了異教徒所有的特點。他成了一名素食主義者，租了一間每週三先令租金的房子，膳食費用是每天六便士。

　　這位個子瘦高的年輕人，決心要在食品、飲料及神學飲食方面改造這個世界。他身高六英尺二英寸，體重不到 99 磅。他戴著一頂煙囪管式帽子，穿著一件緊身、黑色的長外衣，還有淡紫色的鞋罩。節食及用功學習使他的臉色蒼白得就像《哈姆萊特》裡的鬼魂一樣，也使得無人敢僱用他。

　　接著，饑餓迫使他走進了招兵辦公室，無疑還帶著那個似是而非的理由，想教會英國大兵禁酒。招兵官員盯著這位幽靈看了看，然後派人去叫了一個外科醫生過來。這個外科醫生又派人叫來了另外一個外科醫生。兩人走近這個骨瘦如柴的人，拍了拍，聽了聽，捅了捅，又算了算。「他需要的只是食物和工作。」一號醫生說道，然後用他粗短的食指最後捅了一下這個檢查對象。

　　列兵布拉德勞就這樣宣誓入伍了，並於當晚乘船前往都柏林，在那裡

他可以領到軍裝。很自然地，航行結束之後煙囪管帽式帽子沒能倖存下來，它的邊被壓下來圍著他的脖子當「手帕」用。職員外套很快破得不成樣子，無法再穿，而一本歐幾里德[079]的書和大衛‧休謨的書被當作足球來使用。

這是一段艱難的生活，但這只不過是生活的一部分而已，年輕的布拉德勞接受了教訓。我們知道這個，因為只過了六個月，他所在的部隊駐紮在以治安混亂鬥毆屢發著名的多尼布魯克村，布拉德勞被選為十六名參加集市活動的人之一。即使來這裡的是一群士兵，但也沒有敢掉以輕心。

布拉德勞此時體重 160 磅，他孔武有力。多尼布魯克未成文的法律規定，不允許士兵進入集市。不過利益驅動之下，相關機構經常還是繼續賣票給士兵，每天每支部隊只允許十六名士兵進入集市。

看起來集市對士兵們並不友善，但布拉德勞在此時表現得很出眾，他的機警和靈活的身手是他全身而退的保障。

有規律的食物、有規律的工作、有規律的睡眠對布拉德勞帶來了特別的好處。他從來都不怎麼相信戰爭，但政府給本國男性公民一點強制的身體訓練，卻總是合他的心意。

三年的士兵生涯沒有為布拉德勞帶來任何壞的習慣，至於他是否影響了英國大兵們，讓他們跟隨他走上一條筆直而狹窄的道路，這一點還是個問題。

在晴朗的禮拜天，部隊的全體人員要行軍到教堂去，這已經成為規矩。有一次，一位牧師拒絕解釋一段經文的內容，理由是，不管怎樣，士兵都無法理解它的意思。這使得列兵布拉德勞寫來了一封信，向牧師解釋

---

[079] 古希臘數學家。

了這一段落的意思。這也反映了一個事實，一個士兵有可能了解和牧師一樣多的知識。

　　下一個禮拜天，這位牧師提到了這封信，用嚴厲的語氣責備發信者，此時，三百名士兵解開軍刀，讓它們掉到石地板上。喧鬧聲打斷了宗教儀式的舉行。很快之後，作為懲罰，該部被派到一個沒有宗教服務的地區的軍營裡。

　　在沒有牧師的情況下，列兵布拉德勞被允許在每個禮拜天向士兵們講述「一些有關道德主題」的內容。

　　這一做法一直持續下去，直到有人向總部投訴此事。然後總部下達了一道簡短的命令，「禁止列兵布拉德勞或是其他人公開談論政治或是宗教的話題」。

　　布拉德勞三年的軍旅生涯阻止了他的精神進程，但允許他的身體發育成長。從另一方面來講，他已經被驅逐出社會，因此他理想化地看待事物，透過想像的眼睛來看待它們，而不是按照它們的實際情況來看待。

　　這樣做，有時是好事，有時卻並不是好事。查理斯20歲的時候和蘇珊娜・胡帕結婚，有些人說，這是一個「可愛的婚配」。胡帕小姐有社會地位，而布拉德勞有前途。新娘漂亮、聰明伶俐、粉面含春，芳齡21。

　　沒有誰像布拉德勞一樣遇到命運的無情打擊。他妻子的聰明只不過是一種表面的跡象。她對他的理想毫不關心，而他對於真理的孜孜追求成為她冷嘲熱諷的對象。她努力想把他引入傳統的「正道」，讓他放棄那些古怪的看法，加入教會。他則一廂情願地想教育她，結果卻變得一團糟。一年不到的時間，他發現自己在精神上非常孤獨。五年過去了，他們有了三個孩子。

布拉德勞還在公園宣揚禁酒。似乎是為了對抗他的訓誡，他妻子喝起了烈酒，因此他回家的時候，經常發現好心的鄰居在照顧她，他們是為了保護孩子而過來的。

這是個悲傷的故事，除了兩個女孩和她們的兄弟對父親的熱愛，及父親對他們的熱愛之外。母親只是名義上的母親。她變成了一個酗酒成癮、不可救藥的犧牲品，苟延殘喘了幾年，住在療養院裡或是由一個特別的僕人服侍。

結婚之後，布拉德勞進入一家律師事務所。他很快就成為事務所的首席律師。他天生的公共演講能力使他成為一名很好的出庭律師，而且他身體條件良好，這使他在進行扣押或是執行驅逐時非常有價值。

執行法律事務在當時似乎並不是有很高聲譽的職業。他們知道，一旦捲入訴訟，原告被告雙方同時輸了官司，一個糟糕的妥協要比好的法律訴訟更強。「讓他嘗嘗法律的滋味」通常是對付敵人的方法，不是忘記他們對你做的壞事，而是把他們留給復仇女神給以報應。

我們聽過這樣一個案子，布拉德勞的一位客戶在一塊租用的土地上建起了一座磚房，但沒有預先依法辦理 99 年的租約。於是地主命令租用人年底之前搬出去。

租用人要求地主把建房的錢給他。租用人這樣做非常愚笨，說明他對於普通法無知得可悲。布拉德勞受僱處理這個問題，他拜訪了這位冷酷的地主 —— 但一切都徒勞無功。

當晚，布拉德勞和客戶召集了一百名忠誠而好心的人，把整座房子搬走，連煙囪到奠基石全部搬走，只剩下地窖。

這一法律舉措很像羅伯特‧英格索爾的一次行動，他讓一家鐵路公司

在午夜到日出的這段時間裡，鋪設了一條半英里的鐵軌穿過在皮奧里亞的街道，然後讓對立方把這一案子提交法庭。

英格索爾對思想世界的興趣，使他失去了伊利諾斯州州長的職位。布拉德勞對於類似內容的興趣，使他失去了英國律師界的最重要職位。此人有風度、有毅力、有勇氣，而且有著值得法官、陪審團和對方尊重的機智和老練。在 25 歲之前，他對於歷史、神話、詩歌、經濟學和神學的了解，即使終生進行研究的人也沒幾個人能比得上他。

公共演講打開了精神的氣孔，比任何其他的智力鍛煉都更管用。它鼓舞、刺激、喚出了人的潛力。也許演說最好的結果是，它暴露了人們的無知，向他們展示，他們了解的東西太少了，從而推動他們加強自己的儲備，為被圍攻而做好準備。

當然，這一點並不適用於牧師，他們的努力純粹是「單方面的」，教眾的回應被認為是一種冒犯。

美國廢奴主義者溫德爾‧菲力浦斯曾建議有演講天賦、胸懷大志的年輕人去上一上「暴民的課程」。布拉德勞當然上過了這樣的課，之後他還繼續攻讀研究生呢。他在多尼布魯克斯的經歷只不過是預言性的經歷。

海德公園的人群前來聽他發表演說，並不完全是想聽到對彼拉多 [080]問題的回答。

布拉德勞在公園有著自己的一角，當天氣晴朗的時候，他就在禮拜天的上午在這裡演講。在聚會上，他邀請聽眾做出回應，因此演講經常會以辯論的形式出現。另外他還有一種使氣氛活躍起來的方法，以對待敵人相同的方式對待他的朋友。經常聽眾純粹為了好玩，開始推來搡去，兩百名

---

[080]　西元 1 世紀的羅馬統治者，他下令把耶穌釘死在十字架上。彼拉多曾向耶穌詢問：「什麼是真理？」

無賴把聚會搞得一團糟。那裡沒什麼特別的暴力，這是非常有英國特色的，你知道。

偶爾這也會在海德公園發生，真正的倫敦員警不會允許他不想看到的任何東西出現，卻允許那些閒漢擠到一塊，推推揉揉，直到每個人都累了。這真是非常好玩，除非你被陷在推擠的人群中，你所能做的只是站穩腳跟，跟上快樂人群的步伐。但參加海德公園聚會的人越來越多，在混亂之中，有時會有人倒在地上被人踩踏。

因此蘇格蘭場發布了一個命令，公園的所有公共演講都必須在上午十時至下午二時這段時間停止。這段時間是去教堂的時間，而到教堂參加活動的人數非常明顯地減少了。

布拉德勞認為，這一命令沒有經過法律的正常程式，公園屬於人民，露天公共演講不是濫用人民的權利。禮拜天的時候，比以往更多的人蜂擁而來，來到海德公園吵架。布拉德勞安排了十多個同事，在公園的不同地方同時開始演講。員警開始沖了進來，人群開始推來擠去。員警開始使用警棍。兩名員警抓住了布拉德勞。他禮貌地請他們把手放開，但他們不聽，於是他向他們展示了自己的體能，把他們的警棍奪了過來，然後把它們扔到歡呼的人群中。接著他把兩位警官的腦袋撞在一起，煽動暴亂，就這樣打破了紀錄。

所有這些聽起來有一點悲劇色彩，不過很抱歉地講，我相信布拉德勞樂在其中。身體方面，沒有人能夠和他進行對抗，所有人都容易成為自己優勢的犧牲品。員警這一次沒有成功地逮捕布拉德勞；似乎外面有一種情緒，使得政府對於是否發布逮捕令抓他猶豫不決。要是在幾年前，布拉德勞會被絞死，然後一切就此解決。不過，有幾位志同道合的朋友被關起來

了，第二天，布拉德勞出現在法庭上，為他們辯護。法庭上宣布了休戰，沒有否認自由演講的權利，而布拉德勞也同意，暫時停止組織公共聚會。

布拉德勞出版的小小週報《理性者》需要開支，而且對他的智力工具有著相當的要求。當他在鄉下發表演講的時候，牧師們通常會警告他們的教眾，這樣反而減少了演講的廣告費用。許多被警告不要聽演講的人，反而會去參加，只是想聽聽他的演講會糟糕到什麼程度。偶爾演講廳因為當地的壓力而向布拉德勞關門，然後就會發生法律訴訟，這位「偶像破壞者」不怎麼相信法律，卻總是相互矛盾地借助它的作用。在他的一生中，如果手頭上沒有訴訟案件，他覺得生活毫無滋味、毫無意義。他在城裡發表演講之後，會有一些神學界、演講界的演講家回應，引用這段無禮的經文：「傻瓜說，在他心中是沒有神。」而後挑戰他回來辯論。透過回應英格索爾而獲得了那一丁點名氣的人，他們與那些透過指責布拉德勞而出名的人相比，更是微不足道。

在英格索爾遇到的對抗中，他的辯論從未遇到過身體的暴力。演講廳對他鎖上大門、報紙譴責他、教士們厲聲指責他，但沒有暴民聚集起來噓他下來。他也從未在演講過程中請求離開，然後走到外面去阻止「錫鍋小夜曲」的演奏。

德拉瓦州的州長曾通知英格索爾，德拉瓦已經給他準備好了鞭刑地，等著他過來。不過這個威脅使德拉瓦一時成為了一個笑話，一個全國性的笑話。後來，一個德拉瓦市民組成的委員會，似乎是為了作出彌補，邀請英格索爾上校到多佛爾演講，他就這樣做了，而且還在州議會上發言。

然而，布拉德勞卻多年來遇到古老的雞蛋、蔬菜、石頭及推來擠去的暴民的衝擊，好幾次他還被推下講臺，而在此之前，一些「第一公民們」已經在混亂中被推倒在樂隊裡面。在這裡重複一下，布拉德勞唯一的罪名

是他反對基督教。針對他的暴力不可避免是基督教徒們，或是那些被基督教徒直接影響或煽動的人實施的。英格索爾曾提到一個事實，聯邦最熱誠、最正統的基督教州，依然保留著鞭笞刑柱，這一事實經常被布拉德勞作為一個有效的論點使用。他認為，英國的暴力和暴民統治源於正教的壟斷，這一論點非常刺耳，但切中要害，頭腦發熱的領受聖餐者受到更好思想的影響，他們失去了熱情，不再受到煽動。這樣，到 1876 年，布拉德勞走遍了聯合王國的每個地方，向大量有高度文化教養的人發表演說，他們很高興地購買門票聽他演講。那些曾經試圖透過沉默使他窒息、或是毫無理由指責他的報紙，現在也開始報導他的演講。當然，也有一些不友好的評論，但這些評論變得沒那麼頻繁，而且大多數情況下是一些微不足道的報紙的報導。他居住的倫敦郊區的一家水準不高的半宗教報紙，發表了一篇「嘲諷文章」，值得重溫一下。文章的內容如下：

在我們中間有這麼一個人，他是異教徒的合唱隊長，霍利約克的同伴。此公認為，《聖經》並不比一首古老歌謠更為重要，科倫索對他來說只不過是小兒科。這是一個非常孔武有力的人，我可以向你保證這一點，完全是個我行我素的歌利亞 [081]。他經常到鄉下表演，身為一名廉價的以潘恩為主題的演講家到處巡迴演講。他偶爾也會出現在我們的演講廳。他像其他巫師一樣，把灰塵撒進我們的眼裡，使講臺壓上他胡言亂語和褻瀆神明的話語的重量。他住的房子是「伏爾泰式別墅」一類的房子。這個人和他的「女人」一起住，他們的結合沒有教士或教區牧師的祝福。但這樣有了一個優勢：一旦厭倦了她，他可以隨時休掉她，就像他的朋友查理斯‧狄更斯一樣，不會敬畏鬼魂，也不怕克瑞西達 [082] 的繼任者。對於安息日

---

[081] 舊約聖經裡的非利士巨人勇士，被大衛用石頭打死。
[082] 中世紀浪漫文學中的一個特洛伊婦女，她開始時回報特洛伊羅斯對她的愛，但後來又因為狄俄墨德斯而背棄了他。

他沒有什麼特別的信仰上的顧慮，這位紳士只是我行我素地信奉自然的上帝。他認為，在禮拜天帶著一隻蘇格蘭獵犬「逮老鼠」，也比聽一位蘇格蘭牧師的「誇誇其談」更有益，因為長老會的特點最近剛剛在我們中間表現出來。就像順勢療法的醫生在手記中描述的一樣，這位紳士綜合了各種信仰的特點，然後「滾為一體」。在鄉下，他是一顆燦爛的明星，以「摩西嘲笑者」出名；在城裡，他的夥伴們都知道，他是個傳說中的人物，以「髒話查利」而出名；而在我們的街區，他是一個假裝的神祕人物，但完全能被理解。他努力賺錢，勉強維持生計：我得說，他在鄉下的褻瀆神明和在城裡的所作所為，每年至少給他帶來五百英鎊的淨收入。不過難道這不是非法的收入嗎？他在這裡有一些追隨者，但只有一些。他最近做了一件非常愚蠢的行為；因為他竟然突然將他的「伏爾泰式別墅」改裝為一個玻璃房，整個街坊都可以看到這個棚屋裡面的內容，而他和他的「女人」以純粹印第安人的生活方式在此居住。

如果這個笨拙的詆毀不是出現在他家所在街區的報紙的話，很可能布拉德勞根本不會注意到它。別人還說過其他同樣糟糕的話，但這一次他乾脆戴上帽子，拜訪了這篇文章的作者，休姆・麥克索利牧師。具體發生了什麼事，布拉德勞沒有講過，麥克索利牧師也奇怪地保持沉默。不過，恐怕當時布拉德勞沒有把他的基督教美德完全丟掉。

他帶了一根藤棍過去，他的女兒們認為，他去看麥克索利的時候，並沒有打算打破《聖經》的不用棍子的禁令。我們還知道，麥克索利牧師把他的名字和Ｊ・Ｇ・派克爾牧師的名字連繫在一起，而麥克索利的朋友們給了布拉德勞五百英鎊，布拉德勞很快將這筆錢轉贈給「共濟會」和「工人救濟會」——每當他在詆毀案件中贏得官司時，他就會想到這兩個慈善機構。另外一件事情是，麥克索利所在的報紙登出了以下道歉詞：

本報編輯及業主希望表達我們極度的悲痛，本報的專欄從未成為針對個人的工具，卻包含了針對查理斯·布拉德勞先生的有害的、毫無根據的詆毀，一部分原因是因為疏忽，另一部分原因是因為過於堅定地相信當局及其他人的信譽。

布拉德勞先生本人持有並無畏地闡述的神學觀點，和本報編輯及我們大多數讀者的看法完全相反，這無疑是對的，布拉德勞先生不能，也沒有，抱怨我們將他的名字與科倫索、霍利約克、潘恩的名字相連繫。但說他惡意地在我們的演講廳強行插入這些觀點，這是不對的。說他在講臺上的語言為胡言亂語、褻瀆神明，這也是不對的。說他公開褻瀆安息日，這是不對的。說他以「摩西嘲笑者」或「髒話查利」而出名，這也是不對的。另外說他在城裡的所作所為受到嘲笑、他身為學者或是紳士的行為或是人品受到影射，這些都是毫無根據的。

而在向布拉德勞先生作出這個賠罪的同時，本報編輯必須表達自己真心真意的懊悔，布拉德勞夫人的名字竟然在以上文章中提到，而且文中故意在一些重要的部分傷害她，對她身為一名女人及妻子的榮譽及良好名聲含沙射影。布拉德勞夫人名聲非常好，而且廣受尊敬，她不應受到這樣的詆毀；對此因疏忽造成的敏感而微妙的痛苦，本報編者特此表示最深切的、最誠摯的歉意。

布拉德勞 41 歲的時候，他遇到了安妮·貝贊特 [083]。當時是 1874 年，兩人很快就建立起友誼，這使雙方都受益匪淺。貝贊特夫人是一位非常有魄力的女性，是一個頭腦清楚、非常有邏輯思維能力的思想家，還是一個流利、雄辯的公眾演講家。她對布拉德勞的影響是顯而易見的。遇到她之後，他去掉了個性中的大部分張狂與緊張，而獲得了之前從不知曉的鎮定

---

[083]　1847 ～ 1933 年，英國理論詭辯家、哲學家和政治人物，在印度鼓吹本土統治和教育改革。

與安寧。

　　他們建立了生意合作夥伴關係，一起出版了《國民改革者報》。貝贊特夫人頭腦的卓越提高了報紙的水準。查理斯‧布拉德勞和安妮‧貝贊特正在影響他們的時代，同時被他們的時代所影響。以前他們是向暴民們發表演講，現在他們有了自己的聽眾了。

　　正是在貝贊特夫人的影響之下，布拉德勞在北安普敦被提名為議員候選人。他連續三次參選，三次都失敗了，不過每一次參選之後都比上一次參選獲得更多的票數。貝贊特夫人在該地區進行競選活動，為政治注入了一些新鮮血液。「我不能投票，」她說，「但我相信我可以運用一個婦女的特權，影響男人們，為了真理和正義投出自己的一票。」

　　1880 年，布拉德勞和拉布舍雷先生一齊當選，後者對神學及聖公會的看法和布拉德勞的看法完全一致。

　　布舍雷把宣誓儀式當作是一件理所當然的事，就像無神論者在法庭親吻《聖經》一樣。對他們來說，這只不過是一種古老的方式，確認他們所說的是真話。如果布拉德勞學拉布舍雷的樣子，他一生中最重要的篇章就不會就此寫下來了。布拉德勞要求被允許確認他的忠誠，但不要宣誓。此時下議院犯了個大錯，如果作為一個組織表示同意，布拉德勞的要求會成為一件完全偶然、微不足道的小事。但議院小題大做，拒絕了他的要求，並指派了一個由 17 人組成的調查委員會研究這個事情。他們把布拉德勞叫到面前，詳細地盤問他對上帝的信仰及來世的看法。然後他們進行了投票，票數是八比八。委員會主席投出了決定性的一票，拒絕接受他的要求。

　　結果上報到議會，這一決定被以適當的方式予以確認。布拉德勞此時

在拉布舍雷的建議下，通知議會，他願意接受常規的宣誓，只是為了表示友好，而他的宗教觀點還是沒有改變，這當然可以理解。布拉德勞理所當然地認為，這事到此為止，他的看法是，他已經完全從以前的立場中讓步了，為了滿足同事們的願望，願意接受常規宣誓。可是，讓他感到驚奇的是，當他走向宣誓臺的時候，格萊斯頓站了起來，抗議給這樣一個人執行宣誓儀式，因為他公開否認信仰上帝，而且提議將此問題提交一個調查委員會。

這可是個新鮮事，也是個意外事件。大家對此表示同意。根據提議，一個由 23 人組成的委員會對布拉德勞進行了詳細的盤問，最後投票決定不允許他進行宣誓儀式，但提議允許他聲明自己的法律風險。這一提議立即被投票否決，因為格萊斯頓對此無法釋疑，他帶領著反對布拉德勞的人，決心要把這位「異教徒」趕出議會。在衝突中，布拉德勞的品格、天賦和個人的價值都從未正式受到挑戰，只是他缺乏宗教信仰這一點。此事很快演變成為一個全國性的事件，無數的女教徒們在全英國發動請願書，要求議會記得，英國是一個基督教的國家。

從法律上講，布拉德勞已被徹底打敗了，但他又出現在宣誓臺前，展示他的選舉檔，然後要求進行宣誓。在斯塔福德·諾斯科特爵士的動議下，他被當成非法侵入者而被捕，但很快又被釋放，因為看來他打算以暴制暴。

格萊斯頓此時進行干涉，提出了一個非常厲害的做法。他提出一個動議，「每位議員都將被允許宣誓或是聲明，但由自己承擔法律風險。」

此時布拉德勞成為一個很容易上鉤的獵物，一旦發出聲明，坐到席位上，他會立即被逮捕。因為他違反了議會的規定，未經宣誓，不允許在議

會擔任正式的角色。

這一案件被轉到刑事法庭，案件經審理認定布拉德勞有罪。這樣就合法地剝奪了他的席位。教會的人喜氣洋洋，格萊斯頓收到許多衣領紐扣在後的人的祝賀，因為成功地趕走了異教徒布拉德勞。

但是問題並沒有就此結束。北安普敦又進行了一次選舉，布拉德勞又一次當選了。

他又一次出現在議會的宣誓臺，要求進行宣誓。議會卻既不接受他的宣誓，又不接受他的聲明，要求花時間進行研究。同時，下達了陳述理由指令 [084]，到處都彌漫著抗議的氣氛，執行令因為缺乏可操作性而變得毫無用處。

四個月過去了，議會沒有什麼行動，布拉德勞企圖出現在議會，代表自己向議員們致詞。他被命令離開。但他要求「英國式的公平遊戲」。他說：「我已經被選為下議院議員，你們對我的當選並無異議，你們也沒有宣布我的席位是空缺的。我要求被允許宣誓或發表聲明，這由你們選擇，但到目前為止，你們什麼都不讓我做。為了對得起我的選民，我要留在這裡。」

命令下達了，要把他趕走，此時在議會出現了一個從未出現的場面，很可能今後也永遠不會再出現。四名傳令員試圖抓住布拉德勞。他把他們扔開，就像他們是小孩子一樣。他們站在他的身旁，企圖抓到他，威脅著他。員警被叫了過來，10 個人向這個人沖過去。凳子被弄斷，桌子被推倒，15 個人擠成一團倒在地下。大約 10 分鐘的戰鬥之後，布拉德勞被制服了，並被帶到外面，他的衣服事實上全給撕成了碎片，他的臉上青一

---

[084] 陳述理由指令（Order to Show Cause），是指法官下達的要求一方當事人出庭，向法官證明其反駁對方當事人或法官自己的提議、以及法官不應准予該提議的理由的法庭命令。

塊，紫一塊，鮮血淋淋。沒有人企圖逮捕他：他只是被趕出來，然後大門就鎖上了。街上的人群差點在頃刻間占領這個地方，要不是站在外面的貝贊特夫人示意他們回來的話。他們把他趕了出來，但一切尚未結束。以暴力完成的事情必須重新來過。

布拉德勞第三次當選了。他又出現在議會，在被拒絕進行宣誓儀式之後，他自己進行宣誓。他因褻瀆神明而被捕，而且對他傳播無神論文獻的指控被提交數個法庭。這一企圖是想使他陷入法律泥潭之中，從而挫敗他的銳氣。當時英國的公平遊戲的精神又在哪裡！

但是大眾的意見正在變得清晰起來，社會在覺醒，很快就出現了一個越來越讓人信服的看法：除了對布拉德勞本人不公正之外，下議院對於北安普敦很不公平，因為不允許這個選區堅持選派的人代表出席議會。在「議會」提出了《聲明法案》，但被否決了。

布拉德勞又一次當選。在第六次當選之後，布拉德勞和以往一樣出現在宣誓臺，這一次，在因此事而當選議長的皮爾命令下，布拉德勞的宣誓被接受，他坐到了席位上。反對他的人啞口無言。布拉德勞勝利了。

他立即提起了《聲明法案》，該法案很快成為正式法案，沒有遭遇到值得一提的抵抗勢力。使布拉德勞千古留名的成就是，他在英國法律上確認了這個真理：不相信上帝的人的聲明，與相信上帝的人的宣誓一樣好。

在布拉德勞的抗爭期間，自由思想家約翰‧莫利成為下議院議員，他舉行了常規的宣誓並被接受，沒有人給他挑刺。莫利不斷和拉布舍雷運用自己的影響為布拉德勞爭取利益，但在五年的時間內都被格萊斯頓阻撓。

不過，約翰‧莫利現在是內閣成員。而格萊斯頓已經死了。1891 年 1 月，當得知布拉德勞生命垂危時，提起了一個動議並在下議院獲得通過，

動議提出刪去涉及布拉德勞被驅逐或是被禁止入座的所有紀錄。格萊斯頓也對此動議投了贊同票，雖然此前他在驅逐布拉德勞、禁止他入座方面扮演了最重要的角色。

　　當這位生命垂危的人聽到這些情況時，他說道：「請向他們轉達我的問候，我很感激。我已經原諒了一切，也本來應當原諒這一切，除了這個。」說到這，他停頓了一下，然後沉默下來。過了一會，他睜開眼睛，半帶微笑，示意拉布舍雷走近一點，低聲說道：「不過，拉比，過去的一切，不能通過議會的一個決議而被抹除。移動的手指將書寫歷史，而已經寫下來的東西將代代相傳。你所有的這些眼淚也不能抹掉它的一行字跡。」

第九章
希歐多爾・派克

希歐多爾・派克（Theodore Parker，1810 年～ 1860 年），美國著名神學家、演講家、作家和社會改革家。他的私人圖書館藏書達一萬三千冊，據說每一本書他都讀過，可見其對書的熱愛之深。希歐多爾・派克是美國歷史上頗具影響力的人物，為推動美國社會發展作出了巨大貢獻，在美國，只要一提起「希歐多爾・派克」這個名字，幾乎是家喻戶曉，婦孺皆知。身為著名的廢奴運動宣導者和社會改革家，身為國務卿西沃德、首席大法官蔡斯、著名參議員薩姆納、著名教育家賀拉斯・曼、廢奴協會主席溫德爾・菲力浦斯等人的密友和事業顧問，希歐多爾・派克在整個美國的影響力是不可估量的。

他述說著那些北美杜鵑、石鬆、盛放的紅花草，更別提那些木槿花和水仙花。他認識熊蜂、烏鶇、蝙蝠和鷦鷯。他透過對我們平淡的新英格蘭生活中的普通事物，來描述著他那崇高的思想：教堂集會、主日學校、舞蹈學校、黑果宴會；放學後急急忙忙往家趕的男孩女孩們；店裡的小夥子與他無心的顧客開始了一場無意識的求愛；農民在地裡工作；城裡頭忙忙碌碌的商人；牛群、新收的乾草；鎮議會上的投票人、酒館裡醉醺醺的村莊吵架鬧事者、想著萬一自己投錯票整個民族就要衰亡的謹小慎微的投票人；固執地進行節孔崇拜的人，期望著通過節孔充滿灰塵的一縷陽光能照進那一片伸手不見五指的黑暗；激進分子則聲稱，只要成形的東西沒一樣是好的；獨出心裁的改革家則朝著你那不情願的耳朵叫叫嚷嚷，他只消一個指頭碰一碰就能把整個世界給消滅掉 —— 透過所有的這一切，他創造著詩歌，或描繪著他的人生哲理。

—— 希歐多爾‧派克

野生動物中，每一物種的成員看起來都很相像。馬、狼、鹿、牛、鷦鷯、草原雞、老鼠 —— 想想這一切吧！

鳥類與動物的種類形成，是把每一個體的特性一一提煉出來，直至特性與獨特成為普遍。白色鴿子只是白化體。然而，所有的物種經歷長久的演化形成一個物種，就像閣樓裡十幾種不同的鴿子，數年之後也將退化成一群鴿子，所有成員都非常密切地相互模仿，以至於你無法分辨出牠們來。

一個宗教教派或是一個政治團體就是一個種群。當它全新時，它有著個性特點的印跡，它有著一定的意義。數年之後，它返祖變異了。政治團體日益陳舊，變得都同樣地惡劣。它們始於激進，而終於守舊。那些始於

美德者，最終毀於放蕩。對於成功的宗教而言，它們別無選擇 —— 它們就像慢慢凋謝的花朵。

當某個人組建了某個黨派，或是基於他的名字、聲望與影響而成立了某個黨派，當他去世後，原隸屬於該黨的多數人受湯瑪斯、理查與亨利的怪念頭與觀念的影響，它就和別的黨派雷同了。

只有非常強勁、並且自立的特性才會形成某一派別。領袖們建立了宗派，在宗派迫害下保持了不可思議的純粹、透過持續不斷的遷徙而變得更加堅強。耶穌從這樣的一種宗派中脫離，並成為一位特立獨行的傳道者。很自然地，他被殺害，因為直至非常近的時代裡，所有特立獨行的傳道者都很快被殺。保羅接過耶穌的教導，並闡釋它們，透過他自己強有力的個人魅力，組建起一個宗教。保羅也被釘上了十字架，頭朝下。他的死實在是比他的首領還更具有戲劇性，然而就是缺少文人們來記載它。

於是，我們便有了由保羅闡釋的基督教，並最終透過一個羅馬皇帝強制推行與發展。如今，各個國家都因統治者的信仰，信奉著這個或那個宗教。這也確實應該如此，每當某地有了一個國教，從而成千上萬的教士都企盼著國王發薪水給他們，並免於所有的納稅。亨利八世與他的女兒伊莉莎白赦令，英格蘭必須尊奉新教。他們給天主教士選擇，辭去他們的謀生手段，或宣誓對新信仰的忠誠。1,000 人中只有 79 人選擇了退出。如果瑪麗·都鐸 [085] 與瑪麗·斯圖亞特 [086] 在政治上取得成功的話，英格蘭如今就是天主教的天下。許多人根本不信仰什麼宗教：他們僅僅是選擇某個他人

---

[085] 即瑪麗一世，英國和愛爾蘭女王（1553～1558 年），曾恢復羅馬天主教（1555 年）。因殘忍鎮壓新教徒而被稱為「血腥瑪麗」。

[086] 即蘇格蘭瑪麗女王，蘇格蘭女王（1542～1567 年）。作為蘇格蘭改革期間的天主教君主，她為了兒子（後來的詹姆士一世）被迫放棄退位。逃往英格蘭後（1568 年），她被伊莉莎白一世囚禁。基督教支持者企圖把她推上英格蘭王座，但這導致了以叛亂為由對她的審判並處以死刑。

之宗教。

當君士坦丁公開宣誓信仰基督教，羅馬的每一處異教寺廟都變成了基督教堂。如果君士坦丁行的是割禮[087]，而不是施洗禮[088]，那所有的異教寺廟就將變成猶太教會堂了，並且每一個教士都將成為一名拉比。他們確實這麼說，是一個基督女人影響了君士坦丁對基督教的喜愛。如果真是這樣的話，這也並不稱得上引人注目或是稀奇古怪。君士坦丁使教旗成為羅馬的戰旗。「透過此標示，我將征服得勝。」他也確實做到了。因而，我們有了耶穌的信仰，和保羅的個性特徵共呼吸，融合著異教信仰，並且異教成了一股更強大的趨勢，整個社會結構因之轉型。

我們放過了繃著瞼的人，耍雜技者也被遺忘在一邊。我們有了石板灰衣的男男女女，由身著襞襟[089]的雅各賓派統治著。

基督教是一回事，基督的信仰是另一回事。基督教是一條河，注入它的是成千上萬條小溪流、小泉水、小河與小溝，還有城市的下水道。它的主流可追溯到異教的羅馬，由冰涼、快速流淌的隆河匯合而成。然而，平靜流淌的猶太之水，與它並行，常常滲流。並且，超過半數的基督教徒對著一個猶太女人祈禱，此外。耶穌與保羅都是猶太人，這一事實不應被遺忘。

所有那些曾試圖改變江河流向的殉教者、反叛者與起義者的鮮血，給它的河水染上了顏色。它的終極結局便是灌溉，而不是運輸，這是顯而易

---

[087]　起源於猶太教。在猶太人中間，割禮上是履行與上帝之立約、確定猶太人身份、進入婚姻許可範圍的一種標示。它也是信仰伊斯蘭教各民族通行的重大人生禮儀。割禮相當於天主教、基督教的洗禮。

[088]　基督教接受入教者舉行的一種宗教儀式。有主持者把水滴在受洗人的額上，或讓受洗人身體浸在水裡等儀式，表示洗淨過去的罪惡。

[089]　一種用於裝飾衣領的絲織品。於 16 世紀中期至 17 世紀中期流行於西歐地區的上流社會之間。現代則多見於小丑的服裝。

見、處處彰顯的事實。

使宗教保持為一條泥濘、被玷汙的、有害的河流，而不是讓它將自己分解成百萬條灌溉之渠，這已成為數世紀來的爭鬥。問題在於，灌溉並非終點——它只是個牙端。灌溉意味著源源不斷及發展壯大的努力，而教士與牧師們從未祈禱過：「把這一天賜予我們來做日常工作罷。」他們的願望是期待著去追隨潮流，而隨波逐流的他被帶到下游。試圖放開水流並轉移河道往乾涸草原去的人，往往被逮捕，被溺斃在河床的深處。而這，就是你們所謂的歷史。

所有新宗教都有著這樣的開端：他們是從母系河域分支而來的支流。新宗教的品質與影響，取決於新河道的深度、新的水流，與其橫貫的地域。

如前所述，大多數的反叛者們都很快地被捕，摩西們從埃及的宗教中決裂，耶穌從摩西的宗教中叛離，保羅從猶太教中出走，沿用了它的名字並引領著那一小批救世主的殉道者。君士坦丁攫取了它的名稱與聲譽，透過融合的重大打擊，搗毀了反叛與競爭——當你未能成功地打敗某種事物時，你並未失去一切，你仍可欣然接受並張開雙臂擁抱它。薩佛納羅拉[090]是個從君士坦丁的混合宗教中背離的、不成功的反叛者。路德、喀爾文與諾克斯都成功突圍。亨利八世基於自身的緣由，而挑釁天主教堂，並與其決裂。衛理公會及公理教會，均從約翰·諾克斯與伊莉莎白女王和她可悲的父親之河渠分岔而來。新英格蘭的一神教派是從公理教會的統治下反抗而起的，而愛默生與希歐多爾·派克則是從一神教派中反叛而出。

愛默生與派克是灌溉者。他們給大地帶來水，而不是把水留著當作養

---

[090] 1452～1498 年，義大利改革家，多明我修道會的托缽修士。後因批評教皇而被逐出教會並處死。

魚池。他們從未命令民眾準備魚餌，或是掉入水中淹死。結果是，我們因他們的能量滋養的鮮花與百果而生命富足，他們饋贈於我們的遠勝於恐嚇與承諾——他們給予我們廣闊的牧場、草地、肥沃的田野，以及留有清爽蔭翳的、偉岸的樹林。

希歐多爾‧派克是美國第一個這一類的人：獨立自主、孤立無援的神學鬥士，一位沒有宗派的布道者，不曾有任何主教的命令，未被任何組織控制。他有很多的仿效者和接班人。人數將隨著歲月的增長而增多。派克是一神教派投射下的、神學雲翳中的一小片，在它通往湮沒之路的軌道上緩緩移動——湮沒之路是所有宗教的終結點，那裡，無上的神駐留著——那便是寂靜之神。所有宗教的命運都是走向滅亡，並為其他的宗教充當沃土。現在就斷言，人類的終極宗教是什麼，還為時尚早。

派克的工作並非開創一個新世界，而是與旋轉著、搖擺著的舊世界抗爭，將它們裂成碎片，然後使這些碎片穿過時空旋轉。

14 年來，希歐多爾‧派克每週日在波士頓音樂大廳進行演講。聽眾從一千人至該禮堂的最大容量三千人不等。這些年中，他是波士頓——如果不能說是全新英格蘭的話——居於領袖地位的知性因素。人們從數百英里開外的地方前往波士頓，僅僅是為了聽派克布道，就如他們到布魯克林去聽比徹爾演講。對許多人來說，普利茅斯教堂和比徹爾[091]便意味著布魯克林。同樣地，對許多其他的人而言，音樂大廳與派克便意味著波士頓。

基督教派派性的瓦解，只會來源於緩慢的侵蝕過程。約瑟夫‧派克在倫敦的工作，試圖讓全英國渴望自由的教士們獲得自由。超過二十年的時

---

[091]　美國傳教士，加爾文派神學家，廢奴主義者。

間裡，他每週四的中午進行布道，並在周日常常有兩場布道。沒有哪個關乎人類利益的話題，能逃得過他的關注。他是位自任的監察官與批評家——尖銳、警覺、靈敏，義正辭嚴的同時，也讚賞有加。這兩位派克先生，一位在美國，一位在英國，開創了新紀元。從時間點上來說，希歐多爾·派克最早出現，他的布道定調於更高的層面。和他這位有才華的同姓本家相比，希歐多爾·派克具有更少的誇張性、更少的不確定性、與更少的生動性，他的思想精練至黑白境界，可讀性更強。希歐多爾·派克的話語可拿來分析、解讀，與分解。他總是會有一個主題，他的動詞也總緊隨在後。他談論的是事物。

他最出色的繼任人是大衛·斯溫，一個偉大得讓長老教會也無法容納的人。溫和、從容、親切、迷人、雄辯——大衛·斯溫被那些沒能力欣賞他的人所忽略，當然，那些人連自己的所作所為也並不清楚。你在放棄自由的同時，便可保持自由。斯溫使鐵門大開，使囚徒們都獲得自由。確實有這種說法，斯溫使西方的每一個教派都得到解放。與斯溫同時代的是海勒姆·W·湯瑪斯，衛理公會樊籠之門為他打開，是由於他堅信每個人的神聖性。湯瑪斯甚至還堅信，壞人身上也有善良。斯溫與湯瑪斯預備了這條道路，並且是以下這些現代聖徒的楷模：菲力克斯·阿德勒、邁諾特·薩維奇、布蘭德·惠特洛克、B·費·米爾斯、弗雷徹拉比、M·M·芒哥薩瑞、亨利·弗蘭克、湯瑪斯·奧斯本、約翰·沃斯、本·琳賽、瑪格麗特·拉格朗日、拉維·M·鮑爾斯、約翰·E·羅伯茨、威妮弗雷德·薩克維爾·斯通納、薩姆·阿舒勒、凱薩琳·汀格力、詹姆斯·A·伯恩斯、雅克布·北爾哈、麥克沃·廷德爾，以及所有其他星光燁燁的普通理性主義者，他們滿足於自己那特定群體的救世主似的直覺。

事情總是毫無預料地發生。其中一件特別的事是，獨立派布道無心

插柳，使轟動派牧師獲得發展。轟動派如藤壺 [092] 般地緊貼著正教，透過炫耀那故意的坦率，蒙蔽那粗心大意的疏忽，伺機對抗獨立派的競爭。這一類人在黑板上，或是公共印刷品上宣稱，布道的對象「僅限男士」或是「僅限女士」。而他的主題是「姑娘，正派與頑劣」、「禿頂、告示與大頭魚」、「女士該主動求婚嗎？」、「愛情、戀愛與婚姻」、「出風筒、胃與懶漢」、「八個約翰」、「已故波提乏太太」，或是諸如此類的津津樂道於猥褻的話題。

　　T‧德威特‧塔爾米奇牧師是轟動派牧師中的水準最高的。他在不使用磷火招引的情況下，也能吸引一群知識人士聽他演講。他也確實吸引相當多的人出於好奇前來看回轉儀旋轉。塔爾米奇從不遠離岸邊進行冒險，人中之龍的他深知，民眾願意原諒粗俗言語——實際上，他們還真樂在其中——但教條的不可信將招來噓聲。正教非常寬容——它能原諒除真理之外的所有事情。塔爾米奇來回地用不同的詞語重複迷信與卑怯頭腦中的偶像。他是獨立派的對立面，就像斯伯欽那樣。這就是那些凌駕於法律之上的人的命運：他們被那些真正的犯法者當作兄弟一般歡呼著。

　　塔爾米奇自詡為獨立派，然而他的獨立僅限於演說操練而已。塔爾米奇繁殖了一大窩以獨立派福音傳播者的身份、在各省之間四處巡講的神學人士。這些卑鄙齷齪、叫叫嚷嚷的棒球喧騷派教徒 [093]，從露天演唱會中獲得自己布道的風格，除了加深迷信之外做得很少，煽動愚惷大眾的無知，將進步的車輪往後拽，穩穩當當地撈著大錢。他們象徵著一個垂死宗教的墮落，透過持續不斷地注入煽情，以維續懸若遊絲的生命。光明就在離他們不遠處靜待。

---

[092] 附著於水下的物體，如岩石或船底的小甲殼動物。

[093] 英國共和制時代狂熱地排斥一切教會、牧師、宗教儀式的喧騷派教徒；也指早期美以美教派大聲祈禱或說教的狂熱派教徒。

希歐多爾‧派克吸引了無數的聽眾，不僅僅是因為他迎合大眾，還因為他從不順從任何人。他挑戰所有教派的青苔密布的信仰，並以發自內心的自立進行演講。直至那個時代，在美國還從未有過任何一個這樣的布道。

1810 年，林肯、達爾文剛滿一歲。當希歐多爾‧派克頑強地降臨在父母面前時，他們已結婚 26 年，幸運地育有 10 個孩子。最大的 25 歲，最小的 5 歲。當然，當時沒人懷疑過他就是希歐多爾‧派克，不過他們給他取名為希歐多爾，意思是。「上帝的贈禮」，這並非是不尊重家庭中的其他成員，這一點完全可以肯定。

舊世界中，立長子為嗣的傳統是基於這樣一個理論：最早出生的孩子，比其餘的孩子擁有更多力量與更強盛的生命力。事實上，希歐多爾‧派克的所有兄弟姐妹們都只是默默無聞地坐到了預定的空位子上，而他則是家中唯一的功成名就者，這為中年已婚夫妻提供了一個非常好的論據，只要他們想用上這個論據。

希歐多爾‧派克出生於他父親出世的那個舊式農舍，離萊辛頓鎮三英里遠。那房子如今已消失無蹤，然而，那塊地方用花崗岩板上鑲著的銅牌標記著，並已成為許多熱愛新英格蘭歷史的人的朝聖之地。

房子建在山坡上，俯瞰著整個山谷，非常適宜居住。上下都是很多突出的大卵石，小傢伙很早就學著在上面攀爬。也就是在那裡，他跟他的姐姐們玩「捉間諜遊戲」。而他的哥哥們卻認為自己是另一類型的人，因為他長得有些女孩氣，喜歡摘摘花兒什麼的，而不喜歡把蛇打死。

春天的到來，對鄉村孩子來說總是興高采烈的。而另一個令人歡欣的事，那就是希歐多爾‧派克沒有過於早熟。在他的許多布道中，他提到過

冰雪的緩慢融化、孩子們尋找春天綻放的第一枝花兒，這些花兒令人放心地穿過南面朽木上的葉芽蔓延過來。不一會，出現了紫羅蘭花、藍白花、銀蓮花、美洲石竹、縷鬥菜和虎耳草。在波士頓的州議會，訪客可以看到一枝步槍，上附的卡片寫著：「本火器曾由約翰‧派克上尉於 1775 年 4 月 19 日，在萊辛頓戰役中使用。」在此槍後面，有另一枝步槍，卡片上寫道：「本槍由約翰‧派克上尉在萊辛頓獨立戰爭中繳獲，由希歐多爾‧派克捐獻。」這兩枝槍在希歐多爾‧派克圖書館的牆上，掛了超過 30 年。關於他的生平中，最驕傲的莫過於他祖父的戰爭經歷。當小希歐多爾只有四歲大時，他的姐姐們會讓他站在椅子上，並問：「爺爺對這些戰士們說什麼了？」而這個穿著亞麻羊毛混紡的、胖乎乎的小娃娃會一口氣回答道：「不要開火，除非他們先開火；但如果他們想要一場戰爭，那就從這裡開始吧！」

約翰‧派克是在獨立戰爭中繳獲第一枝英國槍的人的孩子，他缺乏新英格蘭出名的節儉。他並沒有照顧好他的莊稼、羊群與牲畜，而是更喜歡在挨著穀倉的地方，有一搭沒一搭地開個小木匠鋪子，造一些小船和稀奇古怪的風車，談論 1775 年 4 月 19 日那可歌可泣的日子，當年他 14 歲，央求著用他父親的明火槍，朝掉隊的英國兵只試著打一槍，那英國兵無意中捅了個那麼大的蜂窩。

這個傳說中的從波士頓到康科特的 20 英里征程，被那些參戰農民的後代們，反反覆覆地標注在地圖上、談論及解釋著，時至今日仍被孜孜不倦地講解著和一次又一次地驚嘆著。

所有的一切都是美好而宜人的。只要誰吹毛求疵，他的名字就會被詛咒。然而，實際的真相是，獨立戰爭並非在萊辛頓開始，它始於數年前北卡羅來納的梅克倫堡，山地人揭竿而起，反抗倫敦制定的法律，抗議他們

未參與法律的制定。梅克倫堡超過兩百個美國人被英國軍隊殺害，而萊辛頓的「大屠殺」才殺了殖民地七條人命。

此事的寓意似乎是：要表現英雄事蹟的人們，要精心挑選一處盛產詩人、評論家與歷史學家的地方。打響了那世界矚目的那一槍的人，是愛默生。

所有優秀的文人墨客們，都發揮著他們口若懸河的文采，開著那個古老的玩笑，說男孩如果身體不太強壯，不宜工作，就會被培養當牧師。不過，我們容易忽視這一事實：那個身體孱弱不宜勞動的男孩，往往是唯一一個渴望受教育的 —— 這一切可拿愛默生的補償法則為證。

希歐多爾‧派克在年輕的時候纖弱、單薄、虛弱，但他對知識有著極大的渴望。肌肉發達者物盡其用，四體虛弱者轉而依靠頭腦 —— 有些時候是這樣。

希歐多爾‧派克的父母並沒有讓他離開，去當牧師：是他自己不顧父母的反對選擇離開，從而獲得教育。15 歲時，他在一次晚餐時對家人發布了以下消息，掀起了一場地震式的騷動：「我今天考上哈佛大學了。」

這場教育上的行動受到了嘲笑與譏諷。因為，殘酷的現實是，儲蓄罐裡的錢還不夠他在坎布里奇待上一個星期。男孩解釋道，他打算去借些書，在家自學。他已通過入學考試，並已正式被錄取為新生。

事實上，希歐多爾‧派克堅持了四年的自學，要不是因為他不是住校生，他早已獲得學位了。1840 年，當派克 30 歲時，哈佛投票決定授予他榮譽文學碩士學位。這還不錯，不過，如果只產生一點延誤，派克可能沒有這麼榮幸，但既然事實已如此，數位可敬人士後來提議，該學位應該毫不猶豫地收回。派克與愛默生都嚴重冒犯了他們的母校，並實際上與其斷

絕了關係。

18 歲時，希歐多爾‧派克已經儼然是一位成功的教師了。20 歲時，他已攢下足夠的錢上哈佛神學院。

在這裡，他學習非常用功，他在希臘語與拉丁語方面的才能，使語言學教授們感覺勝利在望。每個人都預言道：派克這個少年將成為一個了不起的人 —— 很可能就是位大學教授呢！希歐多爾正在經歷一個現實的年紀：對每個時態仔細研究，對每一個變格謹慎考慮，對詹姆士國王欽定版的《申命記》顧慮重重。

與此同時，他談上了戀愛 —— 陷入了熱戀。曾有人說過，戀愛中的愛爾蘭人，就像處於爆發狀態的維蘇威火山。而戀愛中的神學院學生，就像是得了蕁麻疹的男孩。希歐多爾認為，整個坎布里奇都對他的私生活感興趣。於是，他給這個那個寫信，就訂婚事宜諮詢意見，但請他們小心保密。在這種情況下保密的目的，便是使參與的各方人士很快地告訴每一個人。他請求他父親的同意，暗示道，無論他們同意與否，都沒有什麼區別 —— 木已成舟。他也請求姑娘一方父母雙親的同意，他們對派克父母懷有成見，但還是同意了這門親事。

掃清一切障礙後，這對快樂幸福的情侶等了四年，才穩固地締為百年之好。莉迪婭‧卡伯特的性格特點，可歸結為一個字：「好」。她遊遍歐洲，只記住了瑞士那些木熊，她還收藏不少木熊呢。當她丈夫布道時，她擔心的是他的領帶可不能給弄亂，因為，有一次，當他正討論死後罪人們的狀況時，他的領帶垂到耳朵下面，他妻子簡直羞愧欲死。當他開始掉頭髮時，她請教過每一個人關於治癒脫髮的妙方。甚至在祈禱會上，還曾提起此話題，在施恩寶座前進行祈求。這使得派克不得不說，禿頂的不幸並

不在於頭髮的缺失，而在於你的朋友突然透露，他們有祕方而不欲示人。

　　婚前，派克對撫養孩子長大有著積極的想法，並告知了他的打算。然而，命運女神注定了他必須毫無子嗣，這樣的話，所有宗教獨立派人士就可以稱他為神「父」。對一個強壯的男人來說，僅有的一件更好的事，那就是娶一個絕對枯燥呆笨的女人。她可以站在對立面來教導他：他從反面得到學習，而她的愚鈍則永遠為他的才華鑲邊、襯托。他將很快就達到一個高度，他不用在精神上有一丁點的聽從於她。而是獨自一人漸行漸遠，成功地實踐吉卜林的那句格言「獨自前進的人，速度最快。」他學會了喜歡這個模範。派克妻子的平庸無奇的特質，毫無疑問，是引發出他自己天性中的自立的主要因素。

　　派克的第一份牧師職位，是在離波士頓十英里遠的西羅克百瑞的唯一神教教堂，從康科特和萊辛頓驅車前往非常便利。這是在 1836 年，也是愛默生的擁蠆們值得紀念的一年，因為在這一年，《論自然》一書發表。它是匿名發表的，由作者自掏腰包出版。法蘭西斯‧鮑恩博士，哈佛神學院院長，譴責該書為「泛神論的、危險的」。他發現了幕後作者，並表達了他的深深的悲痛與惋惜，身為一個哈佛人竟然忘記傳統，出版這樣的一部作品。希歐多爾‧派克挺身而出為愛默生辯護，這似乎是派克首次發表的激進言論。

　　愛默生比派克年長七歲，而派克擁有民眾之耳。此時的愛默生被迫過著退隱生活，由於對他的異端指控，他被迫辭去波士頓的牧師職位。

　　希歐多爾‧派克在環境方面非常幸運。如果說他是環境的產物也不是很對，因為有著成千上萬的人生活在拉爾夫‧沃爾多‧愛默生、亨利‧梭羅、布朗森‧阿爾科特、喬治‧里普利和威廉‧埃勒瑞‧查寧的影響範圍

內，他們彼此絕不知道對方的存在。康科特如今最受歡迎的教堂是羅馬天主教堂。希歐多爾‧派克完全適應了自己的環境，並將自己的靈氣加入到超越主義的火花中去。他如磁石般地吸引了從布魯克——法默思到西羅克百瑞的人們。很輕易得出結論說，如果這些空想家沒有挑中西羅克百瑞作為新制度的寶座的話，他們很可能在別的地方展現他們的超越主義技藝。然而事實就是事實，他們沒這麼做。

派克總是在場，里普利經常過來與他交換布道壇。一些社會知名人士也都曾走出波士頓，前去聽他的布道。

所有這些人都曾對希歐多爾‧派克產生過影響，並且當《日規》創刊時，派克也是第一批供稿人之一。

派克為愛思考的人們布道——他不是向無知的人發出呼籲的。每一次布道都是教堂長凳與布道壇之間的通力協作。講演者能有只滿足於他的最佳狀態的聽眾為伴，乃一大快事。

星期四演講是波士頓斷斷續續兩百多年來的慣例，最初由安妮‧哈欽森和約翰‧科頓牧師開創。此事主要是為使牧師們受益而辦，他們可以聽到彼此的布道，並明白別人是怎麼看待自己的。受邀前去作一次星期四布道，乃是一種莫大的光榮。

希歐多爾‧派克受邀前去作一次布道。他作了演講，之後再次被邀，因為他的聽眾想確認，他們是否已正確理解其內容。派克說，試圖透過神跡來證明耶穌的偉大，是十分孩子氣和荒唐的。即便是上帝，透過改變大自然這些有序的進程，用奇怪與異常的行為，來破壞神自己的法則，並不會使神變得更好或更偉大。派克並非試圖去反駁神跡的事件。他只是說，聰明的人最好不要談論這些事情，因為善良、忠誠、和善與愛，與這些神

跡毫無關係，而對神跡的篤信也並非是對生活和諧度的一種提升。一個人可能是一位好鄰居、一個模範父親和一個有用的公民，而可能對聖潔之胎沒有什麼特別的看法。

這一切對我們來說，聽起來非常的平凡：它是那麼的真實，以至於我們不會想著去確認一下。然而，它當時引發了一場異議的巨大風暴，並提出一個決議，對希歐多爾‧派克牧師受邀前往波士頓基督教集會上演講深表遺憾。該決議被列上議程，而此事也上了報紙，逍遙派人士對此不斷進行爭論。

有一次，派克在他位於羅克百瑞的教堂裡舉行宗教儀式時，用馬可‧奧理略取代《聖經》。誰都知道馬可‧奧理略是個異教徒，他曾迫害基督教徒。難道希歐多爾‧派克想把基督教的波士頓轉變為異教的羅馬嗎？派克在布道中回答道：波士頓輸送了龐大數量的朗姆酒給異教徒，而且它最初的市民們，透過烈性飲料的生產、出口與銷售而興旺發達起來。因而，把波士頓稱作是一個基督教城市，在用詞方面揭示了一種令人遺憾的、知識上的匱乏。此時，集會上湧起了一陣騷動，其中有些人是從事運輸貿易的。布道之後，他們茫然自問：「那是我做的嗎 —— 那是我做的嗎？」而另有人問道：「那是我嗎？」

波士頓的一神派教徒協會通知希歐多爾‧派克：他並不比愛默生好多少，最好在心裡時刻記著，泛神論和一神教論迥然不同。那天夜裡，希歐多爾‧派克讀了這封信，並在他的日記中寫道：

過去 12 個月的經歷，讓我知道，接下來的 12 個月我能期盼些什麼。我和其他牧師沒有任何交情可言。曾幫助過我任職牧師的人中，如今無人互致牧師間禮節性的問候。只有波士頓協會的一兩個人，也可能是協會之外的一兩個人，願意與我進行一些牧師性的交流。「比我年輕的人將我置

於冷嘲熱諷之中。」我必須得承認，我對這些牧師們感到失望 —— 這些唯一神教牧師。我曾以為他們是高貴的，我曾以為他們會忠誠於正義的理想原則。我發現，沒有人曾像他們這樣，為了一己私利而完全被出賣。

　　所有的焦慮不安與煩擾，都是日漸放鬆、與遷徙前的準備。成長往往是一個痛苦的過程。在社會上，派克已成為上層社會責罵與藐視的對象。他那善良的妻子也因為傳教士樂隊的集會不讓她插手幫忙、並且不在她家裡舉行，而陷於憂傷，整日以淚洗面。

　　派克如是寫道：

　　現在，我無法馴服地坐下來，因某些人的反對及另一些人的疏忽而被剝奪我的牧師職位。他們的行為顯示，他們除愛自己外，根本沒有熱愛自由的 —— 他們隨波逐流、追風趕浪。在我被迫離開講道壇之時，我才做這件事，因為一個自由的聲音、一顆自由的心不應被加以「臭名昭著」的名聲：我打算到布魯克農莊去，與里普利住到一起。我將在一年中堅持花七至八個月學習；另外花四至五個月四處布道、講演，在城市與山谷中、在路邊與田野裡、在任何能發現男人或女人的地方。我要向東走，也要朝西去，還要往北走，還要往南去。我要使這塊大陸成為一個圓圈。如果這個鉗制聰明才智、麻痺我們的靈魂的新英格蘭神學並不走向滅亡，那只能是因為，它擁有了比我發現的更多的真理。

　　後來，一位波士頓商人查理斯‧M‧艾理斯提出建議，派克應從那昏昏欲睡的羅克百瑞走出來，透過租用美樂琴大劇院來發表他的觀點，挑戰這個傳統的波士頓，而不是在大街上，透過口口相傳的零星推銷來發表自己的看法。如果傳統的公理會教友希望一場戰爭，那就讓它從此開端吧。大劇院一天的租金是 30 美元，一些朋友出資租下了大劇院，並通知派

克，剩下的工作必須由他來完成了。

會有人會來嗎 —— 這是最大的問題。到了星期天上午十一點，問題不辯自明。接下來的問題是 —— 他們還會再來嗎？就像所有其他的問題一樣，時間最終對此作出了回答。

人們渴望追求真理 —— 座位全部爆滿。

起初只是簡單的嘗試，最終成了一個鐵定的事實。波士頓需要希歐多爾・派克。

一個組織成立了，經過反覆討論後，名稱被確定為「波士頓第二十八公理會協會」。傳統公理會教友們提出了憤怒的抗議。他們表示派克根本就不是個公理會教友，而派克一派的人則抗議道，他們是唯一真實的、確信無疑的公理會協會，再說，這個詞並無版權。公理會協會是獨立的組織，任何一群人都可以選擇組建這樣一個組織。

同時，這個社區因熱愛它的朋友與被激狂的敵人而廣為人知，日漸繁榮起來。

派克也與此地共同成長。美樂琴被發現太小了，於是音樂大廳得以起用。

聽眾不斷增加，那些曾斷言他失敗的預言家們，徒勞等著可以說「我早告訴過你了」的時候到來。

於是又有人提出要求：希望派克到呂克昂演講廳去主持儀式。不能前往波士頓的人們，希望派克能到他們那裡去。他的酬金是每場演講一百美元，而在這一段時間，愛默生的酬金是 50 美元。

派克最初在羅克百瑞每年收入 600 美元，後來慢慢增長到一年 1,000 美元。

　　「第二十八」每年付給他 5,000 美元，而呂克昂的工作為他帶來三倍的收入。40 歲之前一直在與貧困和艱辛抗爭的、新英格蘭的後裔們此時獲得了求知的美德。派克與他妻子像窮人們一樣生活，每個人都應當這樣做。他們有著節儉的習慣，莉迪婭‧派克有她的局限性，但她的弱點並不在於服裝與化妝。她做著自己分內的事，在她的希歐多爾從演講旅行回來時，要他交給她收據和付款單，以便記帳。為了節省開支，她往往並不陪他到處旅行。因此，上帝是仁慈的。為了得到私用錢所需的資金，他不得不在費用帳上做手腳。

　　改革家們常被認為食不果腹，傳教士們窮得像教堂裡的老鼠，然而，也有一些是例外。愛默生與派克都設法從世人募集到他們送來的錢財。愛默生留下了一座價值五萬多美元的地產，而希歐多爾‧派克留下了 20 萬美元，都是在他人生的最後 14 年中賺的。

　　希歐多爾‧派克在音樂大廳舉行了九百場布道。所有布道都極其認真仔細地寫下來，但一到發布時，雖然在他的小小閱讀臺上有手稿，他很少會參考它。此君最為盡責，對所謂的即席演講者極為蔑視。他的會堂演講是從他的專題討論中反覆修訂而來，就像大多數演講那樣。但是不斷準備新的演講，平均每週要作四場演講，而且要四處跋涉，這對他的體力帶來令人擔憂的侵害。人與人之間關係的每一階段，對他而言都是至關重要的，而人類改良是他唯一的主題。1855 年，他與希金森上校、威廉‧勞埃德‧加里森一道，被人起訴違反《逃亡奴隸法》。當約翰‧布朗 [094] 發起突襲時，希歐多爾‧派克被指控「事先同謀犯」。如果他在維吉尼亞的大地上被捕，毫無疑問他已被吊在酸蘋果樹上絞死，而他的靈魂仍將繼續前行。

　　在他的布道中，他措辭簡潔、銳利、直接、親切。他使用著平民百姓

---

[094]　美國獨立戰爭起義者，廢奴主義者。

的語言。有一次，他說：「我擁有的乾草比我能收割回家的還多。至於下星期六之前會不會繼續落雨，我不敢說，但我會請你發揮你的想像力，並把乾草割掉。」

又一次，他說：「我不在乎那些做法、想法和我不同的人的攻擊，但我得承認，看到那些對基督教歷史與神話看法和我一樣的人，竟還在批判我，這使我有一點傷心。這就像是把你的手伸到口袋裡，想摸出點錢來，結果卻發現金塊丟了，只剩銅板在那裡。」

最近，有一個希歐多爾‧派克於 1856 年 6 月 19 日首次講過的故事，被挖掘出來並再次激勵人們。這個故事是這樣的：

有一次，在一輛公共馬車裡，有一個人膝頭上放著一個盒子，盒子上的板條被釘得牢牢的。那樣一個盒子總會激起人們的好奇心。終於，有個人靠過來，對那個擁有神祕盒子的人說：

「陌生人，我能否貿然相問，你盒子裡有什麼東西呢？」

「一隻貓鼬。」他禮貌地回答。

「噢，我明白了——不過，什麼是貓鼬呢？」

「怎麼？一隻貓鼬是一種小動物，我們拿它來抓蛇的。」

「當然，當然——哦，不過——你會拿著你的貓鼬上哪裡去抓蛇呢？」

然後，那個人回答道：「我哥哥有震顫性譫妄，我把這隻貓鼬帶給他，他就可以拿牠來捕蛇了。」

接下來安靜了將近一英里的旅程，那個喜歡蘇格拉底式問答的人有了個妙計，大聲喊道：「哎呀，天哪！你並不需要一隻貓鼬，來幫一個震顫性譫妄的人去抓他見到的蛇——因為，牠們只不過是想像出來的蛇！」

「我知道，」「盒子的主人答道，輕輕地拍著他的寶貝盒子，「我知道，震顫性譫妄的蛇只是一些想像中的蛇。但這個，牠也只是一隻想像中的貓鼬而已。」

照希歐多爾・派克的意思，這則故事的寓意是：去平息一個想像中的上帝的震怒，我們必須相信一個想像中的規則。從而，我們都可能從一個想像中的地獄的危險中得到救贖。另外，一種想像的疾病，可以透過一種想像出來的藥物治好。

希歐多爾・派克於 1860 年在義大利佛羅倫斯去世，享年 50 歲。他的病源自操勞過度。他的遺體安葬在佛羅倫斯的新教徒墓地，離伊莉莎白・巴雷特・白朗寧的墳墓不遠。

他的葬禮在波士頓舉行，愛默生致辭：

啊，我勇敢無畏的兄弟！看來，在一個輕浮無妄的時代，我們的損失是無可估量的，你的位置無人可替代。然而，你的在天之靈仍可告慰，因為你的深諳世界本質的天才，將證實在所有人面前、歷經千秋萬代的考驗，二十五個春秋，你一直在英勇地奔走呼號、四處布道。義大利的和煦微風，在你的墓石上輕聲呢喃著同樣的真理；在悲傷的喪親之痛的街道上方那美利堅的狂風，和承載著你的哀悼者之家的大海，也在回應著你道出的真理。同時，那些人權的背叛者們，他們雖然經過粉飾、得意洋洋，卻濫用學識、大辱斯文，他們都將走向滅亡，並被人們徹底遺忘，連帶他們汙蔑人類墮落的如簧巧舌。你信仰世間萬物的神性，你將永遠活在人們心中。

第十章
奧立佛‧克倫威爾

奧立佛‧克倫威爾 (Oliver Cromwell，1599 年～ 1658 年)，英國軍人、政治家和宗教領袖。為英國清教徒革命的首腦人物，議會軍的指揮官，從 1653 年開始掌權並進行獨裁統治。他在英國內戰時 (1642 ～ 1649) 率領國會軍隊取得了勝利並要求處死查理一世。身為英格蘭的護國公 (1653 ～ 1658)，他實際上實行獨裁統治。奧立佛‧克倫威爾領導國議軍在英國內戰中大獲全勝，他是才幹傑出、叱吒風雲的軍事將領，是使國會民主政體成為英國政體的關鍵性人物。他的兒子理查 (1626 ～ 1712) 在他之後繼任護國公 (1658 ～ 1659)，但不久以後就因查理二世的王朝復辟而下臺。

致我親愛的妻子──伊莉莎白‧克倫威爾。內容如下：

1651 年 5 月 3 日，愛丁堡

我的摯愛：如果遺漏了這份郵件，我將無法使自己滿意，儘管我沒有太多內容要寫。然而，我真的非常喜歡寫信給我親愛的，你在我的心中占有非常重要的分量。聽到你的靈魂昇華，我滿心喜悅，上帝真是越來越垂青於你。你的靈魂能為大局著想，上帝將激勵之光投射到你的身上，這比生命還更重要。上帝保佑你給身邊的人提出的所有真知灼見，和作出的好榜樣。他聽到了你所有的祈禱，一直在接受你的祈禱。

我很高興聽到，你的兒子、女兒和你在一起。我希望你找機會的他們提供好的建議。請幫我履行對母親的義務。我愛全家人！依然在為你祈禱。

── 奧立佛‧克倫威爾

奧立佛‧克倫威爾是一名清教徒[095]，這個詞首先是由一名不信教者用在鄉下的打趣話──願上帝讓他的靈魂安息！──之後便被這一群人使用，他們渴望過著清潔的生活，反映上帝的意願。

克倫威爾的一生代表了清教徒的所有特質，絕對地誠實（在他的過失中也顯示出他的一些純樸），我們花時間研究他不會白費功夫。「我們的奧立佛，是最後一個正從英國消失的、天神般的人物。」湯瑪斯‧卡萊爾[096] 寫道。卡萊爾必須在三萬本小冊子和四萬封信中搜尋克倫威爾的靈魂，它隱藏在死神陰影的可怕微光中，被患夢遊症的空想家和悲哀的淺薄藝術家所憎恨，它犯下變幻莫測的過錯，帶著不祥的想像力，無影無蹤，

---

[095] 興起於 16 和 17 世紀的英國新教徒一派的成員，主張嚴格的宗教原則和英國教堂的儀式及教義的從簡。

[096] 1795～1881 年，英國歷史學家和散文作家。

躲在紙板鷹面獅身獸、兩腳飛龍和吐火怪物的後面。

奧立佛‧克倫威爾於 1599 年 4 月 25 日出生於英國亨廷頓郡。他的父母屬於有地產的紳士階層，但還是太窮了，因此還有必要工作和節儉。克倫威爾的母親和奧立佛的父親結婚時，是一位寡婦。寡婦的丈夫樂於助人地死去了，現在伊利天主教堂為他豎了一塊紀念碑，據說是由奧立佛‧克倫威爾本人豎立的，碑上寫著以下內容：「威廉‧林恩先生在此處長眠著，直至世界末日之來臨，那時號角將吹響，他享有這樣的榮耀與福氣：他是伊莉莎白的第一任丈夫，而伊莉莎白是上帝的慈悲賜福給奧立佛‧克倫威爾的母親。」在這些文字的下面，一位自封的幽默家寫道：「要是他活的時間更長一些，他將成為奧立佛的繼父。」

奧立佛是父母的第五個孩子，父母的婚姻看來很美滿。比丈夫厲害的妻子是更好的妻子。對此奧立佛曾說（在這裡引用此話，同樣是為了反駁說他沒有智慧的觀點）：「生來要統治別人的男人，他們自己要受到女人的統治。」這可能是真理，也可能不是，我無法確認。

從撒謊的傳記作家紙屑堆裡熔煉出來的大多數故事，都應當以基督教式的葬禮埋葬。我們了解的真相是，這個男孩是由他虔誠、勤勞的父母帶大的。

易怒的本性、對中傷的輕信、支吾搪塞及滾動謊言帶來的樂趣，所有這些都像是舌頭下品嘗的一小口美食，使三萬本有關克倫威爾的小冊子成為可能。其中一位作者奚斯，現在他以「腐肉奚斯」名字而出名，聲稱奧立佛的父親是一位釀酒商，而兒子在成長的過程中當酒吧侍者，不過被迫辭職，因為他是自己最好的顧客。

撇除所有這些為了滿足某些需要而編造的純粹誹謗之後，我們發現奧

立佛長成了一位黝黑、強壯、健康的鄉下小夥子。他做了所有鄉下男孩都會做的事情，有好的，也有壞的。他和人摔跤、打架、游泳、工作、讀了一點書。1616 年 4 月 22 日，他被送到劍橋，進了西德尼學院，正是這一天，威廉・莎士比亞去世。但是，在克倫威爾的所有長篇大作中，連一次也未提到這位可敬的劇作家。假如克倫威爾曾聽說過莎士比亞的話，他小心地隱瞞了事實。

我們在繼續寫下去之前，可能還有必要說一下，克倫威爾的父親有一個姐姐和巴克斯的威廉・漢普頓 [097] 結婚，這位婦女是約翰・漢普頓的母親。在《格雷挽歌》和其他幾部散文作品、及英國的宮廷紀錄中，曾提到過約翰・漢普頓這個可敬的名字。奧立佛家族可追溯到東撒克斯伯爵湯瑪斯・克倫威爾的血統；但能做成大事的偉人們對於家譜都嗤之以鼻，克倫威爾曾否認和湯瑪斯有什麼關聯，說出了這樣的話：「只有一個克倫威爾，那就是我。」大概情況是這樣的（我不能說這就是原話，因為我不在現場，而且當時偉人身邊並沒有速記員）：古德曼主教（他以「壞蛋主教」的綽號而出名）正向護國公朗讀一篇長篇大論、無聊透頂的演講辭，裡面充滿了半天主教式的陳詞濫調，並提到了護國公 [098] 和「修道院拳擊手」湯瑪斯・克倫威爾的關係。此時奧立佛打斷了朗讀：「去掉那個，去掉那個，他不是我的親戚 —— 上午好！」

「壞蛋主教」從而陷入到古老而怪誕的神學混亂之中，他重溫了教義，對正文及細枝末葉都仔細地讀了一遍，相信奧立佛是一個粗人，很快就要被命運拋棄。「壞蛋主教」對克倫威爾面臨的「不幸」作出了預測，並盡其所能使其成為現實，直到自己被死亡所拋棄。我們並不知道，他是否

---

[097]　1594～1643 年，英國政治家，反對查理一世的國會領導者。
[098]　指克倫威爾。

知道克倫威爾後來的命運，因為我們對於來世的了解，只來自於那些我們並不能完全信任的人，我們不能相信他們說的就是真實的情況。

在劍橋的時候，我們的奧立佛既沒有從書本上學到什麼東西，也沒有從男孩，還有女孩那裡學到什麼。我很抱歉地說，所有偉大的大學都是男女同校的，即使名義上不是這樣，實際也是這樣的。母親給他寄來了吃的和穿的東西，但當時的穿戴衣物中，只有貴族才有長襪穿。伊莉莎白女王是英國男女老少中第一個穿上編織長襪的人，也是第一個使用餐桌餐叉的人，主要用於刺東西。

奧立佛的母親給他寄來了一塊厚羊毛氈，或者說是邦巴辛毛葛[099]桌布。他被魔鬼慫恿，將這塊桌布剪開，做成了長襪，因為他對自己的手藝很自豪，而劍橋的男女生們也非常羨慕。多年之後，奧立佛因為自己眼裡的得意與肉體上的貪欲，而祈求原諒、乞求寬恕，而這樣的情景在踏板制帽業非常明顯。

在劍橋一年的生活證明了這個地方浪費時間，不過有必要到那裡去，才能發現這一事實。父親的去世使事態發展到了一個高潮，奧立佛必須準備過非常艱辛的日子。接著倫敦和一個律師事務所歡迎他的到來。

1618 年 10 月 29 日，星期四，這一天克倫威爾目睹了古怪的一幕：華特・羅利爵士生平第五場的幕布拉了下來，羅利爵士把煙草傳入英國，還做過其他幾件事，但王室像通常一樣毫不感激。羅利為英國搜尋一個黃金國，但是你看！他只發現，不管在哪裡，如果要取得成功，人們都必須工作，黃金礦山和永生泉水只在夢中存在，它們只屬於那個地方。這是一個寒冷、陰沉的上午，華特爵士被強迫一直站在斷頭臺上，而劊子手不斷地

---

[099] 用絲綢、棉紗、毛等織成的斜紋布，通常染成黑色。

磨著斧頭，死刑一直推遲，只是為了使聚集的基督教朋友們感覺好玩，又受到啟迪。

「有一件事情我永遠也不會做，」律師助理奧立佛‧克倫威爾說道，他黝黑、強壯，穿著長襪，戴著一些縫縫補補的小飾品；「有一件事情我永遠也不會做，那就是取人性命！」奧立佛既心軟又冷酷。

華特爵士的刑架在寒冷、潮溼的霧氣中搖晃，治安官提出去拿木炭火盆過來，但這位偉大的人自豪地用斗篷裹緊身體，這個斗篷已經破爛不堪了，他曾經鋪在地上讓伊莉莎白女王踩過，他說：「在美洲感染的瘧疾使我這樣顫抖，人們會認為我害怕，我很快就能治好病了。」然後他把自己驕傲的頭顱放到斷頭臺上，好像在說：「就在這，拿走它吧，這就是我能留給你們的一切。」

克倫威爾究竟在倫敦獲得多少法律知識，這一點讓人模模糊糊地感到懷疑。不過完全有可能他的詞彙量有所長進，因為後來他用了「法律之狼」這個詞，這給阿爾弗雷德‧亨利‧路易斯[100]提供了一個詞，讓它在時間長廊中格格作響。阿爾弗雷德‧亨利完全有可能對真實情況一無所知，不知道他引用的是一句古語，還以為是堪薩斯人用的口頭禪。奧立佛在倫敦成家，他當時 21 歲零 3 周。這位女士是一位公司客戶的女兒，奧立佛‧克倫威爾是這個公司的傳票送達員。他成功地把傳單送給了這位年輕女士，這一點無可懷疑，因為他使她成為他的俘虜，帶她來到了克里波門聖吉爾斯教堂，他們於 1620 年 8 月結了婚。教士被他的氣勢所壓倒，竟然忘記把結婚的日期寫進去。同樣在這個教堂，長眠著約翰‧彌爾頓，他深受我們的奧立佛的尊敬和熱愛，並證明清教徒也能寫詩。

---

[100]　1857～1914 年，美國律師、政治家、牛仔、新聞工作者，以描寫美國西部素材的幽默作品而出名。

奧立佛的父親已經去世，上文已經交待此事，他曾預言說，他的兒子長大之後將一事無成。這個兒子帶著新娶的媳婦來到沼澤地，和母親、妹妹生活在一起。說他將成為農莊的「護國公」完全合適，不過說他盡責、謙遜、好學，則是一個事實。

　　他在這裡生活了 7 年，每年有一個孩子出生，勤勞、樸實、誠摯，逃避了繆斯女神這位歷史編織者挑剔眼神的關注。幸福的生活使傳記變得了無趣味。另外，我們完全可以說，沒有什麼能像婚姻一樣使人馴服。把婚姻、商業、責任和一點兒貧困拿到一塊，然後混合起來，我們就能得到一種理想的狀態。這些東西將導致崇高的不滿情緒、勤奮與不安，將為進步做好準備。

　　接著就有了奇特的精神經歷，這是生來要創造時代的偉人的命運，他們有著適合展現自我的精神。我們發現，我們的奧立佛深陷於一種奇特的絕望之中，刻心銘骨的悲天憫人，灼熱地獄正將黑煙灌入他生命的世界，那來自荒野的誘惑。

　　資質中庸的人不會成為基督教鬥士。我們的奧立佛不是中庸之人。在動盪的黑夜裡，穿過厚重的黑暗，他逐漸地看到了永恆之路，在天國嚮導之星的指引下獲得了絕佳的判斷力。

　　27 歲時，奧立佛脫穎而出，充滿了宇宙意識，對上帝如醉如痴。上帝透過他說話，對這一點他毫不懷疑。自此之後，他開始信奉宗教，不僅在禮拜天、禮拜三晚上，而是永遠、恒久地虔誠信奉。

　　奧立佛‧克倫威爾突然在歷史中出現，預先毫無警告，他於 1627 年 3 月 17 日，星期一，在下議院入座，然後發表了五分鐘的演講，指責一位阿拉伯拉斯特博士牧師信奉天主教。接著他又回歸沉默，將沉默緊拽在他

的身後，轉眼間又過了 12 年。

接著他又以劍橋郡的議員出現。他是位鄉紳，古銅色臉龐，手上結繭，衣服樸素，是由一位婦人做的，用胡桃汁染成棕色。此人認真誠摯，儘管看起來很少說話。他並不特別引人注目，因為當時很大程度上是清教徒的教會。坐在議員席的有約翰‧漢普頓、塞爾登、斯特拉特福、普林，而命運的漲潮帶著奧立佛‧克倫威爾和他們坐到了一起。在他隔壁的席位上，坐著愛德華‧科克，後人知道他，因為他寫了一本關於利特爾頓的書，而利特爾頓為我們所知只有一個原因，因為科克把他的名字作為一個文學素材使用。

宗教是以憎惡為基礎創立的。

大人物詹森博士[101] 曾說，愛國主義是無賴最後的避難所，通常除對外國的仇恨之外別無他物。這就像有人告訴我們的情況，哈佛大學的口號是「讓耶魯見鬼去吧」。

清教主義是一種反向的舉措，是要搖擺著遠離懶惰、暴食、欺詐、虛假和偽善。

查理一世是國王。他比奧立佛小一歲，但命運安排好了，他要先離開人世。奧立佛‧克倫威爾就坐在那，冷峻、沉默，思考著。然後他坐著馬車隆隆地回到鄉下的房子。

他的經濟狀況不是很好，於是搬家到聖艾夫斯小村，這個小村因誕生了唯一一名被選為聖徒的律師而出名。在聖艾夫斯每年都會召開一次全村的喜慶活動，所有的孩子齊聲唱：「聖艾夫斯是一個布列塔尼人，他是個律師，不是強盜，真是讓人吃驚。」

---

[101]　1709 ～ 1784 年，英國作家，辭書編纂者。他是 18 世紀下半葉最重要的文學界人物，著有《英語辭典》和《詩人傳記》。

克倫威爾擁有的土地為沼澤地，長著柳樹、潮溼，只適合放牧。奧立佛是治安法官，現在將時間花在改良牧群、抽乾沼澤地上面。他祈禱，偶爾進行齋戒，在村莊十字路口進行規勸。有一次在一個鄉村酒館逮捕了遊手好閒者，讓他們加入到唱讚美詩的隊伍之中。這一功績，加上一次在附近的劍橋鎮平息一起學生幫派的小衝突所起的作用，吸引了人們對他的一點注意。而劍橋的清教徒們不知道還能派誰去參加議會，就選了克倫威爾這匹黑馬為議員。

和他的大家族在一起的時候，他對人非常溫和，但要求絕對服從，不允許有任何疑問或爭辯。只要看一眼此人的畫像就一目了然了。同意他的看法要比成功地反對他更容易得多。

一年又一年就這樣流逝，只被表兄約翰‧漢普頓拒絕繳納「造船費」一事的反響打斷過一次。所謂造船費指的是，如果你沒有按照國庫的需求，繳納足夠多的費用，20 先令或是 10 英鎊，國王陛下將讓你應徵入伍，派到海上去服役。你支付的錢，從名義上講，幫你僱到了另外一個人服役，但除了國王查理和檢察總長諾伊才知道這些錢的真正用途，他們從過去的大雜燴中搜羅出來一些寶貴的先例。

諾伊是和勞德大主教並駕齊驅的夥伴，勞德到處搜尋異教徒，割掉了一千名清教徒的耳朵。人們把諾伊描述為一名法律老學究，總是在尋找王室希望找到的法律先例。諾伊起草了造船費的方案，然後在該法生效前死了：被上帝之手扼殺，清教徒們如此說道。對他的辭世他們發出感謝的祈禱聲，所有這些都相當荒唐，因為既然法律生效，就跟誰起草該法沒有什麼關係。希望對國民加以重稅的統治者應當透過間接手段進行，比如說透過關稅的方式。

諾伊以「國王的怪物」和「律師們的魔鬼洞」而出名，人們對諾伊的看法由此可見。他去世之後，屍體解剖的結果是：「他的腦子被發現是兩把乾灰，他的心臟是一捆羊皮紙，他的肚子是一桶軟肥皂。」他根本就不是人。

約翰‧漢普頓因為拒絕繳納造船費而受審。審判持續了三星期零三天。

英國最好的法律天才們插手這一事件，其中一位滴水未沾地發表了長達 11 小時的演講。判決對漢普頓不利，他必須繳納 20 先令。不過，我相信他沒有繳納；約翰‧彌爾頓也沒有交，他寫了一篇以此為論題的小冊子；奧立佛‧克倫威爾也沒有。

在經典作品《麥高菲第三讀本》中有一個故事，大意是說，有一個男子懲罰他的一個孩子，一分鐘之後即被自己的母親大打耳光，並警告他說：「你打你孩子的耳光，我就打我孩子的耳光。」這個故事曾使誠實農民的那些健康紅潤的孩子們聽得興高采烈，後來查理斯‧狄更斯講述了這個故事，而奧立佛‧克倫威爾成了故事的主角。

克倫威爾繼承了母親大部分的性格特徵，所有人都同意這一點。她活到了 90 歲，直到去世時都對政治和神學史抱有濃厚的興趣。她對兒子的信念超過了對上帝的信念，深信「上天把我用作一個工具，使上帝的意願得以實現」，並為之深感欣慰。在她的天性中，融合了教友派信徒、德美浸會教派成員和孟諾派教徒的特性。她走在兒子之前成為了一名激進改革分子，曾經在心裡向戰神懇求和平。

時間的車輪駛向了 1640 年，奧立佛又一次當選議員。任期只持續了三周，然後議會被國王查理無理解散了。他沒有能力強迫議員們聽從他的

命令，但有權力把他們趕跑。

在新的選舉中，劍橋郡又一次選舉奧立佛為代表，不是因為他做了些什麼，而是因為責備傲慢、輕率的查理拒絕了他。這是著名的長期議會：它持續了兩年時間。在任期內，奧立佛所做的事情就是坐在那裡深謀遠慮。

1642 年 1 月，不可避免的事情發生了，查理和議會發生了摩擦。保王黨人正自得其樂，忙著把那些未在適當的時間鞠躬的人的耳朵割掉，因此沒有正確地詮釋時代的精神。在蘇格蘭，正在企圖把長老會教派驅逐出去，代之以主教制度。這些宗教教派是真正的政治黨派，而清教徒不屬於任何一派，自稱為「中立派」，他們的心和那些被迫害的長老會教徒在一起，因為他們是問心無愧的激進改革分子，麗主教派教徒從來都不是。「老諾爾」[102] 把主教派教徒稱為「雜種天主教徒」，難怪別人老說他的壞話。主教們想把它們用於實現自己的目的。

激進改革主義是一種奇特而清晰的舉措，是人類為了自我保護、為了正義而採取的行動，到了最後，它只變成了一種常識的形式。懶惰以宗教的名義發明了貪婪、自私、浮華、愚蠢等百萬種形式的惡習，會導致一些人挺身而出，過著追求真理、節制、有秩序、勤奮、互相幫助的生活，這非常自然，就像牛群在面對即將到來的風暴會作出自我保護的行動一樣。

當統治世界的、偉大、無所不能的上帝希望毀滅某個國家或是某派人的時候，它有自己的處理方式。當某一引擎的控制器出了問題，機器開始亂轉的時間，珍惜生命的人最後當心一些就可以走出來。

當政者的所作所為已經比徵稅還變本加厲：野蠻執法、絞刑、鞭刑、

---

[102]　保王黨人為奧利弗・克倫威爾起的綽號。

維持鮮血噴灑的頸手枷等。時機已經成熟：查理和他的只顧玩耍、魯莽輕率的保王黨人未能察覺到災禍將臨的預兆。這是個自發騷亂的案例。奧立佛 43 歲，額前的頭髮已經變得稀疏，在皺紋的襯托下三顆痣（他命令畫師不要漏畫）顯得更為清晰。他的一個兒子已經結婚，他已經當上了爺爺。

在查理的命令下，他回到他的農莊，把自己的痣也帶了回去。他比較冷靜地想到，他曾是公開反叛國王的組織的一員，因此他是一位叛逆者。平靜地屈服，現在意味著烙刑或被割掉耳朵，即便不是火刑。他在自己房子那裡召集了禱告會，鄰居們都過來了，他們唱著歌，向上帝，而不是查理一世，發出懇求。然後奧立佛請求志願者們跟隨他到附近的政府火藥庫去，在保王黨人用它毀滅上帝子民之前占領它。「上帝的救贖就在害怕他的人身邊，他的榮耀將駐存在這塊土地上！」之後他們就出發，抓住了正在睡覺的警衛，他們還沒有收到戰爭已經爆發的通知。屬於大學的牌匾被仔細地照管好，這樣就不會落到敵人的手裡，而古老的舊校園呈現出被包圍的景象。

克倫威爾自任騎兵隊長。這是一場農民起義，因為自由一直是一種農產品。亞當斯密曾說：「所有的財富來自土壤。」他本意是想說「健康」，而不是「財富」[103]。英勇善戰的人，是為了農莊、他們的家園而戰，他們不是為了公寓或是旅館而戰。印第安人不會為保留地而戰。強健的激進改革分子是接近土壤的人。成功的革命通常都是由農民戰鬥取得的，而他們建立的政府被城市的暴民們毀掉。

克倫威爾對此非常了解，他對表兄約翰‧漢普頓說：「舊式的、腐朽的僕人和侍者們無法和紳士們對抗。要敵得過紳士們，你必須要有敬畏上帝、冷靜、認真的人，他們為了良心、自由而戰，為了他們的妻子、

---

[103] 財富（wealth）、健康（health）：兩者的英文單詞只相差一個字母。

兒女、年邁的父親和自己的農莊而戰。我只要一些誠實的人，我不需要數量，除了敵人之外。」他在身邊聚集了一千名精選的清教徒，長著痣的人，都是農民和牧人，對於露天作戰非常熟悉。這支部隊被稱為「鐵騎軍」，從未被打敗，並逐漸被認為是不可戰勝的。組成這支部隊的人和那些勇敢、虔誠的布林人旗鼓相當，只有饑餓及以六對一的優勢才能打敗他們。這支鐵騎軍很像凱撒的第十軍團，但並不相同。他們唱著「大衛頌」投入戰鬥，只要看到敵人就永遠不會停下來，除非是在祈禱。

曾寫過六冊的克倫威爾傳記的約翰‧福斯特曾說：「如果奧立佛‧克倫威爾除了召集、調教和訓練這支部隊外，什麼也沒做過，他的名字依然足以成為他偉大的保證。」

1642 年和 1643 年的冬天被用作為即將到來的戰鬥做準備，克倫威爾知道，春天的時候又會重新開始。他所有的私人財產都被投入到冒險事業之中。他占領了一百平方英里的地方，打散了每一個保王黨人的聚集點。春天並沒有帶來失望，保王黨人大舉進攻，所向披靡，直到他們到達克倫威爾的地盤。議會黨人在這裡以一敵三地迎接他們，並擊潰他們。

「在我們的刀劍面前，他們就像麥子一樣。」克倫威爾給妻子寫信時說道。「老諾爾」不僅身先士卒，而且唱著歌，堅持參加鐵騎軍的每一次衝鋒陷陣。他沒有受過多少戰爭技藝的訓練，但從一開始他就展現出身為將軍的完美天賦。他打算從中心打擊來襲的敵軍，直接穿過兩肋，然後向左邊或是右邊包抄，把敵軍變成烏合之眾，最後徹底摧毀他們。這完全是天生的騎兵，一旦馬兒倒下，他們立即掙脫起身，跳到最近的騎手背後，或是緊緊抓住一匹正在奔跑的馬兒的尾巴，向左右兩方揮舞著刀劍，同時一直高唱：「神啊，我們素來都要依靠你，而不是依靠我們自己！」這種「雙人一馬」的表演是我們的奧立佛親自訓練鐵騎軍的傑作。他向他們

展示如何唱歌、祈禱、戰鬥及雙人騎馬。在馬斯頓荒原，費爾法克斯帶領議會軍的右翼部隊。魯珀特王子帶領二萬名士兵猛攻費爾法克斯，並打敗他。克倫威爾玩了個以靜制動的把戲，讓魯珀特的部隊把自己弄得疲憊不堪。然後帶著鐵騎軍迎頭痛擊，使魯珀特的部隊在歷史的篇章中留下混亂和被嘲笑的一頁。在戰鬥中，克倫威爾的長子戰死，他向一位戰友，一位年輕人，透露了這個消息。好像在安慰他似的，這表現出這位堅強鬥士的精神：

致我熱愛的兄弟，瓦倫丁·沃爾頓上校。內容如下：

1644 年 7 月 5 日，約克前

親愛的先生：我們要帶憐憫之心進行悼慰，這是我們的職責，而且要一起讚揚上帝的懲戒或考驗，這樣我們就可以一起悲傷。

在這次偉大的勝利中，英國和神的教會的確得到上帝賜予的恩惠，自從此次戰爭爆發之後從未有過像這樣的恩惠。所有的跡象都證明這是一場徹底的勝利，在上帝的保佑下，這支神聖的部隊獲得了全勝。我們從未衝鋒，卻擊潰了敵人。我騎在我們的馬上，指揮左翼部隊救了在我們後面的蘇格蘭人，大敗王子的騎兵。面對我們的刀劍，上帝把他們變成了殘株。我們用騎兵衝擊他們的步兵，擊潰了衝擊的所有部隊。現在我無法描述特別的細節；但我相信，王子的兩萬部隊只剩下不到四千人了。這個榮耀，所有的榮耀，都屬於上帝。

先生，上帝已經帶走了我們最大的兒子，他中了炮擊，他的腿斷了。我們被迫給他截肢，他因此而死亡。

先生，你知道，我要接受這種方式的考驗；但上帝用這個支持我：上帝帶他邁向我們都渴望、盼望得到的幸福。我們這位親愛的孩子就此充滿了榮耀，永遠也不會再知道罪惡和悲傷的存在。他是個勇敢的年輕人，天

性仁慈寬厚。上帝把他的寬慰給了你。在他死前，他充滿了寬慰，他無法向弗蘭克‧拉塞爾和我描述清楚這種寬慰：「它大得超過了我的疼痛。」他這樣跟我們說道。真的是令人欽佩。稍後，他說：「有一件事情留在我的靈魂裡。」我問他是什麼事情。他告訴我，這個事情就是，上帝不再允許他做一名上帝之敵的殺手。他倒下的時候，他的馬被一顆子彈打死，別人告訴我，還有三匹馬被打死，他把它們往左右兩邊趕開，為的是要看到壞蛋們逃跑的情況。軍隊裡所有認識他的人，都真心熱愛他。但是認識他的人並不多；因為他是一個適合上帝的難得的年輕人。你有理由感謝主。他是天堂裡一位光榮的聖人；對此你應當充滿喜悅。就讓這一點把你的悲傷喝乾吧；明白這些道理，並非是為了安慰你而假造的詞語，事情本身是真實的，是毋庸置疑的真相。我們透過耶穌的力量可以做所有的事情。尋求他的力量，然後你就很容易地承受住考驗。讓這個對神的教會的公開憐憫，使你忘卻個人的悲傷吧。神就是你的力量：因此請祈禱吧！

    —— 你真誠、踏實、熱愛你的兄弟奧立佛‧克倫威爾

  大不列顛因內戰而四分五裂：空氣中彌漫著密謀與反密謀、陰謀、仇恨、恐懼的氣息。人們交替地祈禱、詛咒，然後全身發抖。商業停滯不前。農民們害怕耕種，因為他們知道，很可能他們做的工作會比徒勞無益還要糟糕：農產品有可能會用於餵飽敵人，加深他們的壓迫。軍隊來回地衝來衝去，消耗東西、毀滅東西、浪費東西。英國男子漢中的菁英都報名參軍或是應徵入伍，加入到混亂之中。

  這是一場主教派與異教徒之間的戰爭：教會對抗人民。大多數異教徒都是清教徒，他們屬於不同的教派。還有許多人像奧立佛‧克倫威爾一樣，不屬於任何教派。這是為了信教自由而爆發的戰爭。克倫威爾把宗教

當作生活，把生活當作宗教，他相信，對他來說，對所有人來說，上帝都
是直接對話的，只要我們認真傾聽。

如果教會贏得戰爭，許多人覺得自由將會無影無蹤，而英國將會回到
血腥瑪麗的統治之下。

如果清教徒贏得勝利，沒有人知道會有什麼結果，權力還能安全地留
在他們手裡嗎？人到了最後關頭也只不過是人。在王室的手裡，金錢揮霍
如糞土。有成千上萬名家臣、食客、時髦女士、悠閒紳士，他們每隔一個
星期四才工作一小時，他們的職責主要只局限於簽單，王室和王室的親戚
們，他們都吃著大眾的食槽。這些人「像國王一樣花錢」，意思是說，他
們在放蕩的生活中肆意暴殄天物。而常人，他們很輕易就得出結論，推斷
說，這些肆意揮霍者使社會受益。在美國南方，我們的黑人兄弟們只要每
一工時能拿到十美分，每天能算十個工時，他們就非常高興，要比每月拿
到五十美元津貼高興得多。還是有一些人爭辯說，富人隨意把錢花在做蠢
事上，對人類有益，他們忘記了一個事實，任何需要付出人的精力的事
情，都是對於人類生活世界的一種浪費，除非在進行分配的同時還能生產
出財富與幸福。浪費必須要付出代價，通常要付出流血、流淚的代價；但
是，靠乞討為生的乞丐永遠不會知道這一點。流浪漢被施捨二角五分錢，
他會覺得比獲得賺一美元的機會更幸運得多。

所有的財富都來自勞動：人民賺了錢，而食客們獲得其中的一部分；
在 17 世紀，他們得到大部分。然後這些食客們浪費了人民賺的錢，而許
多人還認為他們獲得了福氣。17 世紀的英國人和現在的黑人兄弟的處境大
約相當，說到這，我要向所有的美國黑人表達我的歉意。不過，在大量的
無知、天真、殘忍、獸行、狂熱和迷信當中，會在較長的間歇中各處湧現
出一位能與我們現代人相提並論的人物。但他們都是稍縱即逝的流星，沒

有獲得支持，他們還得填充自己的那一點點空間。

　　克倫威爾是一個意外事件，上天安排的意外事件，是神一時高興安排的事件，是想看看真正的人，他們是什麼樣子。

　　坎特伯雷大主教威廉‧勞德和查理一世的關係，就像黎塞留[104]和法國的路易十三的關係一樣。勞德如此接近於一名天主教徒，連教皇也認為他適合，主動提出委任他為紅衣主教。事實上，僅在數年前，英國所有的教士都是天主教徒，在他們的君主轉換宗教時，他們也改換了宗教。勞德的看法是，宣誓、應答經文、吟誦、屈膝及敲響鐘聲就組成了宗教。

　　克倫威爾說，宗教是上帝的靈魂駐留在人們的內心。勞德則帶來了大量的屈膝下跪和點燭進貢。他就是英國國會的教皇，按照傳統扮演著這個角色。

　　一位名叫萊頓的蘇格蘭長老會教士在一次布道時宣稱，主教的權力來自人民，而不是從上帝那裡獲得的。勞德為了向他顯示不同看法，把他放進頸手枷，在他赤裸的背上鞭打了一百下，給他烙上字母「I」的烙印，表示他為「異教徒」，割了他一隻耳朵，還割開他的鼻子。

　　律師威廉‧普林公開譴責勞德非人的殘忍，並宣稱勞德的濫用權利，證明萊頓是正確的。隨後便輪到了普林。他因為「叛國、叛逆及違法」而被判罰二萬英鎊。勞德大主教是英國教會的頭，說勞德壞話就是說教會的壞話；詆毀教會的人就是對上帝不忠、對國家不忠。普林被割掉雙耳和鼻子的時候，國王查理袖手旁觀，微笑著默許。查理簽署了判決，普林必須在胸前帶著「I」的紅字站在集市的一個看臺上，每天站兩個小時，要站一個月，之後終生監禁。就這樣為美國小說家南森尼爾‧霍桑提供了一個書

---

[104]　法國路易十三的首席大臣，致力於加強君主統治。

名和題材。另外查理和他過分「虔誠」的大主教給清教徒們樹立了一個可怕的榜樣，因為我們永遠是透過榜樣、而不是透過戒律教會東西的。把敵人殺死的統治者，在把屠殺作為藝術進行教導，使身為個體的人確定了這樣的信念：殺死敵人是根據「更高法則」而進行的，當他們得到機會的時候，他們就準備好濫用權力了。

　　巴斯特維克醫生，一位享有很高聲譽的醫生，當普林律師頂著烈日站在看臺上的時候，表達了自己的同情，用一句友好的話和愚蠢的淚水安慰了他。勞德派了一名便衣教士站在受罰的普林旁邊，「感受人民的脈搏」。他感受到了巴斯特維克醫生的「脈搏」，並把他的行動報告給勞德這位修道士。之後巴斯特維克就成為一個候補者。他被逮捕，罰了一千英鎊，沒有用可卡因麻醉就直接割掉了他的耳朵，一個月之後，兩個鼻孔也被挖開，並被終生監禁。約翰‧漢普頓表兄向國王查理請願，請求寬恕巴斯特維克醫生，因為他已年邁，是一位好醫生，他的行動只是一種好心的衝動，不是故意侮辱大主教或是國王。請願被束之高閣，而且約翰‧漢普頓受到警告。

　　克倫威爾當時在倫敦，帶了三馬車的羊毛進城，但他的心思並不在這些羊毛身上。異教徒並不安全。卡萊爾和查理斯‧狄更斯都注意到一個報告，克倫威爾賣完羊毛和馬之後，和約翰‧漢普頓一起登上了一艘駛往麻塞諸塞灣殖民地的船，留下命令讓他的家人跟過來。船被勞德的間諜們搜查，奧立佛和約翰被弄到岸上，並被命令趕緊回到鄉下的房子，呆在那裡耕田。國王和大主教犯了個小錯，不允許奧立佛和約翰和平地離開。

　　當約翰‧漢普頓拒絕繳納造船費的時候，勞德想讓他受到公開鞭打的處罰。查理猜到了時代的氣氛，允許對該案進行審判。

克倫威爾是下令逮捕及審判勞德的長期議會的議員。1641 年勞德被關進倫敦塔，但對他的審判直到 1644 年才進行。克倫威爾堅持說，任何說勞德好話的人，都應聽到他們的聲音。審判持續了一年之久，勞德被宣布犯有六百樁罪惡昭著的不人道罪和違反教士誓言罪，斧頭只揮了一下就砍下了他的頭，同這一把斧曾砍下羅利的頭。

此時國王查理還在戰場上，從這個地方逃竄到那個地方，不時摸摸自己的頭，看還在不在，試圖躲避議會軍的部隊。同時和克倫威爾並肩作戰的，有一位叫約翰·班揚，他活的時間比克倫威爾長，並寫了一本書，為貝德福德監獄增光添彩，並成為保王黨人報復的犧牲品。

命運深挖並敲打出了克倫威爾天性中不可估量的能力大水庫。就像英格爾索說到林肯時用的詞語：「他總是能在事件發生時冒出。」這裡有一種未曾被分析過的心理狀態：一個人感覺疲倦，準備退出，但是你看！形勢在呼喚他，於是他作出了一生的努力。所有人心底都隱藏著一個能力之湖，只不過尚未被敲打出來。

克倫威爾最大的成功，是從失敗的獠牙中搶出來的。他總是有絕招能使自己安然無恙。他透過做事而變得偉大。當其他人都準備放棄的時候，他才剛剛開始戰鬥。就像保羅·鐘斯一樣，當被要求投降時，他回喊道：「幹嘛？先生，看在活著的上帝份上，我還沒開始戰鬥呢！「

至於處決查理一世是否合理，只要這個話題在大不列顛或是它的殖民地還繼續存在，依然會爭論不休。

查理一世和他的兒子查理二世相比是個聖人，這一點很容易看出。他冷靜、勇敢、老練、定期參加教會儀式，在家庭關係中為人溫和。他只是在官方的職位上令人討厭。他軟弱、搖擺不定、口是心非。這一點絕對是

可以肯定的：砍掉他的頭，絲毫不會增加吃牛肉者胸中的愛、美、真理、友情或美德的總量。

英國花在啤酒上的錢，仍是花在書上的十倍，查理信仰的宗教仍然是英國國教。克倫威爾的宗教，雖然代表了樸素的勤奮、真誠友愛、互相幫助、儀式從簡，卻依然被認為舉止怪異、性情乖僻、怪誕不經、特立獨行。

克倫威爾統治英國的 15 年是輝煌的 15 年。在布萊克海軍上將的幫助下，他把海盜從地中海趕走，釋放了英國俘虜，並使大不列顛在全世界受到尊重、敬畏。西班牙讓步，降下了它的旗幟；義大利支付了一筆遲延已久的賠償金給受害的英國國民；天主教法國從宗教上放手不管英國。

主教派的信仰並沒有受到壓制，只不過被放到和長老會教派同等的地位。對每一個信仰都寬宏大量，這一點顯而易見，頸手枷和鞭刑架被廢棄不用。曾幾何時，停泊在泰晤士河、等著裝載囚犯、帶到遙遠的大陸卸貨的監獄船，如今被打掃得乾乾淨淨、修整一新、磨亮甲板，作為商船被派遣出去。道路進行重修、航道挖深、運河開掘、沼澤地的水被排乾。

發布了一個將軍令，要求任何英國士兵或水兵，無論何時何地，如果襲擊婦女，或是搶劫、破壞私人財產，或是襲擊中立者，應當立即受審，如果罪名成立，立即槍斃。如果在戰爭緊急狀態，英國士兵被迫拿走私人財產，必須留下收據，確定價格，並同時報告給總部。所有這些都為了同一個目的，「汝不可偷竊」[105]，家臣不再有補助金，食客被安排去工作，流浪

有了工作，所有政府事務的管理都按照個人處理私事需要遵守的原則

---

[105]《聖經》中十誡的內容之一。

處理。一個造船廠的主管因為偽造薪資名冊，被拎出來扔進海裡。而另一個人利用政府的開支舉辦了一場舞會，此人被開除公職並被發配到巴貝多。

克倫威爾喜歡穿著列兵的衣服，和他的士兵打成一片，並到酒館或王宮尋找戰爭違禁品。他擔任英國三軍總司令的時候，他堅持擔任上校，領頭帶領鐵騎軍衝鋒陷陣。

有人送給克倫威爾六匹馬車挽馬，它們長得一模一樣，出自同一匹公馬，他堅持親自駕馭它們。當這些馬逃走的時候，馬車上坐滿了寬邊帽子的清教徒，他們因為疏離職守而深感內疚。據他們說，這些馬兒是被一位主教派的主教嚇跑的。所有保王黨人都笑了起來，但笑得不是很響。一些極端清教徒說，這是給奧立佛的一個警告，告訴他不要企圖建立一個君主國。

在克倫威爾的年代，亞拿尼亞俱樂部還沒有形成，儘管合格的候選人已經足夠多了。奧立佛曾把勞德大主教稱為「徹頭徹尾的說謊者」，在伊利大教堂，他曾打斷一個宗教儀式，並稱呼主持儀式的教士為「虔誠的搪塞者」。

克倫威爾像其他許多豪爽直言的人一樣，比他自己願意承認的更為心腸軟。女兒的去世傷透了「老諾爾」的心，沒有了她，他無法活下去。於是奧立佛·克倫威爾60歲時去世。他天性中凡人的一面表現了出來：他以為他兒子理查可以坐在他的位子上進行統治。短短的一年過去之後，這位年輕人被迫讓位。保王黨人蜂擁而來，趕回家鄉，他們貪婪的嘴唇為了教會上、政治上的物質享受而淌著口水。

就這樣，我們有了查理二世和混亂時期。

第十一章
安妮‧哈欽森

安妮‧哈欽森（Anne Hutchinson，1591 年～ 1643 年），英裔美國殖民者、宗教領袖。1637 年因其宗教信仰而被逐出波士頓市。哈欽森是美國思想體系中宗教自由和言論自由等核心思想的最早宣導人之一。她在英國出生，因為渴望獲得更大的從事宗教活動的自由，於 1634 年說服丈夫跟隨約翰‧科頓牧師前往麻塞諸塞灣殖民地：波士頓。哈欽森因言行不合乎傳統規範及對殖民地牧師的譴責導致她與教會當局不和。教會對她提出起訴，儘管她為自己的信仰進行了強有力的辯護，但她仍然於 1638 年被逐出教會並被驅逐出麻塞諸塞灣殖民地。她於是和家人及其他信徒移居到羅德島，後於 1642 年搬到了紐約州長島，不幸的是，她和她的孩子們（只有一個倖免於難）在那裡發生的一次印第安人襲擊中被殺死。

按照我的理解，法律、命令、規定及各種法令，是為那些沒能擁有使荊棘變坦途的理性之光的人而備。內心懷有上帝之教誨的人，是不會誤入歧途的。

　　　　　　　　　　　　　　　　　—— 安妮‧哈欽森

　　波士頓始建於 1630 年。這個村莊起初被稱作特日芒特恩，並因其先天的便利而被簡稱為特日蒙特。

　　此地居高臨下，地勢險要，風景優美：一個梨形的半島，光禿禿的沒有任何樹木，狂風呼嘯，面向大海，被鹽鹼地侵蝕的地表如流蘇般美麗，在風急浪高中被沖刷成一座真正的島嶼。

　　清教徒從英格蘭的大遷徙，其直接激勵人是勞德大主教，此人有一愚蠢的癖好，那就是割掉那些在未知物方面存在異己意見的人士的耳朵。而清教徒則是篤信宗教自由的人們，他們反對為聖物而舉行的那些儀式、禮節、盛大典禮與聲勢浩大的遊行。他們的神職人員被稱作「牧師」，教堂稱作「禮拜堂」，教友們被稱作是「會眾」。

　　波士頓的移民們是公理會教徒，居於長老派與獨立派之間。為世人所銘記的奧立佛‧克倫威爾，是個獨立派教徒。與之非常相似的約翰‧溫思羅普，則是位公理會教徒。

　　獨立派教徒沒有牧師，而公理會教徒則折中地認可牧師。

　　查理一世及其所鍾愛的勞德大主教將公理會教徒當作社會不良分子，從而親切地將麻塞諸塞灣殖民地授予約翰‧溫思羅普，並說道：「去吧，願平安伴隨著你。」雖然，這並不是他們使用的原話。

　　1633 年，約翰‧科頓牧師從英格蘭的林肯郡波士頓抵達特日蒙特。出於對他的尊敬，在移民們的熱情簇擁下，投票推舉將他們的村鎮從特日蒙

特更名為波士頓。就這樣，波士頓村的名字保留下來，聖波托夫之鎮，由鎮議會負責管理，直至 1832 年它成為一座城市，它就是波士頓，直到今日仍是如此。

波士頓如今已超過 50 萬人口，而在美國獨立戰爭之初，它只有兩萬居民。1633 年，約翰·科頓抵達時，它的人口僅有 307 名。房子都是木頭蓋的，而不是切割的石塊或大理石。大多是小圓木屋的式樣，由泥漿補縫。雖然此處沒有一個碼頭，約翰·溫思羅普還是自豪地說：「輪船可直接開到我房子的半英里內，我們的海峽多麼深啊。」

約翰·科頓是一個非常堅強、誠實的人，為他所認識的人所熱愛。麻塞諸塞灣殖民地幾乎每家人都有一個孩子以他的名字來命名。英克里斯·馬瑟 [106] 為他的一個兒子取名為「科頓」。這些殖民者並不是單獨的個人，或單個的家庭離開英格蘭的。他們一群群地來 —— 教會團體 —— 由教眾的牧師領頭。他們找尋的並不是理想中的黃金國，也非青春之神泉。它純粹是一個宗教運動，目標是宗教自由。他們希望以他們自己的方式來禮敬上帝。他們堅信，這個世界是為不朽的來世作準備，堅信宗教是世間芸芸眾生首要的關注點。假如他們被告知人類是以一種神祕的方式行動，犯下各式各樣的錯誤，他們也會對此置若罔聞。

宗教是引燃他們生命之火熊熊燃燒之油。他們對科學、歷史、傳奇故事或詩歌一無所知。他們唯一的書便是《聖經》，他們努力透過它來指引他們的人生。大自然對他們而言，似乎有些與上帝作對，所有的自然衝動都被以懷疑的目光所看待。他們從不玩樂，也極少開懷大笑。他們辛苦工作、念祈禱文、唱讚美詩。為了娛樂消遣，爭論經文章節的意思。懂得這

---

[106] 美國神職人員兼作家。他與其子科頓共同的堅定宗教信仰和他們的大量文章，對麻塞諸塞殖民地在神學和政治上產生極大影響。

些章節的含義，是絕對必須的，將在來世為你的靈魂找到一個合適的位置。對上帝的敬畏，不僅僅是智慧的開端，也是其終點。

然而，他們的熱誠還是有回報的，因為這是促使他們移民的原因。在它聖潔的火焰中，所有舊有的束縛均已消逝，沉重的過往已化為灰燼、散作雲煙，而一切的艱辛與危險已不復存在。雖然他們的生活中仍有不少的嚴峻考驗，然則，至少它們已是全然不同的嚴峻考驗。他們是移植的野草。宗教熱情自有其益處，卻往往需要付出極大的代價。

清教徒離開舊世界 [107] 以求獲得宗教自由，但要給予新世界宗教自由卻遠超他們的能力。他們唯一允許的自由，便是信仰他們自己的信仰的自由。其他人都是錯的，他們是對的 —— 因此，緊抓著誤入歧途的人的手，使其改邪歸正，他們這樣做是對的。他們滿懷恐懼，而恐懼正是萬事之終結，都逃不脫它的魔爪。如果沒有畏懼之心的話，人類的宗教完全可以任其自身發展而成為一種有益健康的情感操練，一種美好的、間歇性的鼓舞力量。機構性宗教建立於一種怪異的假設之上，那就是人類是一種完全進化了的動物，它獲得正確引導時，有能力領會、欣賞、理解終極真理。因為恐懼，就有了這些教義信條、這些奇特的僵化的隱喻和比喻。

時至今日，有關知識豐富充足。今日之最佳，乃明日之最佳。我們必須意識到，人生便是一次遠航，我們帶著密封命令航行。每日清晨，我們打開了密封命令，得到新的指引，之後就可以改變我們的航向。

這些清教徒們知道航行的起點與終點，或者說，他們認為自己知道。他們從未懷疑過 —— 因此他們變得冷酷無情、缺乏公平、毫無同情心。所有曾加之於身的宗教迫害，在其掌握權力之時，反過來強加於他人。他

---

[107]　作者指當時的東半球，即歐、亞、菲、澳洲，尤指歐洲。新世界：西半球，美洲大陸。

們的生命已交付給殘忍與詭辯。

這些教會團體似乎憑直覺明白到，稍稍分隔也還不錯。如果不是這樣的話，情況可能要比原本更糟。他們分別聚居在塞倫、查爾斯頓、紐堂、坎布里奇、沃特鎮、羅克白里、多爾賈斯特、米斯蒂克和林恩，每處都由一位「牧師」主持。這位牧師是教師、傳教士、醫師、律師，兼地方官。一有疑問，所有的問題都提交到他那裡。最初的「綜合法庭」，是由牧師們組成的，由殖民地總督主持，所有宗教及民事方面的事務均由他們管理。

當然，這些人也堅信宗教自由 —— 只不過所謂的自由，就是照他們所說的去做 —— 任何人膽敢質疑他們的權威，或是批評他們的統治，都將被當作整個殖民地的公敵看待。於是，我們就看到政府與教會是如何輕而易舉地、自然而然地聯手統治。

清教徒們反對神權政治，然而，該殖民地成立不到六星期，牧師們便聚集在一起，通過了決議。這些決議由他們宗教的忠誠信徒 —— 總督簽署，成為法律。「綜合法庭」便是上議院，那些成員們，便是替代主教大人們的牧師們，而國教理所當然就是公理會。

所需要的只是時間，叛逆者發展形成的機構，與其反叛的對象竟完全相同。清教徒們曾為自由而逃亡，如今，在他們當中，若有人想要有不同意見的權利，也唯有逃離。而整個人類的迴圈，亦不外乎如此。

成功的宗教，都同等地有害。

安妮・哈欽森於 1634 年的 9 月 18 日乘格里芬號船抵達波士頓，與她同行的還有她丈夫威廉・哈欽森，以及他們的 15 個孩子。那是一次愉快的、歷時七星期的航行。

233

哈欽森一家是從英格蘭的波士頓來的，以前也是約翰·科頓牧師教會的成員。他們原本在上一年就打算與他一同前往新世界，卻被政府當局以某種我們所未知的理由而阻留。如果那些阻留了他們一年的人，能夠將他們完全地阻攔住的話，那對他們來說是件好事，但對文學來說並非如此，因為，那樣的話，《從平凡走向偉大》將不會有這節激動人心的篇章。

哈欽森家被認為是富有的一家，擁有一千金幣的幾尼，還沒提一大家子的孩子們。約翰·科頓已經描述過他們的情況，曾說哈欽森夫人擁有心靈與精神方面的諸多崇高特質。哈欽森家的一些孩子已經完全長大成人，我們可輕易推斷出這位母親已經有一定年紀了。事實上，當她抵達美洲大陸友好的海岸時，她剛過四十歲不惑之年，頭髮上也只星星點點地有一些灰白。

船上的生活是對性格的嚴峻考驗。密閉的住艙能揭示出優秀的品格，但也往往製造出副產品，或是形成影響終生的厭惡與反感。在一個男女混合的船上，人們要不談情說愛，就是反目爭吵，或者這兩者都做。

格里芬號上的乘客超過一百人，他們中有兩個很著名的教士，只因他們與安妮·哈欽森同船共涉重洋。他們是約翰 —— 拉斯羅普牧師和紮查瑞斯·西蒙斯牧師。宗教祈禱占用了清教徒們很大一部分時間，無論是在船上還是岸上。格里芬號上的這兩個牧師，自然而然地負責起了全船人員的精神事務，安排出最適合他們的時間。早上有晨禱，晚間有暮禱，午前有布道，其間還有禱告與讚美詩。

哈欽森夫人是一位頗有天資的醫生，照顧船上婦女兒童的身心健康成了她的特別工作。但每當她召集船上所有的婦女參加會議，並向她們致辭時，約翰·拉斯羅普牧師和紮查瑞斯·西蒙斯牧師總是不請自到，想看看

這集會是怎麼樣的風格。

　　一切進展良好。但一星期後，哈欽森夫人有點讓這兩位牧師先生心神不安。兩人都是嚴格的 B 類人：嚴厲、冷峻、沉著、莊重、誠摯，非常的誠摯。哈欽森夫人則務實、敏捷、機智風趣，並善於演說。他們則是反應遲鈍、深謀遠慮的。當然他們進行了爭論 —— 雙方都是清教徒。日常的爭論沉浸於對聖經經文中的深奧大義之研究中。牧師們參加了哈欽森夫人的集會，她也參加了他們的聚會。他們批評她的授課，而她則大膽地對他們的布道作了一些評價。乘客們無所事事，找不到更好的事來做，於是支持雙方中的一方。

　　陸地映入眼簾，格里芬號終於緩緩駛入港口，所有的爭端被拋諸腦後，舉行了一個歡快的感恩儀式。我剛才所說的所有爭端被拋諸腦後：然而有兩個男人除外，他們銘記於心，耿耿於懷。這就是約翰‧拉斯羅普牧師和紮查瑞斯‧西蒙斯牧師。他們感覺受到傷害，內心痛楚，滿腹委屈：這個女人篡奪了他們的位置，將他們神聖的職責，無禮地四處播撒 —— 至少他們是這麼想的。

　　當船錨拋下時，他們是最早一批攀爬過邊沿，前往岸邊的。他們找到殖民地總督約翰‧溫思羅普，讓他注意那個叫哈欽森的女人 —— 她可是有一個雙刃舌。約翰‧溫思羅普微微地笑了笑，認為一個帶著 15 個孩子的女人對殖民地來說只能是一樁幸事。這兩位牧師拉下了長長的清教徒臉龐，他們的意見正好相反。

　　一個心智健全的婦女在智力發展方面的潛力，在她生育孩子的日子終於劃上句號時，才會達到頂峰。此時此刻，在諸多情況下，她迎來了能力的新生：渴望、抱負、企盼、發現新方法，她從一個前所未有的、廣闊而

豐饒的有利地形來觀察世界。這些瑣碎的、轉瞬即逝的、微不足道的事物，都自得其所，而她現在有了難得的價值觀念。

一位偉人曾匆匆斷言：沒有哪個 30 歲以下的女人懂得值得一提的東西，她的生活為情感所控制，而非智力。這位偉人說此話時年方 40。50 歲時，他又把這個年齡界限推遲了 10 歲。30 歲時，情感更傾於冷靜些，女人也會時不時認真思考思考。而 40 至 50 歲，正是她的豐收季節，如果她能具備宇宙意識，正是此時。

安妮・哈欽森到了 40 歲這個轉捩點的時候，正在考慮一個偉大而崇高的真理。它掌控了她的生命，並似乎要動搖她的整個一生。這個真理被稱作「恩典之約」，而它的對立面是「行為之約」。

所有神學教條，從其根本上來說，都有真理的萌芽在內。危險在於將詞語弄得毫無生氣，用語法建起架構。

恩典之約與行為之約兩者都正確，然而前者正確得太過崇高，而後者是相對性地正確。兩個短語都來自聖保羅 [108]，他是神學的詭辯王子。恩典之約的含義是：如果你心中懷有上帝之恩典，你的人生將會自我釋去罪愆。也就是說 r 如果你心中充滿了善良的熱情、為正確的意圖所激勵、並擁有堅定之信念，那你就是上帝之子民，上帝也就已與你締約。你將受到福佑、享有恩惠，並從此以後永受愛護。同樣，這種情況下，你不能犯下任何罪孽。你可能會犯錯誤，但此屬於你的神聖締約，將會把你的失誤、瑕疵、錯誤與過失，轉變為祝福，因而，最終，只有美德屬於你。

當你已將自己的精神與靈魂，與上帝建立了正確的連繫，或是已有神聖締約，你不必再為你的行為而苦苦尋求、掙扎、奮鬥，或是痛苦地作出

---

[108]　西元 3 ～ 67 年，原是基督教會死敵，後來成為主要使徒，並成為基督教重要的神學家。

選擇與決定。上帝之靈透過你來行動，使你免於受傷害和犯錯。你的思想是正確的，你的行動也必然是正確的，因為，行動乃思想的動作。

因此，加入恩典之約 —— 與上帝締結契約，你將使你的一切免於錯誤之思想 —— 低低地握於神的手心。讓神的靈魂透過你來行動，放輕鬆，不需再為了一個祝福而搏鬥，意識到你已擁有了它。之後，對你而言，人生中的萬千煩惱、細枝末節，均已簡化。你將說的話、要做的事、要穿的衣、這一天要做的特別的事 —— 一切皆為空。生活變得完全自動化，憑藉神的力量，它將自我調節，只要你已有恩典之約。

相反的看法則是行動之約。那就是，你與上帝達成約定，你將服從他的意志，你將控制並當心自己的「行動」，或動作。你的行為將是正確的。行為於是成為至關重要的事情，而不是思想。「行動」意味著事實，你在內心拯救中，透過你的行動獲得上帝的保證。畫家特納在他獲得廣闊而豐富的眼界之前，常常埋頭苦幹，「畫而不思」；華盛頓、富蘭克林與林肯，也在年輕時做過不少荒唐事。

人們在這個階段往往列出一個清單，哪些是他們不能做的，當然，也有一個清單，是哪些他們必須做的。年輕人常常列出一個他們想做、但不應該做的事情清單。此階段可與藝術方面的現實主義階段相提並論。在你成為印象派之前，你得先是現實主義派。他們希望得到上帝的垂青，希望神對他們現出微笑，於是，他們便興奮地試圖只做神允許的事情。同樣地，他們害怕去做神不贊成的事情。

摩西列出以色列孩子不能做的七件事，以及三件他們必須做的事，我們稱其為「摩西十誡」。

關於恩典之約或行動之約之爭，是一個非常古老的問題，至今尚未

解決。它永遠伴隨著某種類型的想法。我們的刑法對具體行為進行懲罰 —— 而地方法官則對行為進行判斷。就在幾年前，美國一個法官吸引了全世界的注意，他拒絕懲罰因犯法而帶到他跟前受審的青少年。他組建了青少年法庭，唯一的目的便是，不去懲罰他們做的事，而是追本溯源，找出這個孩子犯法的原因，之後將其成因消除掉。透過這樣做，琳賽法官自己不得不違反法律，因為他常常違背他的就職誓言，拒絕針對某項特定的違法行為，執行法律的特定懲罰。

安妮‧哈欽森全部及唯一的過錯，是她對恩典之約的強調。她最初是從約翰‧科頓教士那裡獲得這個想法的，然而它在她腦海中被放大，直到它占據了她的天性，也許排除了其他一些美好的事物。她在船上對婦女們的所有訓詞是：不要擔憂、不要恐懼，不要擔心家庭的煩惱，不要擔心你丈夫或孩子們的操行，不要擔心你自己的操行。只需將自己的生命奉獻給上帝，由於這份奉獻，神的恩典或靈魂將填滿你的心胸，從而，你所有的行為，都將是正確的、恰當的，純潔無瑕的。

當然，這樣的答辯會遇到具體的問題，諸如：如果行為是無關緊要的，而恩典則是全部的，那麼，我該如何做？還有這樣、那樣的情況呢？對於教會問答集並記住十誡應當怎麼處理？我們不必念祈禱詞、敬拜上帝、繳納什一稅、服從地方行政官嗎？

此時此地，小小的頭腦總可以找到討論與爭論的題材。讓這些問題回歸自然，讓行動自我調整，他們是永遠都不會這麼做的。他們需要直接的命令，可以覆蓋到人生中的所有緊急情況。為滿足此需求，猶太教徒的律法被制定出來了，告訴人們如何殺雞、如何去毛、如何在小徑上從陌生人身邊走過、如何烹調、用餐、祈禱、睡覺、歌唱，以及理髮。

於是我們就有了這麼些奇怪的律法，諸如在某個特定時間裡，猶太人點火、修剪鬍鬚，或是一個中國人剪短他的髮辮，都是罪過。所有的半開化的人都會制定一些法典，覆蓋行為的細枝末節。霍皮[109]人的未婚少女頭髮按某種式樣梳，而已婚婦女則按另一種方式梳。如果一個已婚婦女像少女那樣穿著打扮，她就會被認為是不可救贖而要被處死。

摩西十誡之一，便是不許製作雕像，這是基於一個謬論：雕刻與偶像崇拜是一回事。清教徒相信，雕刻及繪畫藝術都是偶像崇拜。還有一些人認為，器樂是魔鬼的事。而頗有些人認為，管樂器，例如風琴，是適當而正確的，但絃樂器則是有害並用於色情愉悅的。如今有些教堂使用管風琴，卻只允許在講道室或會所中使用鋼琴。聯合長老會從長老會那裡分離出來，摒棄所有的音樂，人類的聲音除外，之後他們因使用音叉[110]的禮儀而分裂。浸信會教徒總是演奏風琴，而作為樂器的短號被用於公理教會的領唱，引發了很大的爭執與辯論。當短號被多方允許使用，小提琴卻在某些社區仍絕對是不可涉足的禁區。所有這一切均源於「行為之約」：謹慎對待你所做的事──用徹夜不眠的、小心警惕的眼睛，緊盯著每個行為──密切關注你的所作所為！

安妮・哈欽森則用她的一句金玉良言，打開了人們信仰中的難結：「在你心中獲得上帝之恩典吧，它與你做了什麼、或沒做什麼真的沒有什麼差別。」如今這是一個非常陳舊的想法。那些頭腦邁進了特定精神層面的少數菁英們，往往會堅信恩典之約這一真理。

當耶穌在安息日摘玉米穗時，他就違反了猶太律法。從而顯示、並在其他很多場合顯示出，他對控制行為的律法並無太多尊重。

---

[109]　美國原著民印第安部落，屬於科羅拉多州普韋布洛印第安人的一支。
[110]　一種有兩個叉頭的金屬器具，敲擊後發出持續的固定音，可用於樂器調音和確定標準音高。

持有此觀點的人被認為是無政府主義者。他們被視作政府的公敵，因此，他們是危險分子，必須被根除。他們的罪行永遠被建立在一種推論之上：他們不相信這個，就一定會犯那個罪。

內戰期間，相當一部分人認定：假如你相信有色人種享有平等權利，那你必定巴望著要把女兒下嫁給一個「黑鬼」。

許多好人們認定：假如你認為要給婦女選舉權，那你是想要你妻子去角逐治安官的位置。有人認定，不去教堂的男人一定在打牌；打牌的人都一定嚼煙草；而嚼煙草的人一定在喝威士忌；喝威士忌的人會打老婆；所以呀，所有的男人都應該上教堂去。

安妮·哈欽森的所有麻煩均來自於推論，而這些推論，則是教士們的工作。

這些最初的殖民者大都群聚而居，如同拓荒者們往往做的那樣。他們共同勞作，相互幫助。如果要建一所房子，將會有個「蜂會」[111]，每個人都將忙碌起來。每當一船的移民到來時，整個鎮的人都會到岸邊去迎接。哈欽森一家是以約翰·科頓的親密朋友身分到來的，受到尤其特別的歡迎。哈欽森夫人與幾個孩子住在科頓家，直到他們有能力建一幢自己的房子。

哈欽森夫人的到來，被認為是有特別的價值，她有著罕見的醫藥方面技藝與照顧病人的愛心，這使她受人敬畏。對孩子們來說，也總是能帶來好運。她有著頗具療效的觸摸，因為她有著一顆慈母般的、飽含無盡愛意的心；而她的治療手法，單是把生病的孩子抱在懷裡，對著他們呼氣，就被認為有著神奇的效果。

---

[111]　為了一起工作、相互競爭或共同娛樂而舉行的聚會。

對於拓荒者們來說，孩子便是珍貴的天賜禮物。清教徒們認為一個孩子的夭亡，是由於上帝的震怒而來的天譴，它會使整個定居點充滿恐懼。因此，自然地，任何能將死亡之手阻擋住的人，被認為是有神聖的天賦異稟。同樣，也有人持懷疑態度，因為這些人堅信能力有兩種來源：一是上帝，一是撒旦。

　　安妮・哈欽森對此置之一笑，並告訴人們疾病是錯誤的生活方式，或意外事故導致的，根本不是上帝的震怒而帶來的天罰。而治療只是簡單地順從大自然的規律、臻於和諧即可。

　　這樣，安妮・哈欽森無意中踏上了那塊極薄的神學之冰。她與教士們的言論相抵觸，她認為大自然與上帝是一體 —— 而他們則認為完全相反。然而，她的時間因照顧那些擠滿家裡的病人而被占滿，出於自我保護的目的，她被迫給人們一些難以理解的東西。

　　當天氣非常惡劣時，整個殖民地的人們都陷入精神鬱悶中。這些人居住在淒涼的山的陰面，面朝大海。緊挨他們背後，是森林阻擋著去路，陰沉、灰暗而神祕。樹林裡有大熊、惡狼、豹子。寒冬臘月時，它們受食物香味的吸引，會偶爾進到村裡，給人身安全帶來極大危險。黃昏時，居民們就會進到屋裡，把門窗給閂上，並盯著他們的火繩槍，緊急情況下也許用得著。

　　時不時會有一些印第安人過來，驕傲自大、面塗彩漆，列隊耀武揚威地經過村裡，理直氣壯地見到什麼有用就拿什麼。哈欽森夫人治病的本領也已傳遍這些印第安人當中。時不時地，一個印第安人母親會站在她家門口，抱著生病的孩子，而這些人從未被拒之門外。

　　房子小，通風狀況很差，又過於擁擠，並且歌聲、禱告聲與布道聲，

對那些生病、緊張或疲憊的人不利。漫長的嚴冬引發了恐懼與憂慮。這些英格蘭人不習慣這裡的氣候，他們還未養成與大雪寒冰爭鬥的習慣。不但不敢勇敢面對，反而躲到屋子裡。於是，有了許多閒置時間，只有對憤怒的上帝的祈禱與讚美充斥其間。沒有一家能遠離疾病，也沒有一家能倖免於在門柱上標上血的印記。

哈欽森夫人從未聽過「心理學」這個詞，然而她深知它的內涵。她極力去安慰那些情緒低落的人，阻止他們的自我檢討與自我剖析。他們爭吵著，衝突正在逼近。而此時，對寒冬的恐懼之外，日漸增加的是對印第安皮科特人的恐慌，整個地區陷入精神癲狂的邊緣。難以確定安妮‧哈欽森是否知道精神癲狂是傳染性的，整個家庭、整個社區都可能被幻覺所籠罩——整個鎮子可能會發瘋，整個民族染病。

然而我們可以確知的是，她挑戰了那八位牧師。他們在殖民地召集僅有女人參加的集會，訓導的福音因這八位有學問的人支持對象的不同而異。她的主題是恩典之約。讓你心中駐入上帝之魂，你將不用關注細節。你所有關於孩子的擔心、對疾病的憂慮、對死亡的恐懼，都將煙消雲散。恐懼是疾病之源。

「你冥思苦想你的某些行為引起上帝的怒火，因而你痛苦不安；然而我得說，如果你的靈魂中有了上帝之恩典，你擁有了超然之思想，你將永遠不會冒犯到神。」

這將為後人所見證的就是，這是純粹的愛默生式的信念。它不僅適用於整體意義上的人生，同樣適用於藝術。安妮‧哈欽森是新英格蘭超越主義之母。自我意識對藝術表現而言至關重要；只關注於自己的雙手與雙腳的動作的人，必將裹足不前、步履紊亂；良好的領悟並不需要最感興趣的

關注；將自己所有的時間投入到自己的精神世界中去的人，將很快變得進退兩難。人並非最終結局——他並不是核心——遊戲才是：人生如戲，戲如人生。人僅僅是諸多道具中的一個而已。向外看，不要向裡；向上看，不要向下，伸出你的援助之手。所有這一切，就組成了安妮·哈欽森哲學體系在現代的應用。

牧師們祕密地聚集到一起開會，並決定安妮·哈欽森必須受到鎮壓。她是他們領地上的篡位者、入侵者以及無執照營業者。恐懼是使他們產生分裂的那塊巨石。我並不能確定，然而此類恐懼是生命之河的唯一的攔路石。哈欽森夫人曾告訴他們：布道、禱告，以及讚美詩純粹是「行為」，有些人完全可以做所有那些他們要求做的事情，同時在內心仍是竊賊與無賴，這種行為上的密切關注，意味著最終的偽善。從另一方面來說，如果你的精神態度正確，你的行為也將正確。

「即便它是錯誤的？」威爾遜牧師問道。

「是的，肯定是。」安妮·哈欽森答道。

「那麼，你說你不會犯任何罪過？」

「如果我的心是正確的，我不會犯下罪過。」

「那你的心是正確的嗎？」

「我正努力使它這樣。」

「那你可以做任何你想做的事？」

「如果我的心是正確的話，我想做的任何事情都將是正確的。」

「可是，假如，現在——」然後，這些牧師問了紳士永遠不會問一位女士的一些問題。

這些人有著一種絕佳的誤會、曲解、誤傳他人的思想的才能。

約翰‧科頓的解釋朝波濤洶湧的水裡又澆了層油，他說，恩典之約的思想是概括性的，如果要將它具體化則是不恰當、不合理的。之後，他們轉向了科頓，並說：「那，你也是他們中的一份子？」

安妮‧哈欽森被命令不許當眾演說。

她仍在她自己的房裡舉行集會，並聲明，自己有權請朋友到家裡來，在自己家裡談話。

她是波士頓星期四演講會的創始人，約翰‧科頓接過此事，並由一些信徒將它帶至其輝煌頂峰，也就是阿迪羅戴克‧默里統治最高法院之時。哈欽森夫人對所有的婦女說，這個聚會必須堅持下去。殖民地分裂成兩派：一派堅信恩典之約，而另一派堅信行為之約。

約翰‧科頓看來是這八位教士中唯一意識到兩派都是正確的。安妮‧哈欽森引用他的原話，說他當年在英格蘭時說過的話，和在這裡說過的話相同——約翰‧科頓不得不進行自我辯護。於是他批評她，並責備她照字面意義地、斷章取義地引用他的話。他害怕那些暴徒。

裂痕擴大了——他公然抨擊她。溫思羅普反對她，而科頓看到，如果他繼續支持她的話，他自己也將被打倒。她是個好女人，然而她必須因殖民地的利益而被鎮壓下去。在科頓和他的同事威爾遜的同意下，這兩位波士頓教會的聯合牧師，正式對她提出了異端的指控。

亨利‧文恩爵士，年方 24，出身高貴，天性亦高貴，被選為殖民地的總督。他站在哈欽森一邊，並尋求帶來常識，以頂住並阻止這股盲從的狂潮。他們於是轉向他，他的垮臺與她的完全一樣，雖然他即將回到英格蘭，努力邁向成功之路，愛上愛爾蘭女演員佩格‧沃芬頓、闖出一條通往

權力、也通往倫敦塔之路，為了人權利益，將他的頭顱放到了斷頭臺上。

　　哈欽森夫人由宗教法庭審判，並被判有罪。在長達數月的審訊中，哈欽森夫人為自己作了極其詳細的、巧妙的辯護。然而，牧師們想要的是一個徹頭徹尾的退縮，並得承諾她不能再篡奪他們引導大眾的特殊職能。

　　當時，殖民地分裂成各個宗派。北面的賽勒姆有一名叫羅傑·威廉斯的浸信會傳教士，雖未全盤認可哈欽森夫人的所有看法，但個人對她卻極為同情。他認為，考慮到哈欽森身為一名醫護人員以及鄰居是極為有用的，她應被允許說自己選擇說、希望說的話。「因為，如果說的是謊言的話，它會自然消亡；如果是真理的話，我們應該去了解它。」羅傑·威廉斯能在頭腦中保有一份公民話語權，還是難能可貴的。他們正伺機對他進行懲罰，他的話被目擊者們適時地記錄在案。

　　之後，是瑪麗·黛爾，威廉·黛爾之妻。1635 年，當哈欽森事件還在醞釀之中時，她來到波士頓。瑪麗·黛爾被約翰·溫思羅普描述為「一個清秀的人，快言快語，稍嫌輕率」。然而歲月卻將完全將她征服。她深為哈欽森夫人所打動，每當哈欽森夫人當眾演講時，黛爾夫人總在她身邊，隨時提供支援。在溫思羅普的日誌中，有多處涉及到黛爾夫人。此人對黛爾夫人極感興趣，但其中有一次提及她時，非常清楚地反映了這位出色男人的心路歷程。

　　當異端的罪名被強加給哈欽森夫人時，黛爾夫人勇敢地站在她一邊，並被那些牧師以類似的行動給予威脅。溫思羅普說，黛爾夫人由於情緒激動，以至於早產。她以及嬰兒由哈欽森夫人照顧。而嬰兒是「非正常之人」的謠言被傳開了。這個恐怖的故事在整個殖民地傳開了，這兩個女人都被認為與惡魔結盟了。上學的孩子們見到黛爾夫人時，往往會跑開並藏

起來。不久後，科頓‧馬瑟教士將引用瑪麗‧黛爾的事件當作一個先例，以證明他深信巫法的偏見。

哈欽森夫人被判決有罪，被驅逐出教會。隨後她再次被綜合法庭審判，在那裡，在牧師法庭審判她的牧師們全部在席。在一個漫長、艱苦、侮辱性的審判之後，只有她自己的聲音為她辯護，反抗這八個牧師。她精彩地為她的動機而辯護，事實上將他們被駁得體無完膚 —— 這可真是不可饒恕的行為，更是她自己方面的錯誤判斷。

關於此案件的文獻非常之多，其中一個牧師，湯瑪斯‧韋爾奇，寫了一個小冊子，解釋他在其中扮演的角色，他忘了，事實總是越辯越明。人們越是讀韋爾奇的小冊子，越能發現他對哈欽森夫人的欽佩。麻塞諸塞州的哈欽森州長，即安妮‧哈欽森的曾孫，修訂了溫思羅普的日誌，給出了一個引人注目的、毫無偏見的、對他偉大的曾祖母所受苦難的描述。

從麻塞諸塞海灣殖民地被驅逐之後，哈欽森夫人在羅德島避難。那裡，她受到羅傑‧威廉斯的歡迎。我堅信，他是提高嗓音呼籲言論自由的美國第一人。哈欽森夫人自己的家人、以及來自波士頓的 18 名同情者跟隨她來到這裡，其中就有瑪麗‧黛爾。

在普羅維登斯，哈欽森夫人在她身邊聚集起了一大批人，包括教友派信徒及浸信會教徒，他們以極大的興趣傾聽她的演講。

麻塞諸塞海灣殖民地的牧師們，明顯地感覺到他們犯了一個錯誤。他們聚集到一起，並選派了三名代表前往普羅維登斯，通知這些叛教者，如果他們願放棄所有的恩典之約的信仰，他們可以回到麻塞諸塞。哈欽森夫人善意且不失威嚴地會見了代表們。會議進行了兩天，委員會返回去了，報告說此事毫無指望。從波士頓來的哈欽森夫人的同情者中，有幾個人中

途離開了，其中有些人是在哈欽森夫人的勸告下走回頭路。有威脅說，麻塞諸塞的人要追過來，用武力將他們逮捕。這使得哈欽森一家受盡折磨，他們只有卷起僅有的簡單行李放到小筏子上，臨時決定乘船前往曼哈頓的荷蘭人定居地。

他們受到親切的接待，並在鄰近地獄門 [112] 的長島上分得一大片地。那裡，在一片小小的曠野上，他們開始在岸邊建一座房子。在屋頂還未建好前，他們被印第安人所襲擊。印第安人顯然誤以為他們是荷蘭人，將他們全部殺害了。

就這樣，安妮·哈欽森離開了人世。

安妮·哈欽森被瑪麗·黛爾當作姐妹一般來哀悼，她在普羅維登斯舉行了一場葬禮布道，專為悼念她而辦。黛爾夫人也回到波士頓，並在波士頓下議院，面對社區的那些流言蜚語、蜚短流長，發表演說讚美安妮·哈欽森。黛爾夫人現在已成為一名教友會信徒，主要是因為教友會信徒不需要付錢給教士，並且允許傾聽到上帝之聲的婦女進行布道。

瑪麗·黛爾傾聽到了上帝的聲音，並進行了布道。她的關注點被吸引到波士頓的這條法律上來了，它規定教友派信徒及猶太人必須被割掉耳朵，舌頭上必須鑽孔。

她持續不斷地布道，之後被放逐。

她又回來了，並被發現站在監獄前面，透過柵欄與兩個教友派信徒說話，他們是羅賓遜與史迪文森，被關押著等待宣判。她給他們帶來了食物，並勸慰他們開心些。她被關起來了，並被要求放棄其主張。她承認自己是教友派信徒，並與地方行政官意見相左。

---

[112]　美國紐約城裡東河之上一條狹窄的河道，位於曼哈頓與長島之間。

　　她被總督恩迪科特審判，基於她自己的供認，以及對政府當局的蔑視，被宣判絞刑。這一天來到了，她被帶著前往行刑地，與她的兩個有罪的教友派兄弟一起，手把手地向前走。

　　絞刑架在波士頓下議院，在那個小山旁，如今那個地方是一個室外音樂臺。

　　黛爾夫人立在那，眼見著他們絞死她的朋友們，每次絞死一個。當他們像鞦韆似的晃在空中時，她號召他們緊抓住真理：「因為耶穌基督與我們同在！」無論何時她開口說話或是歌唱，列在她身前與身後的鼓，便被命令敲響起來，這樣就可把她的聲音給淹沒下去。

　　她朋友們的遺體在空中掛了半小時後，才被放下。

　　現在輪到她了。她登上了絞刑架，拒絕了牧師威爾遜先生的幫助。他跟在她後面，並將他的手帕綁住她的眼睛，同時一個衛兵用生牛皮繩綁住她的手和腳。

　　「你願與教友派斷絕關係嗎？」

　　「絕不！讚美上帝及他的兒子耶穌基督，以及安妮‧哈欽森，上帝的女僕──我們靠真理而活著！」

　　「暫緩執行！暫緩執行！！」有人喊道。於是，絞刑暫緩執行──恩迪科特總督命令這個女人必須被放逐，而不是被絞死，除非她再次回到波士頓。這一切都是預先安排的詭計，妄圖把這女人徹底嚇垮。

　　威爾遜把手帕從她眼前解開，他們鬆開了她腳上的綁繩，她手上的皮繩也被解開了。她朝下望著羅賓遜與史迪文森的屍體死氣沉沉地躺在草地上。她要求執行對她的判決，然而並沒有：她被衛兵遣送到森林十五英里的深處，之後被放走了。

數月之後，她又回到了波士頓，來見她兩個已成年的兒子，並承擔「內心之光」的見證。

　　被帶到恩迪科特總督面前之後，她被問道：「你與以前被帶到這裡的瑪麗‧黛爾還是一樣嗎？」

　　「我還是同一個瑪麗‧黛爾。」

　　「你知道你將被宣判死刑嗎？」

　　「我知道。我也是回來提醒你們的法律的邪惡，警告你趕緊懺悔！」

　　「你仍是個教友派信徒嗎？」

　　「我仍被人帶責備地如此稱呼。」

　　「明早九點整，我下令必須將你絞死。」

　　「你以前似乎說過類似的話！」

　　「把她帶走——帶走，我命令！」

　　翌日上午九點，大批的人群擁擠在下議院前，商店都依命令放假一天，關了門。

　　威爾遜先生再次陪伴著犯人。「瑪麗‧黛爾，瑪麗‧黛爾！」當他們一起站在絞刑架前時，他用高高的嗓門喊道：「瑪麗‧黛爾，懺悔吧，哦，懺悔吧！與你的異端邪說斷絕關係吧！」

　　而瑪麗‧黛爾回答道：「不，老兄，我現在不懺悔，因為我知道根本就沒什麼可懺悔的！」

　　「需要上帝的僕人為你祈禱嗎？」

　　她好奇地朝周圍望瞭望，微微笑了，說：「我看這裡一個都沒有。」

　　「需要人們為你祈禱嗎？」

「是的。我要所有的人為我祈禱！」

再一次地，亮光從她的眼前被關上，但這一次，是永遠地關上了。她的雙手被用皮帶綁在身後，皮帶勒入她的手腕。她的雙腳被捆上。她旋轉起來，牧師威爾遜先生好心地扶著她。套索被調整。

「讓我們都祈禱吧！」教士威爾遜先生說道。就這樣，他們在那個早晨，絞死了瑪麗‧黛爾。

第十二章
尚－雅克・盧梭

　　尚－雅克・盧梭（Jean-Jacques Rousseau，1712 年～ 1778
年），法國著名啟蒙思想家、哲學家、教育家、文學家。是 18 世
紀法國大革命的思想先驅，啟蒙運動最卓越的代表人物之一。
在哲學上，盧梭主張感覺是認知的來源，堅持「自然神論」的觀
點；強調人性本善，信仰高於理性。在社會觀上，盧梭堅持社會
契約論，主張建立資產階級的「理性王國」；主張自由平等，反
對大私有制及其壓迫：提出「天賦人權」，反對專制、暴政。在
教育上，他主張教育目的在於培養自然人；反對封建教育戕害、
輕視兒童，要求提高兒童在教育中的地位；主張改革教育內容和
方法，順應兒童的本性，讓他們的身心自由發展，反映了資產
階級和勞動人民從封建專制主義下解放出來的要求。主要著作
有《論人類不平等的起源和基礎》、《社會契約論》、《愛彌兒》、
《懺悔錄》等。

一旦公共服務不再是公民的主要關心對象，他們寧肯用自己的錢包來提供服務而不是親身介入，此時國家就已幾近瓦解了。當他們應該遠征去戰鬥，他們卻只是付錢給軍隊為他們去戰鬥，自己卻待在家裡；當他們應該去參加議會，他們卻只是派代表去，自己躲得遠遠的。懶惰和花錢的結果是，他們最後要雇傭兵士來奴役自己的國家，雇傭代理人來出賣這個國家。一旦有公民說：「國家大事與我何干？」，這個國家就不可救藥地迷失了。

　　　　　　　　　　　　　　　　　　—— 尚－雅克・盧梭

這位偉人是誰？

請細聽，我將為你一一道來：他之偉大，因他充實了人們的思想；他之偉大，因他激勵了人們為自己而思考；他之偉大，因他告訴你業已知曉的事，但之前你並不清楚自己已知曉；他之偉大，因他震撼著你、激勵著你、冒犯著你，使得你從慣常的道路擠出來、跳離出你的思維定勢、使自己的雙腳拔出了老生常談的泥潭。

這位作家之偉大，因為你對他既愛又恨。這位作家之偉大，因你永不忘懷、銘記在心。

是的，的確，此君在他的私生活中可能驕傲、急躁、直率、粗魯、不雅、荒謬、無知、放蕩不羈 —— 承認這一切，他仍是偉大的。他並不是因為上述特點而偉大，而是儘管他有這些缺點，仍瑕不掩瑜。他天性中這些外在的矛盾與差異，可能反而促成了他的偉大，有如高山與深谷、岩石與樹木，使風景更為增色。

他是偉大的泉源，作家、詩人、畫家、哲人、傳教士及科學家們每個人都從中汲取思想之泉，來注滿自己小小的錫杯、勺子、葫蘆、瓶子、酒

壺、水罐、雙耳陶瓶、水桶、盆子、大桶或木桶。這些人可能憎恨他、反駁他、蔑視他、抗拒他、侮辱他，他們完全會這麼做，如果他們虧欠他太多的話。然而，如果他在他們的頭腦中激發了使他們產生熱量的分子，他使他們受益無窮，因而他是個偉大的人。

尚－雅克・盧梭是一位偉人。我們仍然在研讀他 —— 仍然與他對話 —— 仍然試圖往他身上貼標籤 —— 仍然在尋求一個合適的位置來安置他。

如果一個人徹頭徹尾地拙劣、粗魯、無知與粗俗，如果他什麼都沒做，僅僅是震擾激怒了我們，我們將很快地把他丟棄一旁。然而，除了讓我們心靈震撼之外，這位偉人還透過他的洞察力、他的敏銳、他的想像力、他的同情心、他的親和力，以及他的愛，使我們為之傾倒。透過行為他看到了起因，於是他找到原因，給予寬恕。了解現在之後，他能預見未來，因為他，萬里挑一的他，明白有因必有果的道理。他做了我們不敢做的事，說了我們要是有頭腦就會說的話。於是，某種意義上來說，此君就是我們的代言人 ——「我就是那個人。」他的真實的缺點，使他離我們更近。他的大錯，使他跟我們更親。

要回答關於尚－雅克私生活的爭論，並非難事，一切都顯而易見。他未對他的生活作出道歉，並且，也許我們最好以他為榜樣。

事實上，他用自己的雙手，在他的五個兒女剛來到這世界上時，親自把他們送到育嬰堂去。這並未改變他同時也是《愛彌爾》的作者這一事實。在該書中，人們應銘記在心的是，他首創了以下觀點：在培訓與開發成長中兒童的體能、智力與道德方面，應以自然的方法，來替代學究、迂腐的方法。

此書為福勒貝爾的兒童試驗提供了思想泉源，該試驗最終發展成了世上最初的幼稚園，給世界上每一個文明國家的教育方法帶來了深遠的啟迪。

毫無疑問，這個拋棄了自己的孩子的人，成為他那個時代最偉大的導師之一。

然而，為公平理解他的情況，我們必須了解到，他應受責備的事情，大多發生在他 38 歲以前。而他的真正影響人類的作品，則都完成於 38 歲之後。對一個成人作出評價，集中在他 22 歲時的所作所為，我認為，是不恰當、非本質、不一致、不相干的，因而是多此一舉的。當一個評論家對某個人的成就找不出話來說，只是為吸引大家的注意力，到作者年輕時的種種是非上去，這說明他已黔驢技窮了。

在他的晚年，盧梭對自己的早年生活以充滿痛苦的悔恨進行回顧，改正了他的生活方式，改進了自己的推理，這一切應是提高了他的聲譽，而不應被用來對他進行指責。而且這些事實是對他最苛刻的評論家們陳述的事實。但事實與真相往往是完全不同的事情。當我們從事實中錯誤地進行推理時，謊言便會趁虛而入。

盧梭的朋友與敵人都告訴我們，法國大革命與他一脈相承。正因為這個，朋友們讚譽他，敵人們則責罵他。而事實上，大革命需要很長的時間醞釀、需要很多因素的介入。革命是一長串罪惡的頂峰。盧梭看到了這些罪惡，並呼籲人們進行關注，然而，他並未真正地促成它們。—— 啊，他的那些與年長女士的戀愛故事，謝天謝地，別跟那些已存在於法蘭西長達百年之久的殘暴、冷酷與非人道混為一談。

一位東方哲人，一次正把乾無花果當正餐吃時，向一群崇拜者解釋純

粹素餐的完美與健康。

「用這個看看你的無花果吧，」現場的一位科學家說道，把一個顯微鏡遞給了他。這位學者看了看，並發現他的寶貝無花果上滿是蠕動的微生物。

他將顯微鏡遞還給科學家，說：「朋友，請把你的顯微鏡拿好 —— 這些蟲子現在不存在了。」

尚－雅克遞給法國的農民階層一個放大鏡，伏爾泰則把放大鏡遞給了貴族們。

尚－雅克・盧梭出生於瑞士，人人皆知，這塊沃土養育了大大超過自己分額的改革家們。尚－雅克的父親是個製錶匠。據這位兒子稱，他父親發條調錯、鐘面歪斜，他聲稱要鑲滿珠寶，但總不能完美地調整好位置與溫度。尚－雅克告訴我們，他的初次霉運，便是他的誕生，這使他母親因此而丟命。他是由時間與機遇之神收養、由命運之神哺育大的。當這孩子10歲時，父親從日內瓦逃離，躲避一場愚蠢爭吵的懲罰，並從此再未見到他這個使家族姓氏揚名千古的兒子。

他母親的族人把男孩交到一位退休的教士手裡，那個教士勒索前委託人勒索，要求他們把自己或他人的孩子交到他手裡，教他們步入正確的人生道路 —— 也就是教士自己所走的人生道路，然而也有人認為，這是毫無意義的一條路。

這個男孩聰明、機敏、學東西快，和別的被拋棄的孩子一樣守口如瓶、遮遮掩掩，這一點完全可以理解。他當過書記員、工程師、貼身男僕、侍應生，做過各式各樣的工作。從而證明在為人類服務中，沒有高下之分，不過需要說明這一點：他，在這段時間，對為人類服務完全無

知 —— 他僅僅是為生存而奮鬥。

知識來源於願望。而願望從何而來，沒有人說得出。它肯定並不只是個心願而已。

尚－雅克有著對知識的渴求，而這一點，一些有識之士說是母親遺傳給兒子的寶貴饋贈。他極想獲得知識！

也正是這種渴望，確定了他的職業生涯。

他整天地問牧師問題，因為他滿腦子都是那種謬見：牧師懂得所有未知事物，牧師總是和上帝關係良好。

為了躲避這些問題的糾纏，一個牧師把他送到華倫夫人那裡。此時的華倫夫人寡居在家，富有而活潑，充滿著聖潔的宗教熱誠。宗教起於何處、性愛終於何處，無人敢斷言 —— 書本總是緘默不語，而啟示錄也總是啞口無言。確實是，有人這麼大膽地說過：藝術、愛情與宗教乃是一回事。

把這個留給專家們去評論吧，讓我們簡單地說，對學問的熱愛降臨到尚－雅克身上，這位年方 17、充滿詩意與哲學情調的流浪兒，受到德·華倫夫人的珍愛。她為了理想生活而進行見習，保持著宗教上的退隱靜修。

穆罕默德的宗教，皈依者變得數量眾多，就像沙漠上不斷添加的沙子，因為他們被承諾有一處天堂，那裡居住著烏黑眼珠的賢人。正教得到擁護，則因為它承諾休息、閒散與不需承擔責任。尚－雅克滑入的天堂，則是真主阿拉和加百列[113]天使的組合，再加上牧師們描繪的那些誘人的夢境。基於真理之上的科學從來就不會流行，除非人類得到進一步的進化。這是因為，科學除了艱難困苦，什麼都給不了，每一項成就之後，對

---

[113]　天界的大天使長。

工作的獎勵是更多的工作。與天堂相比較，這樣的狀況根本沒有吸引力，天堂裡的豎琴永不需要調弦、天堂裡的長袍從不需要洗滌、天堂裡的高樓大廈從不需要水暖衛生管道。

尚－雅克過著一種非常理想的生活：他是隱身修道的夫人的客人、學生、男僕兼情人，並且，他無需承擔任何責任。然而，天堂有一個非常嚴重的缺陷——毒蛇魔鬼。這一次，這條毒蛇是忌妒。每當這位修道的夫人接待高貴客人時，毒蛇將它的毒牙，深深嵌入她男僕兼情人顫抖的肉裡。於是，補償法則永無寧日。

「你最喜愛的書是什麼？」拉爾夫·沃爾多·愛默生問喬治·艾略特。

回答是：「盧梭的《懺悔錄》。」

而愛默生也承認道：「我也是。」

伊莉莎白·巴雷特·白朗寧細細地啃著這塊相同的乳酪。現在人們都深信，盧梭的《懺悔錄》絕大部分是有積極啟發意義的真理，雖然與事實有些出入，有積極啟發意義的真理是指可能會發生但沒發生過的事情。盧梭的《懺悔錄》是一種對希望、心願、渴望與猶豫的心理研究，間雜有悔恨作調料。所有的文學都是某種懺悔——替身型的懺悔。尊敬的讀者們可以享受做這些事情的愉悅，而不必受到懲罰。

盧梭試圖吸引人們注意的第一部文學作品，寫於他 37 歲那年。它只不過是一次練筆，意圖想說明，所謂的文明已經真正地汙染了人類，並且文明的弊大於利。

這篇文章是對那個時代的微妙諷刺，腦海裡想到的是法國政府，卻從一個瑞士人的立場來看問題。它至少使一個人——作者自己——深信它觀點的正確無誤。

在那個時代，法國有著超過一百多種的罪名可以判死刑。在國王加冕禮的宣誓上，有一句承諾，他將清除所有的異教徒。至於這將如何去做，國王交給專家們了。「密信」[114] 或祕密逮捕大行其道，在身居高位的王公貴族與教會官員中非常流行。對任何可疑分子，都可以讓他從家裡或朋友旁人間蒸發，似乎是地球把他吞沒了一般。在他外出駕車、走路、工作後，就消失了。尋找是徒勞的，打聽也是毫無意義 —— 啊，應該是更糟，它可能會把打聽者也給捲進來。人身保護令就是一紙空文。

普通民眾沒有權利：他們僅僅被授予一些特權，其中之一，便是活到收到被處死的命令為止。

招供的獲取，是透過對男人女人的種種折磨：用肢刑架、扭絞臺、毆打、侮辱等，這樣的手段罄竹難書。這些細節，就留給那些教士，這些偽裝虔誠的人以道貌岸然的熱忱做下這一切，因此，無須為其錯誤負責。教會與政府聯姻。懷疑經文就是反對政府。異端與叛國是一回事。嘲笑教士很可能被處死。未能參加彌撒和未交稅都是極大的冒險。

王公貴族與主教們擁有大宗地產，不用繳交任何稅賦。糧食不允許在教區之間流動，卻被用限制關稅進行控制。國王自己卻投機做麵包原料的買賣，饑饉時囤積居奇，因為王室不受關稅法管轄。因而，食物被壟斷。進行請願被解釋為對王冠的侮辱，而受到相應的處置。

大部分土地都附帶農奴，他們除非被主人賜死，否則絕不能離開 —— 他們屬於土地的一部分。

部隊的軍官們有權毆打他們的士兵，如果士兵伸出手來保護自己，他可能被合法地處死。

---

[114]　指法國革命前，國王不通過法律手續發出的祕密逮捕令。

所有技術勞工都由行會控制。這些行會從國王那取得特許狀。他們制定價格、規定學徒數量、決定誰得工作、誰不得工作。沒有行會執照做某項工藝，將獲罰款與坐牢的懲罰。而重複違反則是死罪。未經許可，市民們不得銷售自己的勞動，或是購買他們鄰居的勞動。行會就是主人，擁有權利，與腐敗的法庭一同瓜分利潤。因而，少數勞動者拿著很高的薪水，但眾多勞動者卻沒有工作能做。行會與牧師、貴族同流合汙。稅款的徵收被承包給「總承包人」，他從收到的稅款中抽取一半。每到年底合同簽約時，國務大臣將收到成功競標者送來的禮品，叫做「酒之樽」。此禮物是現鈔，各個地方從五萬到十萬法郎不等。這一傳統是如何開始的，無人可知。但它止於杜爾哥 [115]，他上繳國庫收入高達七萬法郎，並簽發了一個命令，任何官員不得從政府承包人處收取現金禮物。

勿需贅言，杜爾哥被當作是危險人物，他的官場生涯也來了個急剎車。

湯瑪斯·E·沃森，在他最妙趣橫生的書《法國故事》中說道：

天主教會是一個龐大的宗教信仰壟斷。它的等級制度，在國王自己位於次要統治地位之前，就已確立下來。隨後，便出現了權力氾濫往往會出現的結果。天主教會榨取了國土的大部分財富。高級教士成為貴族階級，在每一細節上模仿著富有、閒適、放蕩的世襲貴族。而政府只從納稅人的角度來看待它的國民，將政府的所有負擔都壓到普通大眾肩上，而拒絕給他們任何好處。於是，天主教會的貴族們過著奢華、懶散、放蕩的生活 —— 完全逃避了他們的責任，忘卻了他們神聖事業的職責，忽略了他們應當照顧的羊群們，任由無知與迷信完全占據了普通民眾的頭腦。

在人類的紀錄中，還沒有發現過比這更令人壓抑的專制體制與政教聯姻的確證，這就是法國大革命即將爆發之前，法蘭西普通民眾的墮落、愚

---

[115] 1727～1781 年，十八世紀後半葉法國資產階級古典經濟學家，曾任法國財政大臣。

昧的狀態。

全法國都很傳統，民眾這麼認為。帶著無限的輕信與盲從，他們拜倒在牧師的腳下。

然而，牧師又給他們做了些什麼？他介紹書給他們了嗎？沒有。宣傳自由思想了？沒有。開辦學校了？沒有。透露過有關他們物質待遇的資訊了嗎？沒有。教會在表達大眾意見的法庭上為農民的案子辯護過嗎？沒有。向國王請求過減輕他們的重壓嗎？沒有。抗議過封建制度的錯誤嗎？沒有。曾流露出哪怕最微薄的願望，想改進勞苦大眾的處境嗎？沒有。

保王黨的文人在大革命時期，以輕蔑的口氣，滔滔不絕地評論法國低階層人民的無知、粗魯與成見 —— 就讓他們這麼輕蔑地貶損別人吧，他們把農民貶得越低，就把反抗他主子的那些證據與憤慨推得更高！

這個法國政府曾是專制而獨裁的。政府與教會，國王與牧師，將一切控制於股掌之中。人民無法出聲、無法選舉、沒有權利。他們從未被諮詢過意見。整個的義務都由君主與他的極少數特權階層所假定 —— 這，就是後果。有什麼樣的樹，結什麼樣的果子。「種瓜得瓜，種豆得豆。」1789 年的法國人民的罪行、無知、粗魯、貧困、悲苦，是對統治階級的永遠的控訴。統治階級，必須對長久處於他們絕對統治下的人民的物質生活水準、智力與精神狀態負全責。

盧梭，這位敏銳沉靜、外表英俊、迷人憂鬱的傢伙，一直過著隱密的地下生活，直至他 42 歲。接著，他被巴黎員警趕出城外，之後，在久違了 25 年的家鄉日內瓦露了面。陪伴他的有妻子特麗薩、岳母，以及他名叫「公爵」的狗兒。

盧梭與特麗薩的婚配是幸福的。她目不識丁，既不會讀，也不會寫，

她也並不關心這些。然而，她對她的夫君有著高度崇拜的敬重，每天晚上，他對她和他的岳母大聲朗讀當天的作品。朗讀中的每一次停頓，這位老婦人，一個字兒也沒聽懂的她，會突然插嘴道：「這寫得太好了！」。而特麗薩則會很有技巧地，將呵欠轉化為歡喜的樣子，骨碌碌滾動著歡快的大眼睛，不發一言。

這正是他需要的東西，他也只需要這些東西，除此之外，他還和一些頗有影響力的朋友們保持漫長的爭吵，使盧梭保持著良好的文學戰鬥狀態。

「一個與丈夫競爭的妻子，或是有足夠頭腦去察覺他的過錯的妻子，那將是天才的滅火器。」歌德說。他實踐了自己的思想，將其妻喻為一片極為方便的黑麵包，並聲稱在試過黑麵包與蛋糕之後，發現前者比後者有營養多了。

在日內瓦城外的勒·德麗賽古堡，伏爾泰已建起了他的私人劇院，他常邀請喀爾文頗有天賦的孩子們前來觀看戲劇。身為一名劇作家，並且在此事上不帶任何偏見，伏爾泰甚至提議在日內瓦修建一座劇院。這使盧梭發表了一本言辭激烈的小冊子，指責戲劇具有誘惑性的妖力。他在書中指出，每一個被拋棄的民族在走向衰亡之時，都是從對戲劇的痴迷開始，慢慢滑向阿佛納斯[116]。在這本小冊子中，盧梭表達了對日內瓦傳統勢力的看法，喀爾文傳統仍然在此處遺留下來。盧梭寫道：「劇院代表著奢侈、懶惰、淫逸、縱欲，而這一切皆是狂躁與卑劣的。私人劇院，便是私家娼館。」很可能當盧梭開始寫作時，並不關心這件事情的方方面面。而伏爾泰則忘記了邀請他參加「首演」，現在可謂得到了相應的回報。他一邊寫作，一邊說服自己。

---

[116] 義大利一臭水湖，位於拿坡里附近。傳說湖邊有一通往地獄的通道；也稱地獄的入口。

「他就像個太燙手的烤爐，」伏爾泰說，「它把放到裡面的所有東西都給燒著了。」接著，伏爾泰發現盧梭的小冊子竟然還真的在茫茫書海中惹人注目，引起轟動。他生氣了，罵盧梭為「第歐根尼[117]的狗」、「文字上的潘趣乃樂[118]」、「墨水的牛皮大王」，以及其他精選的諢名與綽號。

每一次的打擊都是一次宣傳，現在如此，過去也如此，盧梭發現自己被提升到成功作家的範疇了。他的收入雖然低於每年一百鎊（伏爾泰則是兩三千鎊），但他卻擁有他所需的一切，諸事皆得心應手。

伏爾泰代表著貴族 —— 盧梭則代表著人民。日內瓦只不是一個大的鎮子 —— 兩萬四千居民 —— 鄰居們津津有味地觀看著這兩位巨匠偉人之間的戰鬥。

盧梭是新教教會的成員，伏爾泰則自稱是天主教徒 —— 真是名不副實。

伏爾泰住在一處豪宅裡，坐著帶侍從的馬車。盧梭則靠自己的雙腳跋涉而行。獨居的他，會拿出一片乾麵包和一片裝滿櫻桃的葡萄葉，漫步到樹林裡，或山腰上。「我得走上十英里來湊足一千字」，當這個念頭閃現時，他停下坐到一塊圓石上，在他那永遠忠實的便箋簿上寫作。

日內瓦這段時間住著狄德羅[119]與達朗貝爾[120]這兩位文學流亡者，忙於編著第一部百科全書。他們經營著一家文學交換所，為每一個能寫作、能碰撞出思想火花的人提供計件工作。每當情緒不錯時，盧梭和伏爾泰會

---

[117] 希臘哲學家，哲學犬儒學派奠基人，強調自我控制和推崇善行。後人對此有曲解，常理解為「像狗一樣活著」的人。
[118] 潘趣乃樂，義大利木偶劇中演滑稽戲的又矮又胖的人或小丑。
[119] 1713～1784 年，法國哲學家。批評家，百科全書編者。
[120] 1717～1783 年，法國著名的物理學家、數學家、天文學家和哲學家。曾向狄德羅的《百科全書》供稿。

給百科全書寫點東西。最後，伏爾泰開始編纂巨著《哲學辭典》。

　　盧梭堅持不懈地獨來獨往，並領了不少的救濟金，因為他的朋友拋棄了他。後來，當他們來看望他時，他又抱怨，因為他們打擾了他。狄德羅指責他不真誠，因為他把狗的名字從「公爵」改成了「土克」，擔心會得罪埃皮奈夫人，她給了他一棟小屋，免收房租。格林男爵說：「他是個踩著高蹺的侏儒。」

　　盧梭一直在山腰上漫遊，啃著他的黑麵包，吃著他的櫻桃果，喃喃自語，奮筆疾書。薄暮時分，他回到家裡，把一天裡捕獲到的思想火花，呈獻給特麗薩和那肥胖的岳母。老太太總會在恰當的時候說：「這寫得太好了！」而盧梭，綴滿珠寶，卻像時鐘一樣地不可信，熱愛她們倆，其次是他的狗「土克」。牠躺在他的腳邊，時不時用尾巴甩打地板，以證明牠還沒睡著，牠也有自己的感想，牠也同意老太太的話 ── 「這寫得太好了！」盧梭要是與這三位爭吵，那和自己吵架沒有什麼區別！

　　招待伏爾泰一年之後，普魯士國王腓特烈二世射出了這支飛翔之箭：「如果我有哪個省份要懲罰的話，我要把它交給一個哲學家去統治。」

　　盧梭詞藻華麗，並常常過於多愁善感。不過可以肯定，他總是能明白自己要表達什麼意思。他使更多的人開始無拘無束地思考問題。比如說，他提到的《自然之書》，是由熱心的皈依者加班加點完成的。人們還記得，馬歇爾首席大法官在一次審判中間，把一位援引了《自然之書》的充滿詩意的律師給弄得目瞪口呆。他的目光從眼鏡上方投射了下來，說道：「請稍等一下。我要記下剛剛這位律師先生好心引用的這一冊這一頁中的這一段落。」

　　這是對所有的原創性想法的懲罰，它使傻瓜變得更不得體，同時也激

發智人們採取行動。

拿破崙・波拿巴曾說：「這世上如果不曾有盧梭，那法國大革命將不會發生。」

而小說家喬治・桑德曾說：「要指責《社會契約論》對法國大革命所起的作用，是因噎廢食的表現，這沒有抓住事情的本質。」

喬治・桑德精通文學，然而他錯了。因為馬拉[121]、米拉波、羅伯斯庇爾是直接從盧梭那找到論據的。我沒聽到任何一個人來引用《聖經》，作為謀殺三萬男人、女人與孩子的辯護。米拉波在自我辯護中引用盧梭的話：「沒有哪個真正的信徒能成為一個迫害者。如果我是法官，而法律要對一個無神論者施以死刑，那我要執行它，燒死那個控告或迫害別人的第一個人。」

傑佛遜與富蘭克林都閱讀過《社會契約論》的法文原著，並從中援引句子，以證明殖民地從大英帝國分離不僅是正確的、而且是一種責任。盧梭點燃了湯瑪斯・潘恩心中的火焰，並激發了他的頭腦寫出小冊子《常識》，此書對引發美國獨立戰爭的影響，比其他任何書都更多。

傑佛遜尤其對盧梭著迷，他的圖書室裡有一本翻閱多遍的《社會契約論》，書的頁面與邊角到處是讀書批註與再注。潘恩與傑佛遜是僅有的、與那個有著獨特文學風格的熱情 1776 年有關聯的人 —— 他們使用警句與對偶。他們彼此的風格又涇渭分明。潘恩寫下《獨立宣言》初稿時，並不需要與文學鑑賞家進行討論 —— 他僅僅是說：「請讀吧。」然而，雖然我們都知道，潘恩和傑佛遜都已熟讀盧梭達十年之久，但並不清楚他們是否為合作者。他們從同一源頭汲取資訊 —— 一個在英國，而另一個在美

---

[121] 瑞士裔法國革命家。他創辦了支持法國革命的《人民之友報》，後被一名吉倫特派分子刺殺身亡。

國 —— 之後各自帶著成熟的頭腦相遇。

當維克多‧雨果將現代美國文體之鑰遞出時，文體也是如此，1776 年極其稀有，可追溯到盧梭。著有「朱尼厄斯之信」[122] 的作者，只有一個模型可參考。

獨立宣言的開篇「我們擁有不辯自明的真理」，是對盧梭作品的逐字翻譯。

約瑟夫‧派克牧師一次對我說：「我常常開始時強烈、結尾時也強烈，如果普通聽眾記住你的演講，他們只能記得你的開篇詞與結束語。」

盧梭開篇強烈。《社會契約論》的首句便是：「人生而自由，卻無時無地不在枷鎖之中。」

這難道不會令您想起《危機》中的那句永不忘懷的開篇詞：「此時此刻，正是拷問人類靈魂的時候」？

盧梭道：「每一個拿自己與全體對抗的人，應該會受到整體的限制，這意味著他們必定會逼迫他自由，除此之外沒有其他。」也就是說，他不再適合享受社會契約之利益，因為他拒絕付出代價。

關於《社會契約論》的論點是：在所有的、不論何種形式的政府中，人民與國君或是統治者達成契約，同意免除相互的自由權，作為回報，他們可以確保，法律在通過及實施的過程中，給予最大數量者最多的好處。

這導致了大革命的口號：「自由、博愛、平等」。二十年前盧梭寫下此話時，它的內容則是：「自由、博愛、平等 —— 或死亡」。最後那個詞太強烈了，以至於他最激進的信徒都很難接受。可一旦理解了就明白，它意味著，如果國君或貧民拒絕簽約，死亡則必不可免。為著所有人的和平與

---

[122] 1769 年、1772 年匿名出版的批評倫敦牧師的作品。

利益起見，國君被給予榮譽，並被允許稱自己為「統治者」。然而，如果任何時候，國君忘卻了他的神聖的政權，忙於謀一己私利，或為其喜愛的一小群人謀利，那麼，他就是因違背契約而有罪的，人民有責任廢黜他，或是起而革命。就像大自然，當一個人的身體不再適合服務，就毀滅他。同樣，我們必須毀滅政權，並重新再來。

這就是當路易十六的處決正在討論中時，使得湯瑪斯‧潘恩對議院所說的：「我投票毀滅這個君主政體，而不是這個人。」

以下段落隨意摘自盧梭的作品，或許潘恩、傑佛遜或是「朱尼厄斯」也完全有可能寫出這樣的話：

不論何時，如果宗教的不寬容為人接受，它必定要產生某種社會結果；從那時起，君王也不再是君王，即便是在世俗事務上。教士們成為真正的主人，國王只不過是他們的行政官。如果任何人敢說：除了教會外，便不會有救贖，他應該被從政府中驅逐出去。

我感知到上帝存在於他所有的作品中；我感覺到他就在我的內心；我見到他圍繞在我身邊；但是，一旦我思忖他的本性，一旦我試圖找出他之所在、他為何物、他之本質，他避開了我的凝視。我的想像被征服。我於是不再對他進行推論，因為想錯了神，比壓根不考慮他更有害。

我們所說的「平等」，並不是說，每個人都必須擁有同樣的財富或是權力。但是，出於對財富的尊敬，沒有任何人可以富到收買另一人，也沒有任何人可以窮到出賣自己。

當一個人被撫育長大為人君時，幾乎所有因素加起來，使得他失去正義和理性。有人告訴我們，曾花了大力來教導年輕的王子以治國之術。然而，看來他們的教育並不奏效。偉大的君主並不是被養大了來稱王的。統

治是一種藝術，知道得越少反而最可能成功，去臣服而非命令才是學習它的手段。

如果真的有一個由神組成的國家的話，他們的政府無疑是民主政體。那對人類來說是太完美了。

個人為了所有人放棄自我，等於什麼也沒放棄。每個個體都獲得了與其放棄的權利相當的權利。他獲得了他失去的東西的等價物，而且還有一股更強大的力量保護他所擁有的東西。因此，如果，我們撇開社會公約中所有不重要的東西不談，我們將發現，它已精簡至以下條款：我們中的每個人，將自己的身體及能力奉獻出來，置於全體總意志的最高指引之下，作為一個集體，我們把每個成員都接受為不可分割的整體的一部分。

盧梭生於 1712 年，卒於 1778 年。他寫了四本流傳至今的作品，它們是：《懺悔錄》、《社會契約論》、《愛彌爾》與《新埃洛伊絲》。我把書名按受歡迎程度排序。我們可以隨口說出人們閱讀《懺悔錄》的理由，跟他們讀《皮克爾傳》、《湯姆·鐘斯》是一樣的。它是被我們的法國朋友們稱作「淫穢讀物」中的一本特別的書。但它的「淫穢」特點只是附帶性的，否則這些特點不會使其繼續漂浮在時間潮流之中。該書作者，業已放去一百多年，應該是說了點什麼，才值得人們時至今日仍對其津津樂道。

盧梭研究了世間男男女女的基本衝動。他的呼喊「回歸自然」，仍是無數偉人們使用的口號：從帕爾森·瓦格納，到希歐多爾·羅斯福。在盧梭的時代，大自然處在貴族階級與正統基督教之間的夾縫中。左右為難。貴族們想改進她，牧師們則告訴人們，自然的東西即為卑下的東西。上帝是好的，而大自然和惡魔正在進行一次賭博，賭注便是人們的靈魂。仍有很多人對這個幻想縈繞於懷：如果相信你的衝動，你將被打入地獄。

　　盧梭描繪了人類的本性，出於真實，身為其中的一部分，他描繪出了粗野、粗俗與卑劣。但另一方面，他展示了很多補救的東西——美的特質、真理、和善、深思熟慮、價值與觸及藍天的渴望。他認為，相信人性，是人性能得到救贖的唯一方式。他深信，錯誤是力量的泉源，因為透過它們，我們才能真正區分錯與對。他是世上第一個說出「國家管得越少越好」的人。他提示賀瑞斯‧沃爾浦爾說出了警句：「當巴黎的人們提到伊甸園時，他們往往想到凡爾賽。」

　　盧梭是向我們展示大自然蠻荒與未經雕琢之美的現代第一人。他將社會的注意力引向大自然，把大自然作為一種昇華的力量進行研究，在這方面他比其他任何知名人士都做得更多。從《愛彌爾》，我們可以讀到：「那是夏天。天剛破曉我們就起了床。他帶著我走出鎮子，到一座高高的山上，山下波河蜿蜒流過。遠處，廣闊無垠的阿爾卑斯山脈，如皇冠般地鑲嵌在風景如畫的大地上。冉冉升起的朝陽，光芒射向茫茫平原，將樹木、山坡、房屋長長的影子，投映在原野，照射出肉眼無法捕捉的、上千種色彩的、最動人的光芒。」盧梭是約翰‧伯勒斯、湯普森‧西頓，以及我們所有的科學與非科學、情感豐富的朋友們的精神先驅，他們為我們提供了眾多的關於大自然的故事或小說，有的是虛構的，有的是真實的。

　　在他的《愛彌爾》中，他概括地論述了我們所稱的新式教育法。他常常提到，鳥兒的巢、熊蜂與大黃蜂窠、樹葉、花蕾、花朵、青草、苔蘚等等，都是教室裡的道具。在相當大的程度上，他將戒尺、九尾鞭、圓錐形紙帽、發霉多塵的書、濺汗的石板、可怕的警戒與罰寫維吉爾一百行字的懲罰等等拋棄，而代之以有益健康的、使人歡喜的、無憂無慮的忘我投入，來畫一些蜘蛛、找出胡蜂與蜜蜂、蝴蝶與衣蛾、青蛙與蟾蜍、蘑菇與傘菌的區別。盧梭作品被反覆研讀的原因是，他的作品中有很多非常現

代的東西。沒有哪個思想家撰寫政治經濟學文章時，能不引用《社會契約論》的內容，不論是為支援他自己的觀點，還是為了找出盧梭的錯誤。而我認為，只要我們覺得有必要去反駁一位作家，安德魯・蘭[123]可能會隨時期盼著他的來信，因為他雖死猶生！

---

[123]　1844～1912年，英國詩人，童話作家，荷馬史詩研究專家及翻譯家。

逆流而上，超越時代的改革者之路：

宗教復興領袖 × 自由貿易提倡者 × 無神論思想家 × 啟蒙運動先驅……以「革新」為使命，時代推動者的朝聖之旅！

作　　　者：[美] 阿爾伯特·哈伯德（Elbert Hubbard）

翻　　　譯：江利

發 行 人：黃振庭

出 版 者：崧燁文化事業有限公司

發 行 者：崧燁文化事業有限公司

E-mail：sonbookservice@gmail.com

粉 絲 頁：https://www.facebook.com/sonbookss/

網　　　址：https://sonbook.net/

地　　　址：台北市中正區重慶南路一段六十一號八樓
　　　　　　815 室

Rm. 815, 8F., No.61, Sec. 1, Chongqing S. Rd.,
Zhongzheng Dist., Taipei City 100, Taiwan

電　　　話：(02)2370-3310

傳　　　真：(02)2388-1990

印　　　刷：京峯數位服務有限公司

律師顧問：廣華律師事務所 張珮琦律師

定　　　價：375 元

發行日期：2023 年 09 月第一版

◎本書以 POD 印製

國家圖書館出版品預行編目資料

逆流而上，超越時代的改革者之
路：宗教復興領袖 × 自由貿易提
倡者 × 無神論思想家 × 啟蒙運動
先驅……以「革新」為使命，時代
推動者的朝聖之旅！/ [美] 阿爾伯
特·哈伯德（Elbert Hubbard），江
利 譯 . -- 第一版 . -- 臺北市：崧燁
文化事業有限公司 , 2023.09
面；　公分
POD 版
譯　自：Little journeys to the
homes of great reformers
ISBN 978-626-357-550-9(平裝)
1.CST: 世界傳記
781　　　112012273

電子書購買

臉書